法学研究
CHINESE JOURNAL OF LAW

法学研究 专题选辑　陈甦／总主编

编事辑语

ON EDITING AND EDITORS OF
CHINESE JOURNAL OF LAW

陈　甦　编著

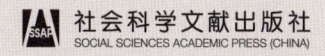

社会科学文献出版社
SOCIAL SCIENCES ACADEMIC PRESS (CHINA)

总　序

　　回顾与反思是使思想成熟的酵母，系统化的回顾与专业性的反思则是促进思想理性化成熟的高效酵母。成熟的过程离不开经常而真诚的回顾与反思，一个人的成长过程是如此，一个学科、一个团体、一本期刊的发展过程也是如此。我们在《法学研究》正式创刊 40 年之际策划《〈法学研究〉专题选辑》，既是旨在引发对有关《法学研究》发展历程及其所反映的法学发展历程的回顾与反思，也是旨在凝聚充满学术真诚的回顾与反思的思想结晶。由是，《〈法学研究〉专题选辑》是使其所刊载的学术成果提炼升华、保值增值的载体，而不只是重述过往、感叹岁月、感叹曾经的学术纪念品。

　　对于曾经的法学过往，哪怕是很近的法学过往，我们能够记忆的并非像我们想象的那样周全、那样清晰、那样深刻，即使我们是其中许多学术事件的亲历者甚至是一些理论成就的创造者。这是一个时空变化迅捷的时代，我们在法学研究的路上走得很匆忙，几乎无暇暂停一下看看我们曾经走过的路，回顾一下那路上曾经的艰辛与快乐、曾经的迷茫与信念、曾经的犹疑与坚定、曾经的放弃与坚持、曾经的困窘与突破，特别是无暇再感悟一下那些"曾经"中的前因后果与内功外力。法学界同仁或许有同样的经验：每每一部著述刚结句付梓，紧接着又有多个学术选题等待开篇起笔，无参考引用目的而只以提升素养为旨去系列阅读既往的法学精品力作，几为夏日里对秋风的奢望。也许这是辉煌高远却又繁重绵续的学术使命造成的，也许这是相当必要却又不尽合理的学术机制造成的，也许这是个人偏好却又是集体相似的学术习惯造成的，无论如何，大量学术作品再阅读的价值还是被淡化乃至忽略了。我们对没有被更充分传播、体现、评价及转化的学术创造与理论贡献,仅仅表达学人的敬意应该是不够的,真正的学术尊重首先在于阅读并且一再阅读映现信念、智慧和勇气的学术作品。《〈法学研究〉专题选辑》试图以学术史研究的方法和再评价的方式,向学界同行表达我们的感悟:阅读甚至反复阅读既有成果本该是学术生活的重要部分。

我曾在另外一本中国当代法学史著作的导论中描述道:中国特色社会主义法治建设之路蜿蜒前行而终至康庄辉煌,中国法学研究之圃亦蔓延蓬勃而于今卓然大观。这种描述显然旨在鼓舞而非理解。我们真正需要的是理解。理解历史才能理解现在,理解现在才能理解未来,只有建立在对历史、现在和未来的理解基础上,在面对临近的未来时,才会有更多的从容和更稳妥的应对,才会有向真理再前进一步的勇气与智慧。要深刻理解中国法学的历史、现在以及未来,有两种关系需要深刻理解与精准把握:一是法学与法治的关系,二是法学成果与其发生机制的关系。法学与法治共存并互动于同一历史过程,法学史既是法律的知识发展史,也构成法治进步史的重要组成部分。关于法、法律、法治的学术研究,既受制于各个具体历史场景中的给定条件,又反映着各个历史场景中的法律实践和法治状况,并在一定程度上启发、拨动、预示着法治的目的、路径与节奏。认真对待中国法学史,尤其是改革开放以来的法学史,梳理各个法治领域法学理论的演进状态,重估各种制度形成时期的学术供给,反思当时制度设计中背景形塑和价值预设的理论解说,可以更真实地对法治演变轨迹及其未来动向作出学术判断,从中也更有把握地绘出中国法学未来的可能图景。对于既有法学成果,人们更多的是采取应用主义的态度,对观点内容的关注甚于对观点形成机制的关注。当然,能够把既有学术观点纳入当下的理论创新论证体系中,已然是对既往学术努力的尊重与发扬,但对于学术创新的生成效益而言,一个学术观点的生成过程与形成机制的启发力远大于那个学术观点内容的启发力,我们应当在学术生产过程中,至少将两者的重要性置于等量齐观的学术坐标体系中。唯其如此,中国法学的发展与创新才会是一个生生不息又一以贯之的理性发展过程,不因己悲而滞,不因物喜而涨,长此以往,信者无疆。

作为国内法学界的重要学术期刊之一,《法学研究》是改革开放以来中国法学在争鸣中发展、中国法治在跌宕中进步的一个历史见证者,也是一个具有主体性、使命感和倡导力的学术过程参与者。《法学研究》于1978年试刊，于1979年正式创刊。在其1979年的发刊词中，向初蒙独立学科意识的法学界和再识思想解放价值的社会各界昭示，在办刊工作中秉持"解放思想、独立思考、百家争鸣、端正学风"的信念，着重于探讨中国法治建设进程中的重大理论和实践问题，致力于反映国内法学研究的最新成果和最高学术水平，热心于发现和举荐从事法学研究工作的学术人才。创刊以来，《法学研究》虽经岁月更替而初心不改，虽有队伍更新而使命不坠，前后8任主编、50名编辑均能恪守"严谨、务实、深入、学术"的办刊风格，把《法学研究》作为自己学术生命的存续载体和学术奉献的展示舞台。或许正因如此，《法学研究》常被誉为"法学界风格最稳健、质量最稳定的期刊"。质而言之，说的是刊，看的是物，而靠的是人。我们相信，《法学研究》及其所刊载的文章以及这些文章的采编过程，应该可以被视为研究中国改革开放以来法学发展、法治进步的一个较佳样本。也正因如此，我们有信心通过《〈法学研究〉专题选辑》，概括反映改革开放以来中国法学发展的思想轨迹以及法学人的心路历程。

本套丛书旨在以《法学研究》为样本，梳理和归整改革开放以来中国法学在一个个重要历史节点上的思想火花与争鸣交织，反思和提炼法学理论在一个个法治建设变奏处启发、拨动及预示的经验效果。丛书将《法学研究》自创刊以来刊发的论文分专题遴选，将有代表性的论文结集出版，故命名为"《法学研究》专题选辑"。考虑到《法学研究》刊发论文数量有限，每个专题都由编者撰写一篇2万字左右的"导论"，结合其他期刊论文和专著对该专题上的研究进展予以归纳和提炼。

丛书专题的编者，除了《法学研究》编辑部现有人员外，多是当前活跃在各个法学领域的学术骨干。他们的加入使得我们对这套丛书的编选出版更有信心。

所有专题均由编者申报，每个专题上的论文遴选工作均由编者主要负责。为了尽可能呈现专题论文的代表性和丰富性，同一作者在同一专题中入选论文不超过两篇，在不同专题中均具代表性的论文只放入其中的一个专题。在丛书编选过程中，我们对发表时作者信息不完整的，尽可能予以查询补充；对论文中极个别受时代影响的语言表达，按照出版管理部门的要求进行了细微调整。

不知是谁说的,"原先策划的事情与实际完成的事情,最初打算写成的文章与最终实际写出的文章,就跟想象的自己与实际的自己一样,永远走在平行线上"。无论"平行线"的比喻是否夸张,极尽努力的细致准备终归能助力事前的谨慎、事中的勤勉和事后的坦然。

我思故我在。愿《法学研究》与中国法学、中国法治同在。

陈　甦
2022 年 9 月 4 日
于沙滩北街 15 号

目录 Contents

第一章 《法学研究》路漫长 ... 1
  一 创刊小史 ... 1
  二 立刊理念 ... 2
  三 刊绩卓著 ... 8
  四 刊路辑踪 ... 21

第二章 求精做优刊真章 ... 51
  一 倡扬学术规范 ... 52
  二 优化编辑机制 ... 55
  三 办好期刊论坛 ... 60

第三章 切磋互馈学谊深 ... 88
  一 构成《法学研究》底色的作者群 ... 88
  二 《法学研究》作者群素描 ... 91
  三 来自作者群的回馈与回护 ... 131

第四章 薪火相传续辉煌 ... 199
  一 编制沿革 ... 199
  二 编辑寄语 ... 205

后　记 ... 238

第一章 《法学研究》路漫长

一 创刊小史

《法学研究》系中国社会科学院法学研究所主办的学术理论刊物，于今已经成为法学领域专业学术期刊群的权威性刊物。《法学研究》自正式创刊以来，有幸融入波澜壮阔的改革开放事业中，在中国特色社会主义法治道路上奋力前行，为中国特色法学知识体系构建助力贡献。

《法学研究》前身为中国政治法律学会于1954年创办的《政法研究》，1957年隶属于中国科学院的法学研究所成立后，即转入法学研究所承办。因"文革"起而法制废，《法学研究》遂于1966年停刊。党的十一届三中全会后，我国的各项工作逐步走向正轨，开启了改革开放的伟大事业，社会主义法治建设亦逐渐展开而日益兴盛。党的十一届三中全会"对民主和法制问题进行了认真的讨论"，科学性、历史性地提出："为了保障人民民主，必须加强社会主义法制，使民主制度化、法律化，使这种制度和法律具有稳定性、连续性和极大的权威，做到有法可依，有法必依，执法必严，违法必究。从现在起，应当把立法工作摆到全国人民代表大会及其常务委员会的重要议程上来。检察机关和司法机关要保持应有的独立性；要忠实于法律和制度，忠实于人民利益，忠实于事实真相；要保证人民在自己的法律面前人人平等，不允许任何人有超于法律之上的特权。"[1] 这些理念确立了中国特色社会主义法治体系的传世基因与底层结构，也构成了

---

[1] 《中国共产党第十一届中央委员会第三次全体会议公报》（1978年12月22日通过）。

《法学研究》得以创刊的社会历史动因与学术创造基础。

为了繁荣和发展我国的科学文化事业，推动法学研究的积极开展，加强我国的法治建设，此时已经转隶中国社会科学院的法学研究所于1978年3月召开了法学研究规划会议，并于同年4月组织了两个调查组分赴各地调查。调查组回来后，于1978年4月撰写了《法学研究规划和调查综合情况》的报告。其中提出的重要措施之一，就是建议"力争在今年年底以前恢复《政法研究》的出版"，"以便法学有自己的专门园地"。同年第四季度，由法学研究所当时的负责人谢铁光委托王珉灿召集张忻、王昭仪等同志参加，具体商议《政法研究》复刊之事。而后将《政法研究》更名为《法学研究》，于1978年底编辑发行了第1期试刊。现在看来，法学研究所的学术前辈们颇有学术先见之明，他们将《政法研究》改名为《法学研究》简直是擘画期刊发展图景的神来之笔，既有将法学从政治学中分离出来构建为独立学科之能，亦有在法学期刊群命名机制中优先占位之效。

1979年1月，在北京召开的法学规划会议上，法学研究所的芮沐同志作了"法学研究发展纲要（草稿）"的说明，其中包括《法学研究》定期出刊之事。随后，法学研究所又编辑出版了《法学研究》第2期试刊。该两期试刊均以赠阅为主，属于"内部发行"。《法学研究》试刊出刊后，在法学研究领域和政法战线读者中获得广泛好评。

1978年隶属中国社会科学院的法学研究所正式挂牌后，经中共中央宣传部、中国社会科学院领导批准，法学研究所决定正式创办《法学研究》这个刊物，旨在使其成为政法部门、政法院系、法学研究机关研究工作、讨论问题、交流法学研究经验、发表研究成果的一个园地。1979年4月，《法学研究》正式创刊，成为改革开放后中国法学界第一个专业学术期刊。《法学研究》的创立及其办刊宗旨，在当时的中国法学界引起了极大的反响，开启了中国法学专业学术期刊发展史的新篇章。

二　立刊理念

囿于当时的社会历史条件，法学专业人员的理论观念、知识构成、学术视野和表达方式均与当今有很大不同，甚至今天看了他们的文章包括发表在《法学研究》上的论文，我们会很不敬地产生一种"难以进行学术对话"的困窘，除非进行当代学术史研究，我们写学术论文时可能没有多少还在引用当时的文献。其实，存有学术偏狭的往往是我们自己，而非当时的学术前辈。确实，随着中国法治建设和法学研究的几十年发展，法律制度在系统化建构，法学学科在体系化发展，新概念新术语新表达在爆炸式膨胀或翻转式更新。这当然是时代发展、实践深入和学术创新的必然结果，但是穿过这些种种表象，谁敢说能比法学前辈在45年前用一个"老词"表达真理或见解时更有理论勇气和学术责任。

就《法学研究》而言，当时的编辑前辈未能用新人耳目、振人心灵的话语表达出立刊宗旨，但是我们从他们用质朴的交流语言和精心的选稿策划上，体悟出《法学研究》立刊理念和办刊宗旨的核心要义与底层结构。并且越是深浸办刊环境与编辑事务中，越是感受到《法学研究》编辑前辈们在学术选题上的英明和编辑政策上的果决。

在1978年试刊号上，初试鹰啼的《法学研究》刊发了如下文章：

于光远：《关于社会主义立法和法制的几个问题——在北京"关于社会主义立法和法制问题座谈会"上的发言（摘要）》；

韩铭立：《社会主义历史阶段必须加强法制——学习马克思、列宁关于法律的理论》；

陈守一、肖永清、赵震江：《学习毛主席的革命法制思想》；

郑理文：《实践是检验法学理论的唯一标准》；

于浩成：《解放思想，冲破禁区》；

孙国华：《党的政策与法律的关系》；

马荣杰：《从天安门事件看加强法制的重要意义》；

韩延龙、常兆儒：《"四人邦"的法西斯专政与资产阶级的实用主义法学》；

齐珊：《强项令》；

编辑部：《致读者》；

董必武：《必须加强政治法律工作——1955年4月5日在中国共产党全国代表会议上的发言》；

最高人民检察院法制宣传组：《英明的决策、重大的胜利》。

从这一期的诸篇刊文来看，其选题带有明显的时代特征，其行文风格更像政论文章，甚至有的文章之"学术性"与今日之"论文"要求相距甚远，文章的学科分布粗简，论证的逻辑结构及知识来源亦相对简略局限，以致这期《法学研究》试刊号多少有一些行业期刊的色彩。但是，我们也能从这一期的谋篇布局中，看出《法学研究》构筑的理念基色与学术始点。诸如，对法学基本理论予以关注阐发，对当时重要的理论问题（如法学的学术理念构建）和实践问题（如政策与法律的关系、重大涉法政治事件）进行论证解读。特别是，《法学研究》将最为重要的时代主题"解放思想""实践是检验真理的唯一标准"引入法学观念体系中，极大促进了当时中国法学界的思想解放。

在这一期的《致读者》中，《法学研究》开创者们以颇具时代特色的时语与文风的质朴表达，阐发了他们对中国法学图景与使命的刻画、展望与期待，并由此确立了《法学研究》的立刊理念与学术初心。

致读者

法学作为一门科学来说，在新中国的过去，一直是比较薄弱的一个。特别是近十多年来，由于林彪、"四人帮"的干扰和破坏，法学研究的情况比以前更加严重，可以说实际上已完全处于停顿状态，根本谈不上什么法学研究。

为了繁荣和发展我国的科学文化事业，推动法学研究的积极开展，以加强我国社会主义法制的建设，为加速实现总任务服务，经中共中央宣传部、中国社会科学院领导批准，我们试办了《法学研究》这个刊物，作为政法部门、政法院系、法学研究机关研究工作，讨论问题，交流法学研究经验，发表研究成果的一个园地。

《法学研究》是面向政法工作者、政法院系师生、法学研究工作者和理论工作者的学术性理论刊物。它必须以马克思列宁主义、毛泽东思想为指导，坚持理论联系实际的原则，从理论和实际的结合上，完整、准确地宣传和阐述马列主义、毛泽东思想，研究和总结我国政法实践的经验，深入批判林彪、"四人帮"，并提出对我国法制建设的建设意见，为加强我国社会主义法制，提高我国法律科学水平，作出自己的贡献。

本刊坚持"百花齐放，百家争鸣"的方针，贯彻"古为今用，洋为中用"，"厚今薄古"的原则，在马克思主义理论指导下，开展不同学术观点的争鸣，提倡坚持真理，修正错误。

本刊提倡马克思主义的学风和文风，文字力求准确、鲜明、生动。本刊欢迎下列稿件：

1. 完整地、准确地阐述和宣传马克思主义、列宁主义、毛泽东思想关于国家和法的理论，特别是毛主席关于政权建设和法制建设思想的著述；

2. 深入批判林彪、"四人帮"，批判现代修正主义，批判资产阶级，批判一切剥削阶级的法学思想的文章；

3. 反映法学各门类研究成果的学术论文，包括国家和法的理论、国家法、刑法、民法、诉讼法、婚姻法、劳动法、环境保护法、经济法规、国际公法、国际私法、海商法、法制史、法律思想史等方面的论述；

4. 从理论上总结、交流政法实践经验和探讨重大问题的文章；

5. 介绍或批判外国法学和法律制度的文章；

6. 法学书刊评介、学术动态、资料、读书札记、司法实践典型案例分析和调查报告等等。

当前本刊着重对法学理论战线的问题，发表一些探讨、研究和评论的文章。有些文章的思想内容不一定十分成熟，但它如果提出了重要的问题，有助于活跃思想，打开思路，破除迷信，冲破禁区，对进一步深入探讨有所启发，本刊也准备予以发表。

在当前大好形势下，经有关政法业务部门和政法院校的大力支持，克服了重重困难，试刊号在较短的时间内终于出版了。由于我们思想政治水平的限制，刊物可能还会有不少缺点。但是，我们决心本着实践第一的观点，坚持在实践中学习提高，虚心听取各方面的意见，依靠集体力量，继续努力，把刊物办好。我们决心沿着党的十一届三中全会指明的道路，鼓足干劲，群策群力，为在本世纪内把我国建设成为社会主义的现代化强国而进行新的长征。

对我们工作中的缺点和错误，诚恳地希望广大读者批评指正！

历经45年，于今再次阅读《法学研究》试刊号上的这篇《致读者》，拨开遮蔽当时历史场景的文帷语幔，我们从潜藏于字里行间深处的基质含义中,仍能感觉到当年《法学研究》的创立者那种敏锐的学术观察力、深刻的理论思辨力和高超的体系建构力。

首先,《法学研究》自始即将期刊定位为"《法学研究》是面向政法工作者、政法院系师生、法学研究工作者和理论工作者的学术性理论刊物"。其功能设定是"作为政法部门、政法院系、法学研究机关研究工作,讨论问题,交流法学研究经验,发表研究成果的一个园地"。于今,《法学研究》依然定位为学术性理论刊物,其读者范围已然有极大扩张,但法律工作者、法学工作者和法学院系师生仍是《法学研究》的核心读者群。

其次,《法学研究》确立了当代中国法学研究的重点面向和《法学研究》的选稿用稿政策,即倡导面向重大法治理论问题和重大法治实践问题的研究,选用"完整地、准确地阐述和宣传马克思主义、列宁主义、毛泽东思想关于国家和法的理论"的文章,和"从理论上总结、交流政法实践经验和探讨重大问题"的文章。于今,中国特色社会主义法治体系已经基本建成,中国特色法学的学科体系、学术体系和话语体系构建正如火如荼,但是《法学研究》的学术理念和编辑政策的内在结构并无变化,仍然以不断深化的重大法治理论和法治实践问题作为研究面向,优先刊发在这种学术机制中具有前沿性和创新性的论文。

最后,《法学研究》的立刊理念始终致力于中国法学的学科体系建设,在中国法学的学科独立性确立伊始,就依据当时所能获取的知识经验对法学进行了学科划分。即在选稿范围上以列举法学门类的方式,初步划分了部门法类别或者法学二级学科类别,即选稿范围为"反映法学各门类研究成果的学术论文,包括国家和法的理论、国家法、刑法、民法、诉讼法、婚姻法、劳动法、环境保护法、经济法规、国际公法、国际私法、海商法、法制史、法律思想史等方面的论述"。这种法学门类和学科划分既能开阔作者和读者的学术视野,亦能促使学者的科研分工,以更为有效地分配学术资源和科研能力。于今看来,《法学研究》在45年前的部门法及法学二级学科的划分,颇为接近当今中国法学的学科谱系,这说明《法学研究》的立刊先辈具有雄厚的法学知识基础和优异的法学专业判断力。当前在中国特色法学的学科体系、学术体系和话语体系建设中,法学的学科体系建设仍然居于基础地位并发挥先导作用,《法学研究》秉持立刊理念,注重法学新兴学科、交叉学科的发现与扶植,积极刊发具有新兴学科、交叉学科建设效益的稿件。

当然，因法学期刊的专业面向分化和竞争态势变化，《法学研究》的办刊理念与编辑政策愈加向"纯学术"期刊聚焦，不可避免地导致文体单一化。立刊之初所期待的文体多样化，如也刊发"法学书刊评介、学术动态、资料、读书札记、司法实践典型案例分析和调查报告等等"，于今已憾然遗珠。《法学研究》编辑部同仁于此已有反思，期待在《法学研究》上能够再现有较高学术水准的研究型书刊评价、学术动态、案例分析和调查报告。

尽管在45年前的1978年，《法学研究》的面世在新锐之下隐有故步之态，在擘画之处亦有粗疏之瑕，但是，《法学研究》的原始基色与原初结构自此确立，这就是：关注中国法治的重大理论问题和实践问题，确立马克思主义法律观的指导地位，提倡以解放思想为推动力的理论创新，恪守实践作为检验理论成果的唯一标准，保持对当前重大法治事件的有效回应，积极建构部门法及其相关学科的体系图谱。

1979年《法学研究》正式刊出，在第1期上刊载的《发刊词》进一步阐释了《法学研究》的立刊理念、办刊宗旨和编辑政策，集中反映了《法学研究》编辑前辈们对法学及法学研究的深刻洞察与周密思考。《发刊词》明确了刊物的主要任务，就是："遵照解放思想、开动机器、实事求是、团结一致向前看的方针，刊登法学论著，发表研究成果，开展学术文体的讨论，交流研究的心得，以推动法学研究工作的积极开展，繁荣和发展我国的法律科学，并为加强社会主义法制，作出贡献。"进而从法制与民主的辩证关系与实践逻辑出发，紧紧围绕"解放思想"这一时代主题和科学理念，提出《法学研究》的相应态度、思考、原则和做法。《发刊词》指出，"法制与民主，既是两个不同的范畴，又是互为依存和相辅相成的。民主是基础，法制是民主的保证。没有民主不可能有真正的法制，而没有法制，民主也就得不到保障"。为完满解答法制与民主关系这一极其重大的课题，《发刊词》强调，"必须解放思想，冲破禁区，为研究工作的大踏步前进，扫除思想障碍，端正思想路线"，"以便进而发扬敢想敢说，敢于独立思考问题，勇于探索真理的唯物主义精神，更好地、创造性地为解决法制建设中存在的理论问题和实际问题，发挥理论研究工作的作用"。为此，《发刊词》倡导法学研究工作者坚持"古为今用"、"洋为中用"和

"百花齐放、百家争鸣"的方针，提倡"认真发扬学术民主，正确对待和严格区分政治问题和学术问题"。最后特别指出，在解放思想过程中，"培养成保持一种好的学风和文风，也是法学研究工作者应该特别重视的一个问题"。

因"依法治国，建设社会主义法治国家"作为基本方略的确立，在中国特色话语体系中，"法制"被"法治"所替代，"民主法制关系"无论在本质上还是在形式表达上，都以"民主法治关系"的概念涵盖。但是，《法学研究》恪守法之信仰、探求法之真谛、阐释法之内涵、丰富法之功能，却历经法学理论的风云激荡与法治实践的开拓前行而愈加强固而精粹。

到如今，历经几代《法学研究》编辑人的经验总结和观念积淀，形成并恪守这样的立刊理念："《法学研究》坚持学术性、理论性的办刊宗旨，坚持精品意识，实行'双百方针'，重视基本理论的研究，致力于反映我国法学研究的最新成果和最高学术水平，建立、完善和更新我国法学各学科的理论体系。提倡研究方法的创新，鼓励实证研究，扶持弱势学科、新兴学科和交叉学科，培养和扶持年轻作者，开展学术批评，倡导学术规范。"《法学研究》的立刊理念既是《法学研究》全体编辑人的精神坚守与行为依照，也是与所有《法学研究》作者和读者共勉的学术准则与关系规范。作为《法学研究》的编辑人，我们将在编辑工作中切实践行立刊理念，不断提升《法学研究》的学术品格与学术影响，为中国特色社会主义法治建设和中国特色法学知识体系建构，作出卓有成效的学术贡献。

三 刊绩卓著

45年来，《法学研究》始终坚持以马克思主义特别是中国化马克思主义为指导，坚持政治性与学术性相统一、学理性与实践性相结合的办刊方针，以刊发符合高质量政治标准和学术标准的法学论文为编辑准则，既重视法学知识体系中的基础理论研究，也重视中国特色法治实践的政策应用研究，力图通过选稿用稿机制集约反映我国法学研究的最新科研成果和最高学术水平，以创新理念、专业精神和系统方法，致力于构建、更新和完善中国特色法学知识体系。

《法学研究》甫一面世，其办刊宗旨和风格，即在法学界引起很大反响。时光荏苒，历经45年踔厉奋发，凭借学界同仁的支持和《法学研究》编辑部的努力，《法学研究》在国内法学界已被公认为最高级别的法学刊物，并成为国外收藏中国法学刊物的图书馆之首选。

《法学研究》自创刊以来，获得了许多重要的期刊奖项（见表1-1）。这些奖项的获得，在相当程度上表明了政府主管部门和学术界对《法学研究》办刊绩效和学术影响力的认可。另外，《法学研究》的获奖情况呈平稳的持续性，也充分表明了《法学研究》办刊质量的稳定性，以及与时俱进的学术能动力和编辑责任心。

表1-1 《法学研究》期刊获奖情况（1999-2022年）

年度	奖项
1999年	获中国社会科学院首届优秀期刊奖
1999年	获中华人民共和国新闻出版署"首届中国期刊奖"提名奖
1999年	被评为中华人民共和国新闻出版署"第二届全国百种重点社科期刊"
2002年	获中国社会科学院第二届优秀期刊奖
2005年	获第三届中国社会科学院优秀期刊奖一等奖
2013年	获第三届中国出版政府奖期刊奖提名奖
2013年	被国家新闻出版广电总局推荐为"百强报刊"
2014年	被评为"中国人文社会科学期刊AMI综合评价"顶级期刊
2016年	被评为国图集团公司2016年度中国期刊海外发行百强期刊
2017年	被国家新闻出版广电总局推荐为第三届全国"百强报刊"
2018年	被评为"2018中国国际影响力优秀学术期刊"
2018年	被评为"中国人文社会科学期刊AMI综合评价"A刊权威期刊
2021年	被评为2020中国国际影响力优秀学术期刊
2021年	获中国社会科学院（2020）"优秀学术期刊特别奖"
2022年	获国家哲学社会科学文献中心2016-2021年最受欢迎期刊称号
2022年	获国家哲学社会科学文献中心2021年度法学最受欢迎期刊称号
2022年	被评为"中国人文社会科学期刊AMI综合评价"顶级期刊
2023年	获国家哲学社会科学文献中心2022年度法学最受欢迎期刊称号

自创刊以来，《法学研究》的立刊理念就是中国法治发展的活力因子与动态反映。至2023年第3期，《法学研究》一共刊发了266期，刊发论

文共计 3926 篇。《法学研究》刊风以"重、厚、稳"见长，其所载论文选题涵盖广泛，内容充实丰满，学风厚重扎实，表达扎实持重。在法治建设日新月异、法学研究千舟竞发的学术环境下，《法学研究》的编辑政策始终把持既积极又稳重的态度，欢迎前沿性创新性选题而不提倡跟风逐浪，鼓励交叉性跨域性研究而不诱发浮动跳荡。据不完全统计，近几年每年在《法学研究》上发表的文章，有 20% 以上获得省部级优秀论文奖。此外，还有更多的文章被各单位及各系统评为优秀论文。由于评奖系统的复杂性及相关信息处理上的不周延，编辑部对于《法学研究》已刊发论文的情况只能是大致掌握。表 1-2 是《法学研究》刊发论文在 2013-2022 年获奖情况的不完全统计。

表 1-2 《法学研究》刊发论文获奖情况（2013-2022 年）

获奖年份	论文信息	奖项
2013	崔建远：《水权与民法理论及物权法典的制定》，2002 年第 3 期	第四届钱端升法学研究成果奖二等奖
	龙宗智：《推定的界限及适用》，2008 年第 1 期	第四届钱端升法学研究成果奖三等奖
	刘笋：《国际投资仲裁引发的若干危机及应对之策述评》，2008 年第 6 期	第四届钱端升法学研究成果奖三等奖
	于飞：《基本权利与民事权利的区分及宪法对民法的影响》，2008 年第 5 期	第四届钱端升法学研究成果奖三等奖
	左海聪：《直接适用条约问题研究》，2008 年第 3 期	第四届钱端升法学研究成果奖提名奖
	董立坤、张淑钿：《香港特别行政区法院的违反基本法审查权》，2010 年第 3 期	教育部第六届高等学校科学研究优秀成果奖（人文社会科学）二等奖
	刘宪权：《罪数形态理论正本清源》，2009 年第 4 期	教育部第六届高等学校科学研究优秀成果奖（人文社会科学）三等奖
	朱羿锟：《董事会结构性偏见的心理学机理及问责路径》，2010 年第 3 期	教育部第六届高等学校科学研究优秀成果奖（人文社会科学）三等奖
	薛军：《私法立宪主义论》，2008 年第 4 期	教育部第六届高等学校科学研究优秀成果奖（人文社会科学）三等奖

续表

获奖年份	论文信息	奖项
2013	顾培东:《中国法治的自主型进路》, 2010 年第 1 期	教育部第六届高等学校科学研究优秀成果奖（人文社会科学）三等奖
	朱晓喆、徐刚:《民法上生育权的表象与本质——对我国司法实务案例的解构研究》, 2010 年第 5 期	上海市第十一届哲学社会科学优秀成果奖学科学术优秀成果奖二等奖
	王迁:《版权法保护技术措施的正当性》, 2011 年第 4 期	上海市第十一届哲学社会科学优秀成果奖学科学术优秀成果奖三等奖
	章志远:《私人参与警察任务执行的法理基础》, 2011 年第 6 期	江苏省第十二届哲学社会科学优秀成果奖二等奖
	解亘:《我国合同拘束力理论的重构》, 2011 年第 2 期	江苏省第十二届哲学社会科学优秀成果奖二等奖
	钱玉林:《公司法第 16 条的规范意义》, 2011 年第 6 期	江苏省第十二届哲学社会科学优秀成果奖二等奖
	李建明:《强制性侦查措施的法律规制与法律监督》, 2011 年第 4 期	江苏省第十二届哲学社会科学优秀成果奖二等奖
	欧阳本祺:《犯罪构成体系的价值评价：从存在论走向规范论》, 2011 年第 1 期	江苏省第十二届哲学社会科学优秀成果奖二等奖
	秦策、夏锦文:《司法的道德性与法律方法》, 2011 年第 4 期	江苏省第十二届哲学社会科学优秀成果奖二等奖
	严仁群:《回到抽象的诉权说》, 2011 年第 1 期	江苏省第十二届哲学社会科学优秀成果奖三等奖
	宋晓:《程序法视野中冲突规则的适用模式》, 2010 年第 5 期	江苏省第十二届哲学社会科学优秀成果奖三等奖
	方新军:《权利客体的概念及层次》, 2010 年第 2 期	江苏省第十二届哲学社会科学优秀成果奖三等奖
	胡学军:《推导作为诉讼证明的逻辑》, 2011 年第 6 期	江西省第十五次社会科学优秀成果奖一等奖
	张嘉军:《民事诉讼调解结案率实证研究》, 2012 年第 1 期	2012 年度河南省社会科学优秀成果奖二等奖
	刘全娥:《雷经天新民主主义司法思想论》, 2011 年第 3 期	陕西省第十一次哲学社会科学优秀成果奖三等奖
2014	刘宪权:《罪数形态理论正本清源》, 2009 年第 4 期	第五届钱端升法学研究成果奖三等奖
	崔建远:《无权处分辨——合同法第 51 条规定的解释与适用》, 2003 年第 1 期	第五届钱端升法学研究成果奖三等奖

续表

获奖年份	论文信息	奖项
2014	冯亚东、李侠：《从客观归因到主观归责》，2010年第4期	第五届钱端升法学研究成果奖三等奖
	刘飞：《信赖保护原则的行政法意义——以授益行为的撤销与废止为基点的考察》，2010年第6期	第五届钱端升法学研究成果奖提名奖
	程燎原：《中国法治政体的始创——辛亥政治革命的法治论剖析与省思》，2011年第5期	重庆市第八次社会科学优秀成果奖二等奖
	陈伟：《教育刑与刑罚的教育功能》，2011年第6期	重庆市第八次社会科学优秀成果奖三等奖
	马长山：《法治的平衡取向与渐进主义法治道路》，2008年第4期	黑龙江省第十四届社会科学优秀成果奖一等奖
	倪斐：《地方先行法治化的基本路径及其法理限度》，2013年第5期	江苏省第十三届哲学社会科学优秀成果奖一等奖
	刘艳红：《注意规范保护目的与交通过失犯的成立》，2010年第4期	江苏省第十三届哲学社会科学优秀成果奖二等奖
	钱玉林：《累积投票制的引入与实践——以上市公司为例的经验性观察》，2013年第6期	江苏省第十三届哲学社会科学优秀成果奖二等奖
	解亘：《格式条款内容规制的规范体系》，2013年第2期	江苏省第十三届哲学社会科学优秀成果奖三等奖
	钱叶六：《双层区分制下正犯与共犯的区分》，2012年第1期	江苏省第十三届哲学社会科学优秀成果奖三等奖
	叶金强：《风险领域理论与侵权法二元归责体系》，2009年第2期	江苏省第十三届哲学社会科学优秀成果奖三等奖
	吴泽勇：《"吴梅案"与判决后和解的处理机制——兼与王亚新教授商榷》，2013年第1期	2013年度河南省社会科学优秀成果奖二等奖
	顾培东：《当代中国法治话语体系的构建》，2012年第3期	四川省第十六次社会科学优秀成果奖二等奖
	马静华：《供述自愿性的权力保障模式》，2013年第3期	四川省第十六次社会科学优秀成果奖三等奖
2015	程雷：《诱惑侦查的程序控制》，2015年第1期	第三届董必武青年法学成果奖三等奖
	朱虎：《物权法自治性观念的变迁》，2013年第1期	第三届董必武青年法学成果奖三等奖
	吴泽勇：《第三人撤销之诉的原告适格》，2014年第3期	第三届董必武青年法学成果奖提名奖

续表

获奖年份	论文信息	奖项
2015	汪志刚：《民法视野下的人体法益构造——以人体物性的科技利用为背景》，2014年第2期	江西省第十六次社会科学优秀成果奖二等奖
	汪习根：《免于贫困的权利及其法律保障机制》，2012年第1期	第九届湖北省社会科学优秀成果奖三等奖
	刘笋：《国际法的人本化趋势与国际投资法的革新》，2011年第4期	第九届湖北省社会科学优秀成果奖三等奖
	戚建刚：《我国食品安全风险规制模式之转型》，2011年第1期	第九届湖北省社会科学优秀成果奖三等奖
	韩松：《农民集体土地所有权的权能》，2014年第6期	陕西省第十二次哲学社会科学优秀成果奖一等奖
	熊樟林：《行政处罚上的空白要件及其补充规则》，2012年第6期	教育部第七届高等学校科学研究优秀成果奖（人文社会科学）二等奖
	章志远：《开放合作型行政审判模式之建构》，2013年第1期	教育部第七届高等学校科学研究优秀成果奖（人文社会科学）三等奖
	马新彦：《内幕交易惩罚性赔偿制度的构建》，2011年第6期	教育部第七届高等学校科学研究优秀成果奖（人文社会科学）三等奖
	欧阳本祺：《犯罪构成体系的价值评价：从存在论走向规范论》，2011年第1期	教育部第七届高等学校科学研究优秀成果奖（人文社会科学）三等奖
	汪习根：《免于贫困的权利及其法律保障机制》，2012年第1期	教育部第七届高等学校科学研究优秀成果奖（人文社会科学）三等奖
	朱景文：《比较法研究中的中国法——关于法律的地位和权力组织形式的思考》，2013年第4期	教育部第七届高等学校科学研究优秀成果奖（人文社会科学）三等奖
	陈海嵩：《国家环境保护义务的溯源与展开》，2014年第3期	浙江省第十八届哲学社会科学优秀成果奖（应用理论与对策咨询类）二等奖
	骆梅英：《行政许可标准的冲突及解决》，2014年第2期	浙江省第十八届哲学社会科学优秀成果奖（应用理论与对策咨询类）三等奖
	巩固：《自然资源国家所有权公权说》，2013年第4期	浙江省第十八届哲学社会科学优秀成果奖（基础理论研究类）三等奖

续表

获奖年份	论文信息	奖项
2015	吴泽勇：《第三人撤销之诉的原告适格》，2014年第3期	第四届全国中青年民事诉讼法学优秀科研成果奖论文类二等奖
	陈杭平：《组织视角下的民事诉讼发回重审制度》，2012年第1期	第四届全国中青年民事诉讼法学优秀科研成果奖论文类二等奖
2016	林喜芬：《分段审查抑或归口审查：羁押必要性审查的改革逻辑》，2015年第5期	2015年度全国检察理论研究优秀成果一等奖
	付立庆：《被害人因受骗而同意的法律效果》，2016年第2期	第四届董必武青年法学成果奖三等奖
	陈伟：《疫学因果关系及其证明》，2015年第4期	江苏省第十四届哲学社会科学优秀成果奖三等奖
	章正璋：《我国民法上的占有保护——基于人民法院占有保护案例的实证分析》，2014年第3期	江苏省第十四届哲学社会科学优秀成果奖三等奖
2017	李步云：《中国特色社会主义人权理论体系论纲》，2015年第2期	第四届中国法学优秀成果奖一等奖
	韩松：《农民集体土地所有权的权能》，2014年第6期	第四届中国法学优秀成果奖一等奖
	马长山：《农业转移人口公民化与城市治理秩序重建》，2015年第1期	第四届中国法学优秀成果奖二等奖
	翟国强：《中国宪法实施的双轨制》，2014年第3期	第四届中国法学优秀成果奖二等奖
	杨力：《企业社会责任的制度化》，2014年第5期	第四届中国法学优秀成果奖二等奖
	骆梅英：《行政许可标准的冲突及解决》，2014年第2期	第四届中国法学优秀成果奖三等奖
	陈柏峰：《土地发展权的理论基础与制度前景》，2012年第4期	第四届中国法学优秀成果奖三等奖
	王迁：《版权法保护技术措施的正当性》，2011年第4期	第四届中国法学优秀成果奖三等奖
	张力：《民法转型的法源缺陷：形式化、制定法优位及其校正》，2014年第2期	第四届中国法学优秀成果奖三等奖
	巩固：《自然资源国家所有权公权说再论》，2015年第2期	第四届中国法学优秀成果奖三等奖
	陈璇：《生命冲突、紧急避险与责任阻却》，2016年第5期	第五届董必武青年法学成果奖二等奖
	程雪阳：《土地发展权与土地增值收益的分配》，2014年第5期	第五届董必武青年法学成果奖三等奖

续表

获奖年份	论文信息	奖项
2017	汤文平：《批准生效合同报批义务之违反、请求权方法与评价法学》，2014 年第 1 期	广东省第七届哲学社会科学优秀成果奖二等奖
	张力：《民法转型的法源缺陷：形式化、制定法优位及其校正》，2014 年第 2 期	第五届中国法律文化研究成果奖二等奖
	尤陈俊：《清代讼师贪利形象的多重建构》，2015 年第 5 期	第五届中国法律文化研究成果奖三等奖
	王捷：《"直诉"源流通说辨正》，2015 年第 6 期	第五届中国法律文化研究成果奖三等奖
	王沛：《西周邦国的法秩序构建：以新出金文为中心》，2016 年第 6 期	第五届中国法律文化研究成果奖三等奖
	欧阳本祺：《具体的打击错误：从故意认定到故意归责》，2015 年第 5 期	第四届江苏省法学优秀成果奖一等奖
	詹建红、张威：《我国侦查权的程序性控制》，2015 年第 3 期	山东省第三十一次社会科学优秀成果二等奖
	王笑冰：《关联性要素与地理标志法的构造》，2015 年第 3 期	山东省第三十一次社会科学优秀成果二等奖
	沈伟：《中国投资协议实体保护标准的自由化和多边化演进》，2015 年第 4 期	山东省第三十一次社会科学优秀成果二等奖
	马宁：《保险人明确说明义务批判》，2015 年第 3 期	2017 年度陕西省高等学校人文社会科学研究优秀成果奖一等奖
	王捷：《"直诉"源流通说辨正》，2015 年第 6 期	第三届上海市法学优秀成果奖三等奖
	陈林林、王云清：《司法判决中的词典释义》，2015 年第 3 期	浙江省第十九届哲学社会科学优秀成果奖三等奖
	陆青：《以房抵债协议的法理分析——〈最高人民法院公报〉载"朱俊芳案"评释》，2015 年第 3 期	浙江省第十九届哲学社会科学优秀成果奖三等奖
	余军、张文：《行政规范性文件司法审查权的实效性考察》，2016 年第 2 期	浙江省第十九届哲学社会科学优秀成果奖三等奖
2018	冯健鹏：《我国司法判决中的宪法援引及其功能——基于已公开判决文书的实证研究》，2017 年第 3 期	第六届董必武青年法学成果奖三等奖
	段文波：《起诉条件前置审理论》，2016 年第 6 期	第六届董必武青年法学成果奖三等奖
	黄忠：《城市化与"入城"集体土地的归属》，2014 年第 4 期	重庆市第九次社会科学优秀成果奖一等奖

续表

获奖年份	论文信息	奖项
2018	张力：《民法转型的法源缺陷：形式化、制定法优位及其校正》，2014年第2期	重庆市第九次社会科学优秀成果奖二等奖
	郭洁：《土地用途管制模式的立法转变》，2013年第2期	第六届辽宁省哲学社会科学成果奖二等奖
	郑智航：《乡村司法与国家治理——以乡村微观权力的整合为线索》，2016年第1期	山东省第三十二届社会科学优秀成果奖二等奖
	董学立：《我国意定动产担保物权法的一元化》，2014年第6期	山东省第三十二届社会科学优秀成果奖二等奖
	方新军：《货运代理转委托行为的类型区分及法律效力》，2015年第1期	江苏省第十五届哲学社会科学优秀成果奖二等奖
	欧阳本祺：《具体的打击错误：从故意认定到故意归责》，2015年第5期	江苏省第十五届哲学社会科学优秀成果奖二等奖
	解亘、班天可：《被误解和被高估的动态体系论》，2017年第2期	江苏省第十五届哲学社会科学优秀成果奖三等奖
	宋晓：《国际私法与民法典的分与合》，2017年第1期	江苏省第十五届哲学社会科学优秀成果奖三等奖
	岳卫：《利他型人寿保险中投保人与受益人的对价关系》，2017年第6期	江苏省第十五届哲学社会科学优秀成果奖三等奖
	秦策：《刑事程序比例构造方法论探析》，2016年第5期	江苏省第十五届哲学社会科学优秀成果奖三等奖
	王克稳：《我国集体土地征收制度的构建》，2016年第1期	江苏省第十五届哲学社会科学优秀成果奖三等奖
	汪志刚：《生命科技时代民法中人的主体地位构造基础》，2016年第6期	江西省第十七次社会科学优秀成果奖二等奖
	阙占文：《转基因作物基因污染受害者的请求权》，2015年第6期	江西省第十七次社会科学优秀成果奖三等奖
	徐涤宇：《民事证明责任分配之解释基准——以物权法第106条为分析文本》，2016年第2期	第十一届湖北省社会科学优秀成果奖二等奖
	罗昆：《我国民法典法人基本类型模式选择》，2016年第4期	第十一届湖北省社会科学优秀成果奖三等奖
	刘晓林：《唐律中的"余条准此"考辨》，2017年第3期	吉林省第十二届社会科学优秀成果奖二等奖
	马新彦：《内幕交易惩罚性赔偿制度构建》，2011年第6期	第七届钱端升法学研究成果奖二等奖
	陈小君：《我国农村土地法律制度变革的思路与框架——十八届三中全会〈决定〉相关内容解读》，2014年第4期	第七届钱端升法学研究成果奖三等奖

续表

获奖年份	论文信息	奖项
2019	周长军：《刑事诉讼中变更公诉的限度》，2017年第2期	山东省第三十三届社会科学优秀成果奖一等奖
	李忠夏：《法治国的宪法内涵——迈向功能分化社会的宪法观》，2017年第2期	山东省第三十三届社会科学优秀成果奖二等奖
	尹飞：《体系化视角下的意定代理权来源》，2016年第6期	北京市第十五届哲学社会科学优秀成果奖二等奖
	李训虎：《逮捕制度再改革的法释义学解读》，2018年第3期	2018年度全国检察基础理论研究优秀成果一等奖
	石聚航：《侵犯公民个人信息罪"情节严重"的法理重述》，2018年第2期	江西省第十八次社会科学优秀成果奖二等奖
	庄劲：《机能的思考方法下的罪数论》，2017年第3期	广东省第八届哲学社会科学优秀成果奖二等奖
	梁坤：《基于数据主权的国家刑事取证管辖模式》，2019年第2期	第七届董必武青年法学成果奖二等奖
2020	王越：《故意杀人罪死刑裁量机制的实证研究》，2017年第5期	第八届董必武青年法学成果奖一等奖
	刘哲玮：《确认之诉的限缩及其路径》，2018年第1期	第八届董必武青年法学成果奖三等奖
	何挺：《附条件不起诉制度实施状况研究》，2019年第6期	2019年度全国检察基础理论研究优秀成果一等奖
	王越：《故意杀人罪死刑裁量机制的实证研究》，2017年第5期	山东省第三十四届社会科学优秀成果奖二等奖
	何荣功：《预防刑法的扩张及其限度》，2017年第4期	第十二届湖北省社会科学优秀成果奖二等奖
	叶金育：《税收构成要件理论的反思与再造》，2018年第6期	第十二届湖北省社会科学优秀成果奖二等奖
	武亦文：《保险法因果关系判定的规则体系》，2017年第6期	第十二届湖北省社会科学优秀成果奖三等奖
	顾培东：《当代中国法治共识的形成及法治再启蒙》，2017年第1期	教育部第八届高等学校科学研究优秀成果奖（人文社会科学）二等奖
	郑智航：《乡村司法与国家治理——以乡村微观权力的整合为线索》，2016年第1期	教育部第八届高等学校科学研究优秀成果奖（人文社会科学）二等奖
	高飞：《农村土地"三权分置"的法理阐释与制度意蕴》，2016年第3期	教育部第八届高等学校科学研究优秀成果奖（人文社会科学）二等奖

续表

获奖年份	论文信息	奖项
2020	王迁：《广播组织权的客体——兼析"以信号为基础的方法"》，2017年第1期	教育部第八届高等学校科学研究优秀成果奖（人文社会科学）二等奖
	周长军：《刑事诉讼中变更公诉的限度》，2017年第2期	教育部第八届高等学校科学研究优秀成果奖（人文社会科学）二等奖
	广州大学人权理论研究课题组、李步云：《中国特色社会主义人权理论体系论纲》，2015年第2期	教育部第八届高等学校科学研究优秀成果奖（人文社会科学）三等奖
	王笑冰：《关联性要素与地理标志法的构造》，2015年第3期	教育部第八届高等学校科学研究优秀成果奖（人文社会科学）三等奖
	叶金强：《私法中理性人标准之构建》，2015年第1期	教育部第八届高等学校科学研究优秀成果奖（人文社会科学）三等奖
	赵万一、汪青松：《土地承包经营权的功能转型及权能实现——基于农村社会管理创新的视角》，2014年第1期	教育部第八届高等学校科学研究优秀成果奖（人文社会科学）三等奖
	孙万怀：《宽严相济刑事政策应回归为司法政策》，2014年第4期	教育部第八届高等学校科学研究优秀成果奖（人文社会科学）三等奖
	龙大轩：《孝道：中国传统法律的核心价值》，2015年第3期	重庆市第十次社会科学优秀成果奖二等奖
	张力：《国家所有权遁入私法：路径与实质》，2016年第4期	重庆市第十次社会科学优秀成果奖二等奖
	段文波：《起诉条件前置审理论》，2016年第6期	重庆市第十次社会科学优秀成果奖二等奖
	徐银波：《决议行为效力规则之构造》，2015年第4期	重庆市第十次社会科学优秀成果奖二等奖
	陈如超：《司法鉴定管理体制改革的方向与逻辑》，2016年第1期	重庆市第十次社会科学优秀成果奖三等奖
	熊樟林：《土地征收决定不是终裁行为——以行政复议法第30条第2款为中心》，2017年第3期	江苏省第十六届哲学社会科学优秀成果奖一等奖
	宋亚辉：《追求裁判的社会效果：1983—2012》，2017年第5期	江苏省第十六届哲学社会科学优秀成果奖二等奖
	彭岳：《一致性解释原则在国际贸易行政案件中的适用》，2019年第1期	江苏省第十六届哲学社会科学优秀成果奖二等奖

续表

获奖年份	论文信息	奖项
2020	李中原：《多数人之债的类型建构》，2019年第2期	江苏省第十六届哲学社会科学优秀成果奖三等奖
	单勇：《城市高密度区域的犯罪吸引机制》，2018年第3期	江苏省第十六届哲学社会科学优秀成果奖三等奖
	顾培东：《法官个体本位抑或法院整体本位——我国法院建构与运行的基本模式选择》，2019年第1期	四川省第十九次哲学社会科学优秀成果奖二等奖
	龙宗智：《刑民交叉案件中的事实认定与证据使用》，2018年第6期	四川省第十九次哲学社会科学优秀成果奖二等奖
	郭松：《被追诉人的权利处分：基础规范与制度构建》，2019年第1期	四川省第十九次哲学社会科学优秀成果奖三等奖
2021	汪志刚：《论民事规训关系——基于福柯权力理论的一种阐释》，2019年第4期	江西省第十九次社会科学优秀成果奖二等奖
	龙俊：《民法典中的动产和权利担保体系》，2020年第6期	第九届董必武青年法学成果奖二等奖
	袁国何：《诈骗罪中的处分意识：必要性及判别》，2021年第3期	第九届董必武青年法学成果奖二等奖
	程雪阳：《合宪性视角下的成片开发征收及其标准认定》，2020年第5期	第九届董必武青年法学成果奖提名奖
	向燕：《论刑事综合型证明模式及其对印证模式的超越》，2021年第1期	第九届董必武青年法学成果奖提名奖
	李海平：《民法合宪性解释的事实条件》，2019年第3期	吉林省第十三届社会科学优秀成果奖一等奖
	章程：《从基本权理论看法律行为之阻却生效要件——一个跨法域释义学的尝试》，2019年第2期	浙江省第二十一届哲学社会科学优秀成果奖基础理论研究青年奖
	陈鹏：《公法上警察概念的变迁》，2017年第2期	福建省第十四届社会科学优秀成果奖二等奖
	冯俊伟：《刑事证据分布理论及其运用》，2019年第4期	山东省第三十五届社会科学优秀成果奖一等奖
	潘林：《优先股与普通股的利益分配——基于信义义务的制度方法》，2019年第3期	山东省第三十五届社会科学优秀成果奖二等奖
	郑晓珊：《工伤认定一般条款的建构路径》，2019年第4期	广东省第九届哲学社会科学优秀成果奖一等奖
	陈云良、寻健：《构建公共服务法律体系的理论逻辑及现实展开》，2019年第3期	广东省第九届哲学社会科学优秀成果奖二等奖

续表

获奖年份	论文信息	奖项
2022	陈柏峰：《城镇规划区违建执法困境及其解释——国家能力的视角》，2015年第1期	第八届钱端升法学研究成果奖二等奖
	王迁：《广播组织权的客体——兼析"以信号为基础的方法"》，2017年第1期	第八届钱端升法学研究成果奖三等奖
	王沛：《西周邦国的法秩序构建：以新出金文为中心》，2016年第6期	第八届钱端升法学研究成果奖提名奖
	胡玉鸿：《新时代推进社会公平正义的法治要义》，2018年第4期	上海市第十五届哲学社会科学优秀成果奖学科学术优秀成果奖一等奖
	马长山：《智能互联网时代的法律变革》，2018年第4期	上海市第十五届哲学社会科学优秀成果奖学科学术优秀成果奖二等奖
	章志远：《迈向公私合作型行政法》，2019年第2期	上海市第十五届哲学社会科学优秀成果奖学科学术优秀成果奖二等奖
	冯晶：《支持理论下民事诉讼当事人法律意识的实证研究》，2020年第1期	第二届重庆市法学优秀成果奖
	陈如超：《专家参与刑事司法的多元功能及其体系化》，2020年第2期	第二届重庆市法学优秀成果奖
	杜辉：《面向共治格局的法治形态及其展开》，2019年第4期	第二届重庆市法学优秀成果奖
	方世荣、白云锋：《行政执法和解的模式及其运用》，2019年第5期	第十三届湖北省社会科学优秀成果奖二等奖
	梅扬：《比例原则的适用范围与限度》，2020年第2期	第十三届湖北省社会科学优秀成果奖三等奖
	刘杨：《执法能力的损耗与重建——以基层食药监执法为经验样本》，2019年第1期	第十三届湖北省社会科学优秀成果奖三等奖
	于龙刚：《基层法院的执行生态与非均衡执行》，2020年第3期	第十三届湖北省社会科学优秀成果奖三等奖

因法学研究及法学期刊事业的兴盛发展，我国法学期刊数量及其所载法学论文数量呈爆发式快速增长态势。为了便于读者从浩繁的出版物中筛选择取文献，提高读者的阅读效率和知识撷取效益，各种文摘类出版物包括文摘类期刊在其中发挥了重要作用。如何对待和处理与文摘类出版物的关系，《法学研究》编辑部进行了持续的观察和审慎的评估。《法学研究》编辑部认为，文摘类出版物的出现与影响是法学研究成果及其载体兴盛繁荣的体现，也是法学著述读者群的阅读需求和知识更新日益强烈的体现。

其一，文摘类刊物对法学期刊文章的摘选具有专业性，是对法学期刊已发文章再次进行专业性学术判断，是文摘类刊物学术判断力的体现。尽管文摘类刊物与法学期刊的各自判断选择标准不能相互取代，但仍属于法学领域学术判断机制的有机组成部分，大概率更精准地反映了被摘选文章的学术水准。其二，囿于法学文章读者的阅读精力和专业偏好不同，他们对法学文章的需求层次与范围亦有不同。文摘类刊物的摘选既有质量摘选也有分类处理，极大地降低了读者的文献选择成本并提高了阅读应用效率。其三，文摘类刊物对法学期刊已发文章的摘选，意味着作者的文章经过两重编选，会产生文章再评价效应和选题集中效应，一方面有助于鼓励和改进作者的科研能力和写作水平，另一方面也对法学界的科研方向和选题范围发挥一定程度的学术引导力。其四，文摘类刊物对法学期刊已发文章的摘选，也是对被摘选文章编辑工作的一种形式和一定程度的肯定。被摘选文章的编辑人员可以根据所编文章的摘选情况，分析判断自己的选题方向和编辑能力，以更有效率地调整编辑政策和提高业务水平。

因此，《法学研究》编辑部对于文摘类刊物的摘选工作持积极支持的态度，并且多次与文摘类刊物的编辑同行举行座谈，交流学术判断心得和业务技术要求，以提升两类刊物之间的学术互动机制和学术增益效果。表1-3为《法学研究》的转载统计。

四 刊路辑踪

虽然法学期刊编辑工作同样是法学知识体系形成过程一个重要的有机组成部分，但是与不断开拓前行的法治实践相比，以及与创新迭出的法学研究工作相比，法学期刊编辑工作则是平稳许多甚或说是平淡许多。除非在特定时期发生特定事件，否则法学期刊及其编辑人员算是法学界当中"寂寞的一群"。因此，若为《法学研究》编个学术年谱或者大事记，常常因工作轨迹连线平横延展却少有波澜而难为不已。但是，我们毕竟努力而有成效地走过45年，毕竟与波澜壮阔的中国特色社会主义法治进步和蓬勃兴盛的中国特色法学繁荣相契融合、相谐并行，我们仍然能够从以往平淡的编辑工作生活中撷取专业精彩或者感悟时代脉动。表1-4为《法学研究》编辑部大事记。

表1-3 《法学研究》转载统计

文摘名称	转载时间	转载题目	作者	发表时间
中国社会科学文摘（2013年1月至2022年12月）	2013年第1期	法律中"政治问题"理论的衰落与重构	陈承堂	2012年第5期
	2013年第3期	网络平台上的微博著作权	刘文杰	2012年第6期
	2013年第5期	法律规则的逻辑结构	雷磊	2013年第1期
	2013年第8期	老年监护制度的立法突破	杨立新	2013年第2期
	2013年第12期	惯常居所地法原则的价值导向	刘仁山	2013年第3期
	2014年第1期	从比较法视野看中国法	朱景文	2013年第4期
	2014年第2期	严格依法办事：司法公信力建设的关键	江必新	2013年第6期
	2014年第4期	检警一体化模式再解读	刘计划	2013年第6期
	2014年第5期	深化改革要求遏制司法行政化	龙宗智、袁坚	2014年第1期
	2014年第9期	风险社会大规模损害责任法的范式重构	刘水林	2014年第3期
	2014年第12期	公共人物理论、自媒体与网络谣言规制	郭春镇	2014年第4期
	2015年第3期	死刑整制与最高人民法院的功能定位	左卫民	2014年第6期
	2015年第6期	城市化升级转型中的社会保障与社会法	魏建国	2015年第1期
	2015年第10期	承包权与经营权分置的法律构造	蔡立东、姜楠	2015年第3期
	2015年第11期	中国宪法上国家所有的规范含义	程雪阳	2015年第4期
	2016年第2期	具体的打击错误：从故意认定到故意归责	欧阳本祺	2015年第5期
	2016年第6期	民法典编与民事诉讼法的连接与统合	张卫平	2016年第1期
	2016年第9期	审判委员会运行状况的实证研究	左为民	2016年第3期

续表

文摘名称	转载时间	转载题目	作者	发表时间
中国社会科学文摘（2013年1月至2022年12月）	2016年第12期	刑法体系的合宪性调控	张翔	2016年第4期
	2017年第7期	犯罪圈扩大立法趋向的实践合理性	梁根林	2017年第1期
	2017年第8期	劳动力市场灵活性与劳动合同法的修改	谢增毅	2017年第2期
	2018年第5期	新思想引领法治新征程	张文显	2017年第6期
	2018年第5期	滥用知情权的逻辑及展开	王锡锌	2017年第6期
	2018年第6期	马克思主义法律理论中国化的当代意义	封丽霞	2018年第1期
	2018年第8期	清律"家人共盗"的法思想源流	谢晶	2018年第2期
	2019年第2期	智能互联网时代的法律变革	马长山	2018年第4期
	2020年第4期	大数据有限排他权的基础理论	崔国斌	2019年第5期
	2020年第9期	中国民法典总则与分则之间的统辖遵从关系	孙宪忠	2020年第3期
	2020年第10期	中国行政诉讼中的政府与法院互动	章志远	2020年第3期
	2020年第11期	中国政法体制的规范性原理	黄文艺	2020年第4期
	2021年第2期	计算法学的内涵、范畴与方法	申卫星，刘云	2020年第5期
	2021年第3期	中国第一代马克思主义法学家的理论开创	程梦婧	2020年第5期
	2021年第9期	物业服务合同的法律构造	徐涤宇	2021年第3期
	2021年第11期	基本权利的国家保护：从客观价值到主观权利	李海平	2021年第4期
	2022年第6期	民法典时代农民户有所居的实现路径	耿卓	2022年第1期
	2022年第8期	改革型地方立法变通机制的反思与重构	王建学	2022年第2期

续表

文摘名称	转载时间	转载题目	作者	发表时间
新华文摘（纸刊）(2013年1月至2022年12月)	2013年第3期	准五服以制罪是对儒家礼教精神的背离	屈永华	2012年第5期
	2013年第9期	法官良知的价值、内涵及其养成	江必新	2012年第6期
	2013年第22期	行政处罚上的空白要件及其补充规则	熊樟林	2012年第6期
	2014年第3期	比较法研究中的中国法	朱景文	2013年第4期
	2015年第9期	公司制度检视下的中国公司治理评析	朱慈蕴、林凯	2013年第5期
	2015年第11期	城市化升级转型中的社会保障与社会法	魏建国	2015年第1期
	2015年第19期	农业转移人口公民化与城市治理秩序重构	马长山	2015年第1期
	2016年第1期	孝道：中国传统法文化的核心价值	龙大轩	2015年第3期
	2016年第7期	以审判为中心的刑事诉讼制度改革	魏晓娜	2015年第4期
	2017年第22期	宪法教义学反思：一个社会系统理论的视角	李忠夏	2015年第6期
	2018年第2期	中国法律实证研究的困境与未来走向	雷鑫洪	2017年第4期
	2018年第10期	法律概念是重要的吗？	雷磊	2017年第4期
	2018年第15期	马克思主义法律理论中国化的当代意义	封丽霞	2018年第1期
	2019年第1期	探索激励相容的个人数据治理之道	周汉华	2018年第2期
	2019年第3期	智能互联网时代法律的变革	马长山	2018年第4期
	2019年第17期	作品名称的多重功能与多元保护	彭学龙	2018年第5期
	2020年第23期	构建公共服务法律体系的理论逻辑及实现展开	陈云良、寻健	2019年第3期
	2021年第13期	公司治理中的控股股东及其法律规制	赵旭东	2020年第4期
		合作治理语境下的法治化营商环境建设	石佑启、陈可翔	2021年第2期

续表

文摘名称	转载时间	转载题目	作者	发表时间
新华文摘（纸刊）（2013年1月至2022年12月）	2022年第13期	纪检监察机关大数据监督的规范化与制度构建	杨建军	2022年第2期
	2022年第15期	宪法功能转型的社会机理与中国模式	李忠夏	2022年第2期
	2013年第5期	法治政府建设的程序主义进路	王万华	2013年第4期
	2013年第6期	行政诉讼类型制度的功能	刘飞	2013年第5期
	2014年第2期	自然资源国家所有权之国家所有制说	徐祥民	2013年第4期
	2014年第4期	作为规制与治理工具的行政许可	Colin Scott（石肖雪译）	2014年第2期
	2015年第1期	死刑控制与最高人民法院的功能定位	左卫民	2014年第6期
	2015年第2期	城市化升级转型中的社会保障与社会法	魏建国	2015年第1期
	2015年第3期	农业转移人口公民化与城市治理秩序重建	马长山	2015年第1期
	2015年第6期	分段审查抑或归口审查：羁押必要性审查的改革逻辑	林喜芬	2015年第5期
	2016年第2期	乡司法与国家治理——以乡村微观权力的整合方为线索	郑智航	2016年第1期
	2016年第3期	民事证明责任分配之解释基准——以物权法第106条为分析文本	徐涤宇	2016年第2期
高等学校文科学术文摘（2013年1月至2022年12月）	2016年第6期	审判委员会运行状况的实证研究	左卫民	2016年第3期
	2017年第1期	中国法律传统的经济合理性	夏扬	2016年第5期
	2017年第4期	依规治党与依法治国的关系	王若磊	2016年第6期
	2017年第4期	当代中国法治共识的形成及法治再启蒙	顾培东	2017年第1期
	2017年第4期	刑事诉讼中变更公诉的限度	周长军	2017年第2期
	2018年第2期	中国法治经济建设的逻辑	谢海定	2017年第6期

续表

文摘名称	转载时间	转载题目	作者	发表时间
高等学校文科学术文摘（2013年1月至2022年12月）	2018年第3期	探索激励相容的个人数据治理之道——中国个人信息保护法的立法方向	周汉华	2018年第2期
	2018年第4期	城市高密度区域的犯罪吸引机制	单勇	2018年第3期
	2018年第5期	新时代推进社会公平正义的法治要义	胡玉鸿	2018年第4期
	2018年第6期	智能互联网时代的法律变革	马长山	2018年第4期
	2019年第5期	面向共治格局的法治形态及其展开	杜辉	2019年第6期
	2020年第1期	合宪性审查制度的中国道路与功能展开	李忠夏	2020年第1期
	2020年第2期	人工智能与事实认定	栗峥	2020年第2期
	2020年第6期	法理论的学科属性及其与部门法学的关系	雷磊	2020年第5期
	2021年第1期	论权利之功能	张恒山	2020年第2期
	2021年第3期	法学研究新范式：计算法学的内涵、范畴与方法	申卫星，刘云	2021年第2期
	2021年第6期	劳动基准法的范畴、规范结构与私法效力	沈建峰	2021年第4期
	2022年第1期	基本权利的国家保护：从客观价值到主观权利	李海平	2021年第6期
	2022年第2期	集体建设用地向宅基地的地性转换	王锴	2022年第1期
	2022年第6期	纪检监察机关大数据监督的规范化与制度构建	耿卓	2022年第2期
		类案适用的司法论证	杨建军	2022年第5期
人大复印报刊资料（2015年4月至2022年12月）	2015年第4期	刑法解释方位阶性的质疑	周光权	2014年第5期
	2015年第9期	导არ物权变动之法院判决类型	房绍坤	2015年第1期
		自然资源所有国家所有权公权说再论	巩固	2015年第2期

续表

文摘名称	转载时间	转载题目	作者	发表时间
人大复印报刊资料（2015年4月至2022年12月）	2015年第10期	农业转移人口公民化与城市治理秩序重建	马长山	2015年第1期
		城镇规划违建执法困境及其解释——国家能力的视角	陈柏峰	2015年第1期
		货运代理转委托行为的类型区分及法律效力	方新军	2015年第1期
		中国特色社会主义人权理论体系论纲	广州大学人权理论研究课题组、李步云	2015年第2期
		删而未除的"管辖错误"再审——基于2013年以来最高人民法院裁定书的分析	李浩	2015年第2期
		国际法解释领土条约的路径、方法及其拓展	张卫彬	2015年第2期
		司法判决中的词典释义	陈林林、王云清	2015年第3期
	2015年第11期	以房抵债协议的法理分析——《最高人民法院公报》载"朱俊芳"案评释	陆青	2015年第3期
		关联性要素与地理标志法的构造	王笑冰	2015年第3期
		侵害人视角下的正当防卫论	陈璇	2015年第1期
		城市空间利益的正当分配——从规划行政许可侵犯相邻权益案切入	陈越峰	2015年第2期
	2015年第12期	破产视角下的抵销	许德风、蔡立东、姜楠	2015年第3期
		承包权与经营权分置的法构造	高汉成	2015年第1期
		大清刑律草案签注考论	陈瑞华	2015年第4期
		法官责任制度的三种模式	陈瑞华	2015年第4期
		决议行为效力规则之构造	徐银波	2015年第4期

续表

文摘名称	转载时间	转载题目	作者	发表时间
人大复印报刊资料 （2015年4月至2022年12月）	2016年第1期	地方各级人民法院宪法地位的规范分析	王建学	2015年第4期
	2016年第2期	省级统管地方法院法官任用改革审思——基于实证考察的分析	左卫民	2015年第4期
		检察人员对分类管理改革的立场——以问卷调查为基础	程金华	2015年第4期
		多元一统的政治法结构——政治宪法学理论基础的反思与重建	张龑	2015年第6期
	2016年第3期	分段审查抑或归口审查：羁押必要性审查的改革逻辑	林喜芬	2015年第5期
		著作权法与专利法中"惩罚性赔偿"之非惩罚性	蒋舸	2015年第6期
		中国刑事印证理论批判	周洪波	2015年第6期
	2016年第4期	清代讼师贪利形象的多重建构	尤陈俊	2015年第5期
		法治评估模式辨异	钱弘道、杜维超	2015年第6期
		宪法上的尊严理论及其体系化	王旭	2016年第1期
		财政补助社会保险适用的法学透析：以二元分立为视角	熊伟、张荣芳	2016年第1期
	2016年第5期	民法典与民事诉讼法的衔接与统合——从民事诉讼法视角看民法典的编纂	张卫平	2016年第1期
		醉酒型危险驾驶罪量刑影响因素实证研究	文姬	2016年第1期
		买卖合同之规定准用于其他有偿合同	易军	2016年第1期
		治理体系的完善与民法典的时代精神	石佳友	2016年第1期
		我国集体土地征收制度的构建	王克稳	2016年第1期

续表

文摘名称	转载时间	转载题目	作者	发表时间
人大复印报刊资料 （2015年4月至2022年12月）	2016年第6期	宪法教义学反思：一个社会系统理论的视角	李忠夏	2015年第6期
		乡村司法与国家治理——以乡村微观权力的整合为线索	郑智航	2016年第1期
		司法鉴定管理体制改革的方向与逻辑	陈如超	2016年第1期
		民事证明责任分配之解释基准——以物权法第106条为分析文本	徐涤宇	2016年第2期
		反思财产法制建设中的"事前研究"方法	冉昊	2016年第2期
		反不正当竞争法一般条款的司法适用模式	吴峻	2016年第2期
		行政规范性文件司法审查权的实效性考察	余军、张文	2016年第2期
	2016年第7期	法律继受中的"制度器物化"批判——以近代中国司法制度设计思路为中心	李启成	2016年第3期
	2016年第8期	农村土地"三权分置"的法理阐释与制度意蕴	高飞	2016年第3期
	2016年第9期	刑事隐蔽性证据规则研究	秦宗文	2016年第3期
	2016年第10期	缔约过程中说明义务的动态体系论	尚连杰	2016年第3期
		论行政行为"明显不当"	何海波	2016年第4期
		国家所有权通入私法：路径与实质	张力	2016年第4期
		民法典编纂的宪法学透析	林来梵	2016年第4期
	2016年第11期	我国民法典法人基本类型模式选择	罗昆	2016年第4期
		诉讼标的理论的新范式——"相对化"与我国民事审判实务	陈杭平	2016年第4期
		"祖制"的法律解读	朱勇	2016年第4期

续表

文摘名称	转载时间	转载题目	作者	发表时间
人大复印报刊资料（2015年4月至2022年12月）	2016年第12期	税法续造与税收法定主义的实现机制	汤洁茵	2016年第5期
		中国债编体系构建中若干基础关系的协调——从法国国情构债编体系的经验观察	李世刚	2016年第5期
		预约合同效力和违约救济的实证考察与应然路径	耿利航	2016年第5期
		涉诉信访治理的正当性与法治化——1978–2015年实践探索的分析	彭小龙	2016年第5期
		生命冲突、紧急避险与责任阻却	陈璇	2016年第5期
		中国法律传统中的经济理性	夏扬	2016年第5期
		刑事罪刑比例构造方法论探析	秦策	2016年第5期
	2017年第1期	国体的起源、构造和选择：中西暗合与差异	侣化强	2016年第5期
		所指确定与法律解释——一种适用于一般法律词项的指称理论	陈坤	2016年第5期
		体系化视角下的意定代理权来源	尹飞	2016年第6期
		道路交通事故责任认定研究	余凌云	2016年第6期
	2017年第3期	基于法官集体经验的量刑预测研究	白建军	2016年第6期
		电子证据的关联性	刘品新	2016年第6期
		起诉条件前置审理论	段文波	2016年第6期
	2017年第4期	合宪性解释在我国法院的实践	杜强强	2016年第6期
		西周邦国的法秩序构建：以新出金文为中心	王沛	2016年第6期

续表

文摘名称	转载时间	转载题目	作者	发表时间
人大复印报刊资料 （2015年4月至2022年12月）	2017年第5期	党管政法：党与政法关系的演进	周尚君	2017年第1期
		当代中国法治共识的形成及反法治再启蒙	顾培东	2017年第1期
		行政行为程序瑕疵的指正	杨登峰	2017年第1期
		刑法修正：维度、评价与反思	梁根林	2017年第1期
		受贿犯罪保护法益与刑法388条的解释	黎宏	2017年第1期
		基层法院审判委员会压力案件决策的实证研究	王伦刚、刘思达	2017年第1期
		包需求合同的法理与适用	刘承韪	2017年第1期
		保险法上如实告知义务之新检视	李飞	2017年第1期
	2017年第7期	公法上警察概念的变迁	陈鹏	2017年第2期
		被误解和被高估的动态体系论	解亘、班天可	2017年第2期
		行贿罪之"谋取不正当利益"的法理内涵	车浩	2017年第2期
	2017年第8期	刑事印证证明新探	龙宗智	2017年第2期
	2017年第9期	土地征收决定不是终载行为——以行政复议法第30条第2款为中心	熊樟林	2017年第3期
		委托合同任意解除的损害赔偿	周江洪	2017年第3期
		机能的思考方法下的罪数论	庄劲	2017年第3期
	2017年第10期	我国司法判决中的宪法援引及其功能——基于已公开判决文书的实证研究	冯健鹏	2017年第3期
		重复诉讼禁止及其在知识产权民事纠纷中的应用——基本概念解析、重塑与案例群形成	卜元石	2017年第3期

续表

文摘名称	转载时间	转载题目	作者	发表时间
人大复印报刊资料（2015年4月至2022年12月）	2017年第10期	认罪认罚何以从宽：误区与正解——反思效率优先的改革主张	左卫民	2017年第3期
		夫妻共同财产的潜在共有	龙俊	2017年第4期
	2017年第11期	婚姻家庭立法的同一性原理——以婚姻家庭理念、形态与财产法律结构为中心	金眉	2017年第4期
		唐律中的"余条准此"考辨	刘晓林	2017年第3期
	2017年第12期	刑事诉讼法中的侦查概括条款	艾明	2017年第4期
	2018年第1期	修复生态环境责任的实证解析	吕忠梅、窦海阳	2017年第3期
		审判中心论因果关系类型化视角下的举证责任	樊传明	2017年第5期
	2018年第2期	环境侵权因果关系类型化的话语分歧及其解决	陈伟	2017年第5期
		建设用地国有地权秩序的构造及其变革	徐健	2017年第5期
	2018年第3期	明清时期地权秩序的构造及其启示	汪洋	2017年第5期
		故意杀人罪死刑裁量机制的实证研究	王趣	2017年第6期
		刑事被告人答辩制度之构建	欧卫安	2017年第6期
	2018年第4期	滥用知情权的逻辑及其展开	王锡锌	2017年第6期
		保障房租赁与情房买卖法律关系的性质	凌维慈	2017年第6期
		中国法治经济建设的逻辑	谢海定	2017年第6期
		利他型人寿保险中投保人与受益人的对价关系	岳卫	2017年第6期
		保险法因果关系判定的规则体系	武亦文	2017年第6期

第一章 《法学研究》路漫长

续表

文摘名称	转载时间	转载题目	作者	发表时间
人大复印报刊资料（2015年4月至2022年12月）	2018年第4期	公众意见影响法官决策的理论与实验分析	陈林林	2018年第1期
		环境责任保险与环境风险控制的法律体系建构	马宁	2018年第1期
	2018年第5期	周秦两汉法律"布之子民"考论	徐燕斌	2017年第6期
		民法总则法源条款的缺失与补充	于飞	2018年第1期
		认罪认罚案件的证明标准	孙长永	2018年第1期
	2018年第6期	马克思主义法律理论中国化的当代意义	封丽霞	2018年第1期
		受害人特殊体质与损害赔偿责任的减轻——最高人民法院第24号指导案例评析	程啸	2018年第2期
	2018年第7期	确认之诉的限缩及其路径	刘哲玮	2018年第2期
	2018年第8期	判例自发性运用现象的生成与效应	顾培东	2018年第2期
		被遗忘权：传统元素、新语境与利益衡量	刘文杰	2018年第2期
		存款货币的权利归属与返还请求权——反思民法上货币"占有即所有"法则的司法运用	朱晓喆	2018年第3期
	2018年第9期	清律"家人共盗"的法思想源流	谢晶	2018年第3期
		民法总则公司法保护：从个人控制到社会控制	钱玉林	2018年第3期
		个人信息保护：从个人控制到社会控制	高富平	2018年第3期
	2018年第10期	民刑交叉诉关系处理的规则与法理	张卫平	2018年第3期
		海上保险最大诚信：制度内涵与立法表达	初北平	2018年第3期
		城市高密度区域的犯罪吸引机制	单勇	2018年第3期
		先签合同与后续合同的关系及其解释	崔建远	2018年第4期

续表

文摘名称	转载时间	转载题目	作者	发表时间
人大复印报刊资料（2015年4月至2022年12月）	2018年第11期	不真正不作为犯的边界	姚诗	2018年第4期
	2018年第12期	环境行政处罚规制功能之补强	谭冰霖	2018年第4期
		技术侦查证据使用问题研究	程雷	2018年第5期
		作品名称的多功能与多元保护——兼评反不正当竞争法第6条第3项	彭学龙	2018年第5期
	2019年第1期	电子证据真实性的三个层面——以刑事诉讼为例的分析	褚福民	2018年第4期
		动产抵押的登记对抗原理	庄加园	2018年第5期
		智能投资顾问模式中的主体识别和义务设定	高丝敏	2018年第5期
	2019年第2期	互联网金融风险的社会特性与监管创新	许多奇	2018年第6期
		行政行为无效的认定	王贵松	2018年第6期
		个人信息私法保护的困境与出路	丁晓东	2018年第5期
	2019年第3期	金融科技背景下金融监管范式的转变	周仲飞、李敬伟	2018年第6期
		集体法益的刑法保护及其边界	孙国祥	2018年第6期
		税收法益构成要件理论的反思与再造	叶金育	2018年第6期
		民法基本原则的意义脉络	易军	2018年第6期
		数据的私法定位与保护	纪海龙	2018年第6期
		民事实质诉讼法论	陈刚	2018年第6期
	2019年第4期	执法能力的损耗与重建——以基层食药监执法为经验样本	刘杨	2019年第1期

续表

文摘名称	转载时间	转载题目	作者	发表时间
人大复印报刊资料（2015年4月至2022年12月）	2019年第5期	刑民交叉案件中的事实认定与证据使用	龙宗智	2018年第6期
		他行为能力认同研究	陈兴良	2019年第1期
		协助扶助决定取代成年监护替代决定——兼论民法典婚姻家庭编监护与协助的增设	李霞	2019年第1期
	2019年第6期	民法典编纂视野下合同法第402条、第403条的存废	方新军	2019年第1期
		法官个体本位抑或法院整体本位——我国法院建构与运行的基本模式选择	顾培东	2019年第1期
		迈向公私合作型行政法	章志远	2019年第2期
	2019年第7期	"八议"源流与腹边文化互动	苏亦工	2019年第1期
		多数人之债的类型建构	李中原	2019年第2期
		著作权法限制音乐专有许可的正当性	王迁	2019年第2期
		监察过程中的公安协助配合机制	江国华、张硕	2019年第2期
		电子数据在刑事证据体系中的定位与审查判断规则——基于网络假货犯罪案件裁判文书的分析	胡铭	2019年第2期
	2019年第8期	公司融资语境下股与债的界分	许德风	2019年第2期
		行政协议诉讼的制度构建	刘飞	2019年第3期
	2019年第9期	环境民事公益诉讼性质认定省思	巩固	2019年第3期
		避税行为可罚性之探究	汤洁茵	2019年第3期

续表

文摘名称	转载时间	转载题目	作者	发表时间
人大复印报刊资料（2015年4月至2022年12月）	2019年第10期	宅基地使用权的制度困局与破解之维	陈小君	2019年第3期
		刑事证据分布原理及运用	冯俊伟	2019年第4期
		正当防卫法律规则的例外类型和效果	赵军	2019年第4期
	2019年第11期	代理公开的例外类型和效果	朱虎	2019年第4期
		现代监护理念下监护与能力关系的重构	彭诚信、李贝	2019年第4期
	2019年第12期	工伤认定一般条款的建构路径	郑晓珊	2019年第5期
		面向共治格局的法治形态及其展开	杜辉	2019年第5期
		大数据有限排他权的基础理论	崔国斌	2019年第5期
		农村土地承包法修改后的地权配置	高圣平	2019年第5期
		受贿犯罪的保护法益：公职的不可谋私利性	劳东燕	2019年第5期
		行政复议法的修改与完善——以"实质性解决行政争议"为视角	王万华	2019年第5期
	2020年第1期	新时代中国法治理论创新发展的六个向度	李林	2019年第4期
		金钱"占有即所有"原理批判及权利流转规则之重塑	孙鹏	2019年第5期
		网络空间中犯罪帮助行为的类型化——来自司法判决的启发	邓矜婷	2019年第5期
	2020年第3期	行政执法和解的模式及其运用	方世荣、白云锋	2019年第5期
		宅基地立法政策与体制机制改革	韩松	2019年第6期
		规制抽象危险犯的新路径：双层法益与比例原则的融合	蓝学友	2019年第6期

续表

文摘名称	转载时间	转载题目	作者	发表时间
	2020年第3期	金融法中混业"但书"规定之反思	刘志伟	2019年第6期
	2020年第4期	合宪性审查制度的中国道路与功能展开	李忠夏	2019年第6期
		认罪认罚从宽中的特殊不起诉	董坤	2019年第6期
	2020年第5期	人工智能时代的法律议论	季卫东	2019年第6期
		共犯人关系的再思考	张明楷	2020年第1期
		法人依据抵议所为行为之效力	徐银波	2020年第2期
		公私法协动视野下生态环境损害赔偿的理论构成	冯洁语	2020年第2期
		平台经济从业者社会保险法律制度的构建	娄宇	2020年第1期
	2020年第6期	裁判文书援引学说的基本原理与规则建构	金枫梁	2020年第1期
		司法审查中的滥用职权标准——以最高人民法院公报案例为观察对象	周佑勇	2020年第2期
		"对赌协议"的裁判路径及政策选择——基于PE/VC与公司对赌场景的分析	刘燕	2020年第2期
	2020年第7期	组织体刑事责任论及其应用	黎宏	2020年第2期
		比例原则的适用范围与限度	梅扬	2020年第2期
		专家参与刑事司法的多元功能及其体系化	陈如超	2020年第2期
人大复印报刊资料 (2015年4月至2022年12月)		行政诉讼给付判决的构造与功能	黄锴	2020年第1期
		法理论：历史形成、学科属性及其中国化	雷磊	2020年第2期
		公章抗辩的类型与处理	陈甦	2020年第3期
		股东会决议无效的公司法解释	叶林	2020年第3期

续表

文摘名称	转载时间	转载题目	作者	发表时间
人大复印报刊资料（2015年4月至2022年12月）	2020年第8期	我国刑事上诉制度多元化的建构路径——以认罪认罚案件为切入点	牟绿叶	2020年第2期
	2020年第9期	中国行政诉讼中的府院互动	章志远	2020年第3期
		以罪名为讨论平台的反思与纠正	丁胜明	2020年第3期
		刑事诉讼法时间效力规则研究	聂友伦	2020年第3期
		基层法院的执行生态与非均衡执行	于龙刚	2020年第3期
	2020年第10期	中国民法典总则与分则之间的统辖遵从关系	孙宪忠	2020年第4期
		增值税中性原则与民事制度	班天可	2020年第3期
	2020年第11期	秦及汉初逃亡犯罪的刑词适用和处理程序	张伯玺	2020年第3期
		中国刑事辩护中的专家辅助人向专家证人的角色转变	张保生、董帅	2020年第4期
		公司治理型回购中的控股股东及其法律规制	赵旭东	2020年第4期
		托底型回购合同的风险转嫁机理	王文胜	2020年第4期
	2020年第12期	刑民交叉实体问题的解决路径——"法律效果论"之展开	陈少青	2020年第4期
		劳动者社交媒体言论自由及其限制	谢增毅	2020年第4期
		司法人工智能的重塑效应及其限度	马长山	2020年第5期
		论权利之功能	张恒山	2020年第4期
	2021年第1期	"御史监察"的历史构造与运转实效	明辉	2020年第4期
		私法中善意认定的规则体系	石一峰	2020年第4期
		基本权利保护范围的界定	王锴	2020年第5期

续表

文摘名称	转载时间	转载题目	作者	发表时间
	2021年第1期	被追诉人认罪认罚的撤回	汪海燕	2020年第5期
	2021年第2期	证明责任制度本质重述	胡学军	2020年第5期
	2021年第3期	我国行政诉讼中的预防性保护	罗智敏	2020年第5期
		近代中国刑事上诉制度的生成及展开	胡震	2020年第4期
		中国政法体制中的规范性原理	黄文艺	2020年第6期
		法律规范混合性解释的方法论构造	刘召成	2020年第6期
		非法人组织与其他组织的关系困局及其破解	谭启平	2020年第6期
		股东出资加速到期的理论论证成	钱玉林	2020年第6期
	2021年第4期	功能主义视域下的行政协议	徐键	2020年第6期
		民法典中的动产和权利担保体系	龙俊	2020年第6期
	2021年第5期	公司资本制度后端改革与偿债能力测试的借鉴	朱慈蕴、皮正德	2021年第1期
人大复印报刊资料 (2015年4月至2022年12月)		初查的行政执法化改革及其配套机制——以公安机关"行刑衔接"为视角	张泽涛	2021年第2期
	2021年第6期	陕西紫阳诉讼档案中的清代土地交易规范及其私法理念	汪世荣	2021年第1期
		民事诉讼撤销原判决之程序违法事由	占善刚	2021年第1期
		论刑事综合型证明模式及其对印模式的超越	向燕	2021年第1期
	2021年第7期	劳动基准法的范畴、规范结构与私法效力	沈建峰	2021年第2期
	2021年第8期	破产法的指标进路及其检讨——以世界银行"办理破产"指标为例	高丝敏	2021年第2期
		论刑法教义学与实证研究	白建军	2021年第3期

续表

文摘名称	转载时间	转载题目	作者	发表时间
人大复印报刊资料 (2015年4月至2022年12月)	2021年第9期	证据属性层次论——基于证据规则结构体系的理论反思	郑飞	2021年第2期
	2021年第11期	诈骗罪中的处分意识：必要性及判别	袁国何	2021年第3期
	2021年第12期	宪法中的禁止保护不足原则——兼与比例原则对比论证	陈征	2021年第4期
		基本权利的国家保护：从客观价值到主观权利	李海平	2021年第4期
		论"数字人权"不构成第四代人权	刘志强	2021年第1期
		民法典不当得利返还责任体系之展开	陈自强	2021年第4期
		公共性视角下的互联网平台反垄断规制	张晨颖	2021年第4期
		民事裁判援引规章及行政规范性文件的审查义务	汪君	2021年第5期
		民事诉讼中具体化责任的转移：法理、条件与程度	周翠	2021年第5期
		案外人对执行标的主张实体权利的程序救济	金印	2021年第5期
	2022年第1期	法律解释与法律续造的区分标准	陈坤	2021年第4期
		末代故事：一种遵循先例制度的考察	张德美	2021年第4期
		法律行为内容评判的个案审查比对方法——兼谈民法典格式条款效力规范的解释	李世刚	2021年第5期
	2022年第2期	嗣后财产灭失、相反行为与遗嘱效力	刘征峰	2021年第5期
		犯罪故意概念中的"危害社会"：规范判断与归责机能	曾文科	2021年第5期
	2022年第3期	成文法背景下的判例实践：近代中国最高审判机构判例汇编与适用	刘昕杰	2021年第5期
		中国宪法上基本权利限制的形式要件	陈楚风	2021年第5期
		抽逃出资规则及公司分配制度的系统性改造	王军	2021年第5期

续表

文摘名称	转载时间	转载题目	作者	发表时间
人大复印报刊资料 (2015年4月至2022年12月)	2022年第4期	法律事实理论视角下的实质性宪法解释	莫纪宏	2021年第6期
		基本行政法典的确立、定位与架构	杨伟东	2021年第6期
		量刑自由裁量权的边界：集体经验、个体决策与偏差识别	吴雨豪	2021年第6期
	2022年第5期	最小必要原则在平台处理个人信息实践中的适用	武腾	2021年第6期
		人工智能时代著作权合理使用制度的重塑	林秀芹	2021年第6期
		地方性法规设定行政处罚的空间	王克稳	2022年第1期
		我国民事执行回转理论基础与制度构造的革新	陈刚	2022年第1期
	2022年第6期	因果关系错误问题及其应对——以行为危险实化说的再阐释为中心	黎宏	2022年第1期
		唐以前盗罪之变迁研究	朱腾	2022年第1期
		基于价格影响的期货市场操纵规制理论：反思与重构	钟维	2022年第1期
		集体建设用地向宅基地的地性转换	耿卓	2022年第1期
	2022年第7期	著作权合同中作者权益保护的规则取舍与续造	熊琦	2022年第2期
		反不正当竞争法架构下的区别性原则	吴峻	2022年第2期
		中国特色民间文学艺术作品著作权保护理论的构建	胡开忠	2022年第2期
		诚信原则修正功能的个案运用——以最高人民法院"华诚案"判决为分析对象	于飞	2022年第2期
		返还原物请求权如何适用诉讼时效——民法典第196条第2项的解释论	孙鹏	2022年第2期

续表

文摘名称	转载时间	转载题目	作者	发表时间
人大复印报刊资料（2015年4月至2022年12月）	2022年第8期	宪法功能转型的社会机理与中国模式	李忠夏	2022年第2期
	2022年第10期	规划许可诉讼中邻人保护的权利基础与审查构造	赵宏	2022年第3期
		农民集体与农村集体经济组织关系之二元论	高海	2022年第3期
		债务清理上破产法与执行法的博弈分析	何欢	2022年第4期
		群体诉讼的博弈分析	王福华	2022年第3期
	2022年第11期	侵权赔偿体现知识产权价值的民法原理	李承亮	2022年第3期
		农民集体成员的集体资产股份权	韩松	2022年第4期
		用户价值与数字税立法的逻辑	张牧君	2022年第4期
		商标"显著特征"之内涵重释	谢晴川	2022年第4期
	2022年第12期	数字经济视域下包容审慎监管的法治逻辑	刘权	2022年第5期
		为被告人利益抗诉与上诉不加刑原则之适用——以上诉理由之限制为中心	郭烁	2022年第5期
社会科学文摘（2016年12月至2022年12月）	2016年第12期	刑法体系的合宪性调控——以"李斯特鸿沟"为视角	张翔	2016年第4期
	2017年第1期	合宪性解释在我国法院的实践	杜强强	2016年第6期
	2017年第4期	当代中国法治共识的形成及法治再启蒙	顾培东	2017年第1期
	2017年第6期	刑事诉讼中变更公诉的限度	周长军	2017年第2期
	2017年第8期	从国家构建到共建共享的法治转向	马长山	2017年第3期
	2017年第10期	婚姻家庭立法的同一性原理	金眉	2017年第4期
	2017年第12期	建设用地国有制的逻辑、挑战及变革	徐键	2017年第5期

续表

文摘名称	转载时间	转载题目	作者	发表时间
	2018 年第 1 期	中国法治经济建设的逻辑	谢海定	2017 年第 6 期
	2018 年第 4 期	探索激励相容的个人数据治理之道——中国个人信息保护法的立法方向	周汉华	2018 年第 2 期
	2018 年第 8 期	转型期国家认同困境与宪法学的回应	陈明辉	2018 年第 3 期
	2018 年第 12 期	互联网金融风险的社会特性与监管创新	许多奇	2018 年第 5 期
	2019 年第 2 期	民法基本原则的意义脉络	易军	2018 年第 6 期
	2019 年第 4 期	法官个体本位抑或法院整体本位	顾培东	2019 年第 1 期
	2020 年第 1 期	"三权分置"中集体土地所有权的功能定位	李海平	2019 年第 3 期
	2020 年第 5 期	农村土地承包法修改后的承包地地权配置	高圣平	2019 年第 5 期
社会科学文摘（2016 年 12 月至 2022 年 12 月）	2020 年第 11 期	比例原则的适用范围与限度	梅扬	2020 年第 2 期
	2021 年第 2 期	劳动者社交媒体言论自由及其限制	谢增毅	2020 年第 4 期
	2021 年第 6 期	收养法的社会化：从亲子法转向儿童法	邓丽	2020 年第 6 期
	2021 年第 10 期	著作权法中传播权的体系构造	王迁	2021 年第 2 期
	2022 年第 1 期	域外管辖的体系构造：立法管辖之界分	宋晓	2021 年第 3 期
	2022 年第 2 期	中国宪法上基本权利限制的形式要件	陈楚风	2021 年第 5 期
	2022 年第 5 期	数字时代的身份构建及其法律保障	陆青	2021 年第 5 期
	2022 年第 7 期	宪法功能转型的社会经济机理与中国模式	李忠夏	2022 年第 2 期
	2022 年第 7 期	农民集体与农村集体经济组织关系之二元论	高海	2022 年第 3 期
	2022 年第 10 期	数字经济视域下包容审慎监管的法治逻辑	刘权	2022 年第 4 期

表 1-4　《法学研究》编辑部大事记

日期	事项
1978 年 3 月	法学研究所召开法学研究规划会议，会上提出办刊问题，并派出两个调查组分赴各地调查。
1978 年 4 月	调查组提交《法学研究规划和调查综合情况》的报告，其中提出"力争在今年年底以前恢复《政法研究》的出版"的建议。
1978 年 9 月	经中共中央宣传部、中国社会科学院领导批准，法学研究所决定正式创办《法学研究》杂志。
1978 年 12 月	出版《法学研究》1978 年试刊（内部发行）。
1979 年 1 月	法学研究规划会议在北京召开，时任法学研究所副所长的芮沐作"法学研究发展纲要（草稿）"的说明。
1979 年 2 月	出版《法学研究》1979 年试刊（内部发行）。
1979 年 4 月	《法学研究》正式创刊。在第 1 期《法学研究》上，开辟了"关于法的继承性"的讨论专栏，并提出"百花齐放，百家争鸣""古为今用，洋为中用"等办刊宗旨。
1979 年 6 月	《法学研究》第 2 期开辟了"关于无罪推定"的讨论专栏。《法学研究》编辑部召开法学座谈会，就坚持四项基本原则、继续解放思想、健全社会主义法制等问题展开广泛讨论。
1979 年 10 月	《法学研究》第 4 期发表《我国法制建设三十年》文章，首次对我国建国三十年来法制建设状况进行回顾。
1979 年 12 月	《法学研究》第 5 期开辟"关于法治和人治"以及"在实施刑法中区分两类不同性质的矛盾"的讨论专栏，开启具有时代意义的大讨论。
1980 年 1 月	《法学研究》杂志篇幅由 48 页扩为 64 页。1980 年第 1 期开辟"关于法的阶级性"的讨论专栏，对法是否单纯是阶级斗争的工具提出质疑。
1980 年 5 月	自《法学研究》第 3 期起，开始关于"企业财产权的性质"的专题讨论。
1980 年 12 月	《法学研究》编辑部负责人正式任命。法学研究所所长孙亚明兼《法学研究》杂志主编，吴建璠为副主编，张尚鹜、刘瀚分别为编辑部正副主任。
1982 年 10 月	王叔文等在《法学研究》第 5 期上发表文章，率先论述党的十二大提出的健全社会主义法制的必要性。
1983 年 1 月	《法学研究》杂志篇幅由 64 页扩为 80 页。《法学研究》编辑部负责人变更，张尚鹜为主编，刘瀚为副主编，廖增昀、张令杰分别为编辑部正副主任。
1983 年 12 月	李步云在《法学研究》第 6 期上撰文，阐明新时期民主与专政的辩证关系。
1984 年 1 月	《法学研究》杂志篇幅由 80 页扩为 96 页。
1984 年 6 月	《法学研究》编辑部就评选"研究现实问题的优秀理论文章"刊发致读者信及选票。

续表

日期	事项
1984 年 10 月	《法学研究》第 6 期刊登读者来信，建议出版《中国法律年鉴》。
1985 年 2 月	《法学研究》中青年作者优秀理论文章评选结果揭晓，十篇论文分获一、二、三等奖。
1985 年 7 月	《法学研究》编辑部负责人变更，张令杰任编辑部主任。
1985 年 10 月	《法学研究》编辑部与其他单位联合在西安举行青年法学工作者理论讨论会。
1986 年 2 月	《法学研究》第 1 期开展"建立具有中国特色的犯罪构成理论新体系"专题讨论。
1986 年 10 月	《法学研究》编辑部邀请部分法学家座谈党的十二届六中全会决议。《法学研究》第 5 期开展关于"刑事责任"的专题讨论。
1987 年 2 月	《法学研究》开辟"专题讨论""工作研究""立法建议""商榷与争鸣""读史札记""书评"等多种栏目，扩大刊物选题范围，丰富刊物风格。
1987 年 6 月	《法学研究》主编变更为吴大英，副主编为刘瀚和梁慧星。
1988 年 6 月	《法学研究》主编变更为李步云，副主编为张令杰。
1989 年 2 月	法学研究所及《法学研究》编辑部在北京召开"中国法制改革"学术研讨会。
1989 年 4 月	《法学研究》杂志复刊十周年，《法学研究》第 2 期出纪念专刊。
1990 年 9 月	《法学研究》编辑部编写的《新中国民法学研究综述》由中国社会科学出版社出版发行。
1991 年 9 月	《法学研究》杂志社成立，张令杰兼任社长。
1992 年 5 月	包括《法学研究》在内的 14 家法学期刊主编参加的"中国法学期刊主编联谊座谈会"在武汉召开。
1992 年 12 月	由《法学研究》编辑部编写的《中国法学研究年鉴》1991 年卷出版。
1993 年 1 月	《法学研究》编辑部负责人变更，张广兴任编辑部主任。
1993 年 2 月	自 1993 年始，《法学研究》改由《法学研究》杂志社出版。
1993 年 12 月	《法学研究》第 6 期发表法学研究所课题组文章《建立社会主义市场经济法律体系的理论思考与对策建议》，该文对社会主义市场经济法律体系建设的政策建议影响极大，并引领了一个时期的研究该重大理论和实践问题的学术热潮。
1994 年 3 月	《法学研究》主编变更为王保树，副主编为张广兴。张少瑜任编辑部副主任。
1994 年 6 月	《法学研究》第 3 期发表"中国社会发展与权利保护"青年学者笔谈文章。
1995 年 1 月	《法学研究》第 1 期刊登由法学研究所主办、由《法学研究》编辑部等十多家法律报刊参加的"中国法治之路"有奖征文活动启事。自该年始，《法学研究》刊登主要由本刊编辑撰写的发表在每年第 1 期的上一年度法学研究状况述评。
1995 年 4 月	《法学研究》开展复刊百期纪念暨优秀论文评奖活动。
1995 年 5 月	《法学研究》编辑部杂志社社长变更为张新宝。

续表

日期	事项
1995 年 12 月	《法学研究》第 6 期公布复刊百期优秀论文评选结果，共有 34 篇论文被评为优秀论文。
1996 年 1 月	《法学研究》自当年第 1 期始，扩版至 160 页，并改为单月出版。
1996 年 1 月	《法学研究》全面更新版式。封面刊登要目，封二为版权页，第 1 期封三刊登《〈法学研究〉注释体例》。
1996 年 3 月	《法学研究》第 2 期刊登王家福等的文章《论依法治国》，率先倡扬依法治国理念。
1996 年 4 月	《法学研究》第 3 期刊登法学研究所举办的"依法治国建设社会主义法治国家学术研讨会"纪要。 公布"中国法治之路"青年法学论文有奖征文评选结果。
1997 年 5 月	《法学研究》举办刑法学研讨会。
1997 年 5 月	《法学研究》第 3 期刊登法学研究所和中国社会科学院建设有中国特色社会主义研究中心联合召开的"依法治国与精神文明建设学术研讨会"纪要。
1997 年 7 月	第一届"胡绳青年学术奖"暨第二届"全国青年优秀社会科学成果奖"评选活动开始，《法学研究》第 4 期刊登启事。 《法学研究》编辑部与辽宁大学法律系联合召开"二十世纪中国法学的回顾与前瞻"学术研讨会。
1998 年 10 月	《法学研究》编辑部与南京师范大学法制现代化研究中心联合举办"20 世纪中国法学与法制现代化"研讨会。
1999 年 1 月	《法学研究》主编变更为梁慧星。 自该年始，《法学研究》刊发的文章增加中英文提要及关键词。
1999 年 4 月	《法学研究》编辑部召开宪法修改问题座谈会。
1999 年 5 月	《法学研究》编辑部参加法学研究所主办的"依法治国与司法体制改革"研讨会。
1999 年 10 月	《法学研究》荣获中国社会科学院首届优秀期刊奖、中华人民共和国新闻出版署"首届中国期刊奖"提名奖、"第二届全国百种重点社科期刊"殊荣。
1999 年 12 月	《法学研究》编辑部与《法商研究》编辑部在武汉联合召开"法理学向何处去"专题讨论会。
2000 年 5 月	《法学研究》编辑部参加由法学研究所及中国社会科学院邓小平理论研究中心举办的"依法治国与法律体系建构"学术研讨会。
2000 年 7 月	《法学研究》编辑部与山东大学法学院联合主办"全国法解释问题"学术研讨会。
2001 年 3 月	《法学研究》编辑部与国务院法制办公室研究司在北京召开"政府规则与行政审批制度改革"研讨会。
2001 年 7 月	《法学研究》编辑部与黑龙江大学法学院联合召开"苏联俄罗斯法学对中国法学的影响"学术研讨会。

续表

日期	事项
2002 年 1 月	《法学研究》杂志社社长变更为张广兴。
2002 年 2 月	《法学研究》自当年第 1 期始,向作者提供该期所发文章的《法学研究》单行本。
2002 年 7 月	《法学研究》副主编变更为张广兴、张志铭。
2002 年 9 月	《法学研究》获中国社会科学院第二届优秀期刊奖。《法学研究》编辑部参加法学研究所举办的"中国法治论坛——纪念现行宪法颁布 20 周年"学术研讨会。
2003 年 1 月	自 2003 年始,《法学研究》、《环球法律评论》、*China Law Review* 统归《法学研究》杂志社管理。自当年第 1 期始,因法学研究所出版《中国法治发展报告》蓝皮书,故《法学研究》每年第 1 期刊发的上一年度学科研究述评终止。
2004 年 9 月	《法学研究》副主编变更为张广兴、冯军。
2005 年 1 月	《法学研究》编辑部参与中国青年法律学术奖(法鼎奖)工作。
2005 年 9 月	《法学研究》被法学研究所推荐参加中国社会科学院第三届优秀期刊奖评选,并获得第三届优秀期刊一等奖。
2008 年 7 月	与黑龙江大学联合召开"俄罗斯法制与法学"国际学术研讨会。
2009 年 1 月	《法学研究》扩版至 208 页。
2009 年 12 月至 2010 年 4 月	《法学研究》先后在东北、南京、上海、杭州、武汉、长沙、重庆等地,举办《法学研究》创刊三十周年系列座谈会。
2009 年 12 月	《法学研究》创刊三十周年纪念会召开,院领导、"两高"领导、各法学院领导到会祝贺。
2009 年 12 月	《光明日报》刊登《法学研究》创刊三十周年纪念会消息。
2010 年 1 月	《人民日报》刊登《法学研究》创刊三十周年纪念会消息。
2011 年 8 月	《法学研究》与中南财经政法大学在湖北联合召开"中国法学研究之转型——法律学术与法治实践"研讨会。
2011 年 10 月	《法学研究》与法学研究所民法室、湖南大学法学院、湖南大学罗马法系研究中心在广西联合召开"中国民法实证方法学术研讨会"。
2011 年 11 月	《法学研究》第一届青年公法论坛在法学研究所召开。
2012 年 1 月	《法学研究》与《中国学术期刊网络出版总库》签订学术期刊数字出版合作协议。
2012 年 3 月	《法学研究》编辑部副主任变更为谢海定。
2012 年 5 月	《法学研究》与浙江工商大学诉讼法学研究中心在浙江联合召开"诉讼法学研究之评价与展望"理论研讨会。
2012 年 6 月	《法学研究》获国家社会科学基金第一批学术期刊资助。
2012 年 8 月	《法学研究》与中国社会科学院调查与数据信息中心签署作品使用协议。

续表

日期	事项
2012 年 8 月	《法学研究》第二届青年公法论坛在安徽召开。
2012 年 8 月	中国社会科学院下发《中国社会科学院创新工程学术期刊试点实施办法（试行）》，《法学研究》编辑部积极贯彻落实。
2012 年 10 月	《法学研究》主办的"刑法学研究之检讨与反思"理论研讨会在江苏召开。
2012 年 11 月	中国社会科学院下发《中国社会科学院创新工程学术期刊试点实施细则》《中国社会科学院学术期刊经费管理办法》等，《法学研究》编辑部采取积极措施予以贯彻执行。
2013 年 1 月	《法学研究》副主编变更为张广兴、周汉华。
2013 年 5 月	《法学研究》在法学研究所举办"自然资源国家所有权"理论研讨会。
2013 年 7 月	《法学研究》入库国家哲学社会科学学术期刊数据库。
2013 年 7 月	《法学研究》被国家新闻出版广电总局推荐为"百强报刊"。
2013 年 8 月	《法学研究》与湖南大学法学院在湖南联合召开"法学研究方法"研讨会。
2013 年 8 月	《法学研究》与浙江大学在京联合召开"行政审批与规制改革"国际学术研讨会。
2013 年 10 月	《法学研究》第三届青年公法论坛在重庆召开。
2013 年	《法学研究》在第三届中国出版政府奖评选中荣获期刊奖提名奖。
2014 年 1 月	《法学研究》主编变更为陈甦。
2014 年 4 月	《法学研究》编辑部主任变更为谢海定，副主任变更为冯珏。
2014 年 5 月	《法学研究》2014 年春季论坛"全面深化改革与不动产法律制度的完善"在北京召开。
2014 年 10 月	《法学研究》2014 年秋季论坛"城市化与法治化：城市化的法律治理"在北京召开。
2014 年 11 月	《法学研究》被评定为第一版"中国人文社会科学期刊 AMI 综合评价"顶级期刊。
2014 年 12 月	《法学研究》第四届青年公法论坛"国家治理的法治化"在厦门召开。
2015 年 4 月	《法学研究》主办、四川大学法学院承办的《法学研究》2015 年春季论坛"依法治国与深化司法体制改革"在四川召开。
2015 年 9 月	《法学研究》与中国法学会民事诉讼法学研究会联合主办、《法商研究》编辑部和中南财经政法大学法学院共同承办的"新民诉法解释研讨会"在武汉召开。
2015 年 10 月	《法学研究》2015 年秋季论坛"民法典编纂的前瞻性、本土性与体系性"在北京召开。
2015 年 11 月	《法学研究》主办、山东大学法学院和人权研究中心承办的"如何理解'国家所有'"专题研讨会在青岛召开。
2015 年 12 月	《法学研究》第五届青年公法论坛"法治视角下的城市治理"在上海召开。
2016 年 4 月	《法学研究》与中国法学会宪法学研究会、苏州大学王健法学院联合主办，苏州大学公法研究中心承办的"城市的土地属于国家所有"专题研讨会在江苏召开。

续表

日期	事项
2016 年 4 月	《法学研究》与苏州大学王健法学院联合主办、苏州大学公法研究中心承办的《法学研究》2016 年春季论坛"刑事法治体系与刑法修正"在江苏召开。
2016 年 10 月	《法学研究》主办、西南政法大学经济法学院等承办的《法学研究》2016 年秋季论坛"中国法治建设的回顾与反思"在重庆召开。
2016 年	《法学研究》进入国图集团公司 2016 年度中国期刊海外发行百强排行榜。
2017 年 2 月	《法学研究》在北京召开"刑民交叉法律问题研究"讨论会。
2017 年 3 月	《法学研究》、中国法学会婚姻家庭法学研究会联合主办的《法学研究》2017 年春季论坛"亲属法的传承与现代化"在江西召开。
2017 年 4 月	《法学研究》设立"马克思主义法学专论"栏目,并发布长期征稿启事。
2017 年 10 月	《法学研究》和华东政法大学科研处、上海市崇明区司法局联合主办的《法学研究》2017 年秋季论坛"个人信息使用与保护的法律机制"在上海召开。
2017 年 10 月	《法学研究》2017 年青年公法论坛"马克思主义法学:经典与解释"在上海召开。
2017 年 12 月	《法学研究》被国家新闻出版广电总局推荐为第三届全国"百强报刊"。
2018 年 1 月	《法学研究》副主编变更为张广兴、谢海定。
2018 年 4 月	《法学研究》和南京大学法学院联合主办的《法学研究》2018 年春季论坛"新时期金融稳定发展与法治保障"在南京召开。
2018 年 10 月	《法学研究》和云南大学法学院联合主办的《法学研究》2018 年秋季论坛"中国社会平衡充分发展的法治保障与法治推进"在昆明召开。
2018 年 10 月	《法学研究》荣获"2018 中国国际影响力优秀学术期刊"称号。
2018 年 11 月	《法学研究》被评定为第二版"中国人文社会科学期刊 AMI 综合评价"A 刊权威期刊。
2019 年 6 月	《法学研究》主办、山东大学法学院承办的 2019 年《法学研究》论坛"促进法学研究与司法实践的良性互动"在青岛召开。
2020 年 10 月	《法学研究》主办、南昌大学法学院承办的 2020 年《法学研究》论坛"政府、市场与法律:营商环境的法治化"在江西召开。
2021 年 1 月	《法学研究》荣获中国社会科学院(2020)"优秀学术期刊特别奖"。
2021 年 6 月	《法学研究》主办、贵州大学法学院承办的 2021 年《法学研究》论坛"创新驱动与国际博弈下的知识产权法"在贵州召开。
2022 年 6 月	《法学研究》主办的"法学期刊发展与'三大体系'建设"研讨会以线上会议形式召开。
2022 年 7 月	《法学研究》副主编变更为谢海定、冯珏。张广兴、周汉华担任《法学研究》学术顾问。
2022 年 8 月	《法学研究》与广东财经大学法学院联合主办的"人口老龄化的法治应对"学术研讨会暨 2022 年《法学研究》论坛,以线上线下结合的方式在广东召开。

续表

日期	事项
2022 年 9 月	《法学研究》杂志社社长变更为谢海定。
2022 年 11 月	《法学研究》与厦门大学法学院联合主办的"推动数字经济高质量发展的法治保障"学术研讨会暨 2022 年《法学研究》青年论坛以线上会议形式召开。
2022 年 11 月	《法学研究》被评定为第三版"中国人文社会科学期刊 AMI 综合评价"顶级期刊。
2022 年 11 月	《法学研究》获国家哲学社会科学文献中心 2021 年度法学最受欢迎期刊称号。
2022 年 11 月	《法学研究》获国家哲学社会科学文献中心 2016－2021 年最受欢迎期刊称号。
2022 年 12 月	《法学研究》编辑部支部荣获"中央和国家机关四强党支部"称号。
2023 年 5 月	《法学研究》获国家哲学社会科学文献中心 2022 年度法学最受欢迎期刊称号。
2023 年 6 月	《法学研究》和安徽大学法学院联合主办的 2023 年《法学研究》论坛"中国式现代化的法治内涵"在合肥召开。

第二章　求精做优刊真章

改革开放以来，尤其是中国进入新时代以来，随着中国特色社会主义法治实践的不断深入和中国特色法学知识体系的有效建构，法学研究作为一项重要的学术实践过程，在实现对象性任务目标的同时，其自身也获得了建构性的形成与发展。这就是，法学界作为一个整体，实现了学术主体的再生性成长和学术能力的规范性提高。在法学研究不断向理论与实践的纵深伸展和广阔拓展的过程中，学术创造的科学性、学术活动的伦理性、学术表达的规范性、学术传播的有效性、学术结果的应用性等，均获得与法学研究成果的创造程度和积累程度相当的提高，集约而成中国法学界的总体素质与整体能力。尽管法学研究的对象性创造与主体性建构两者之间并非同步成长，但总的趋势是伴行轨迹相谐相随。

如果将整个法学界作为一个学术整体，中国当代法学界的形成与发展实际上经历了这样一个过程：由学术本能到学术自觉，由学术对象的应用性到学术本体的建设性。虽然就法学研究者个体而言，每一项具体的学术研究都是一个自觉的学术主体的创造性活动，但是对于法学界整体而言，具体个体的自觉活动未必能够直接反映或建构为整体的自觉活动。在缺乏整体建构的情况下，分散个体的学术自觉往往反映为整体上的学术本能。随着法学研究不断为法治建设提供理论支撑和实践方案，法学研究的学术本体性建构亦得到内涵充实和系统发展。中国法学复兴初期的学术规范与学术体系甚为质朴，撰写论文强调观点明确、论证有力、表达简明，当时论文甚少引注，编个稿子亦无预期引用率打扰，期刊政策也不受影响因子牵扯。当然，由于编辑阅读范围有限以及学术把握能力有待提高，而当时又不像如今这样方便的重复率检测，难免有个别作者投机剽窃、复制粘贴、虚置挂名、重复发稿，给当时的法学界造成了一定程度的学术污染。20世纪90年代以来，法学界普遍认识到学术规范化问题的重要性与必要性，在法学界协力打造并不断净化的学术环境中，学术伦理和学术规范得到强调和实施，法学研究及学术期刊发稿的规范化程度不断得以提高。

在法学界的学术规范不断优化和学术环境不断净化的过程中，《法学研究》作为学术平台，利用法学成果形成机制与公开传播机制中的渠道环节功能，积极而自觉地参与学术共同体的本体建构，并在其中发挥了重要的理念倡导和经验推广作用。而且在这样一个过程中，《法学研究》自身的学术素养与编辑能力也不断得以精进，并在编辑工作实践中转化为令法学界和社会各界满意度不断提高的法学核心期刊。

一　倡扬学术规范

学术活动既是一个追求真理的过程，也是一个涉及利益的过程，因此，学术活动必须是一个有系统性学术规范的活动。《法学研究》的编辑根据在编辑工作中所掌握的学术活动本质要求与实践经验，积极参与法学界的学术规范形成机制，并在实际工作中予以认真努力的贯彻。

学术规范分为伦理性规范和技术性规范，两者在规范学术行为时的作用方式和指向侧重有所不同，但在学术实践活动中，两者在同一实现机制中交互发挥作用。《法学研究》的编辑利用编辑工作机制和通过编辑工作对法学界状况的了解，不断归纳总结伦理性学术规范，并公开发出了坚持学术伦理的倡议，引发了法学界的积极反响；并且在选稿用稿校稿过程中，随时筛选提炼技术性学术规范，根据编辑优化稿件需要，创设了许多法学论文技术规则。

《法学研究》在作者署名规则上，在学界通常规则的基础上，结合法学研究特性，进行了优化建构。《法学研究》坚持学术创造真实性原则，不仅要求作者署名不得存在任何违反学术规范情形，不得存在任何知识产权争议，还要求作者署名的稿件必须是作者自己实际完成的科研成果。《法学研究》在编辑工作中就遇到过这样一件事，某作者的稿件实际上是另一作者曾在非公开刊物上发表的作品。但是，当《法学研究》与原作者核实时，原作者却表示同意用某作者名义发表，也就是将其署名权让与某作者。《法学研究》编辑部经研究认为，实际作者与名义作者的做法在形式上是作者自己处分稿件的署名权，表面上是没有知识产权争议，但该行为仍然属于学术欺诈。这是因为，在学术期刊上发表论文，不仅是向法学知识体系提供新内容，也是为作者提供新评价。学界包括作者单位要根据研究成果的发表情况，评价作者的学术能力和科研成绩，并且将此作为评职称或任职务的重要参考依据。将他人成果署上自己姓名发表，即使是实际作者同意，也显然会使学界包括作者单位误解名义作者的学术能力与科研成绩，名义作者会因此获得不应有的精神利益（如学术评价提高）和物质利益（如单位给予嘉奖），可在评职称或任职务时获得竞争优势，并在项目申报、人才评选时误导评审者。因此，《法学研究》编辑部决定按照学术不端情形进行处理，不仅向作者单位如实反映了情况，而且决定在《法学研究》上不再刊发名义作者和实际作者的文章，还在编辑工作中特别强调要不断提高对学术创造真实性的辨识能力。

根据法学研究的学术特点和科研规律，相关科研成果与学术著述的个人化色彩较浓，往往是作者对于法治理论与实践问题进行独立思考的表达。因此，《法学研究》在选稿用稿过程中，倡导在法学论文发表时独立署名。当然，《法学研究》也并不绝对排斥合作署名作品，因为在法学研究中，科研合作也是一个相对常态甚至在某些情形下是必要的学术活动方式。例如，论文是在课题组合作科研项目基础上形成的，两个作者长期合作研究某个具体法律问题，进行法律实证研究需要多人进行大规模调研或数据整理，等等。但是，法学界确属存在一些挂名现象，所以《法学研究》对合作署名采取审慎的态度。例如，在校研究生有发表论文作为毕业或者学位论文答辩的前置条件，为了提高论文发表的可能性，让导师在论文上挂名。这种现象虽然可以理解，但毕竟是一种误导学术评价的不诚信行为。特别是，有人对他人作品的形成没有任何实质性贡献，却基于管理关系、师生关系、朋友关系甚至交易关系而在他人作品上挂名，从而获得一定的学术评价利益，这完全是一种学术寄生或剥削行为。

因此，《法学研究》编辑部经常讨论并在一定范围内征求了学者们的意见，形成了针对在论文上合作署名的规则。（1）除涉及大型社会调研和特殊的跨学科选题的作品外，本刊不刊发三位以上作者的合作署名作品。（2）对于合作署名的稿件，各作者必须对其在作品形成过程中的各自贡献，作出书面说明。（3）不刊发相互间有近亲属关系的作者的合作署名作品。（4）本刊谨慎对待师生合作署名作品。同一作者在中文核心期刊（不限于《法学研究》也不限于法学核心期刊）发表过三篇及以上师生合作署名作品的，或者同一作者在本刊发表过师生合作署名作品的，除合作者完全相同外，不再刊发该作者的师生合作署名作品。

对于上述第四点限制措施，《法学研究》编辑部还是破费斟酌的。虽然教师指导学生实属本分，但对于经教师指导而使学生完成的论文，教师是否在其上署名，却属于师生间自由选择之事。作为期刊编辑，单从表面证据上是无从认定其间究竟是学术合作还是单纯挂名。但是《法学研究》认为，合作署名应当以实际存在合作科研、共同著述的事实作为前提，由于合作科研、共同著述需要合作者科学思维、科学方法、论证思路和表达方式等方面的协调与磨合，在实际学术活动中很少能频繁或随意更换科研合作者或论文合著者。因此，固定的合著署名具有真实合作科研与共同著述的较大可能性，《法学研究》认可其间存在真实的科研合作关系；如果同一教师和不同学生在论文上合作署名，其间具有真实的合作科研、共同著述的可能性就较低，《法学研究》就不认可其间存在真实的科研合作关系，不刊发其合作署名的论文。

为了抵制违反学术规范的行为，端正学术风气、净化学术环境，《法学研究》专门制定了对违反学术规范的处理办法。一是要求向《法学研究》投稿的作者遵守基本的学术规范，并列举作者不得有违反学术规范的情形，包括：（1）剽窃他人的学术观点或成果；（2）抄袭他人已发表或未发表的作品；（3）重复发表本人在其他公开出版物（包括互联网）上已发表的作品或其主要内容；（4）篡改或伪造调查数据；（5）伪造注释；（6）在对学术成果未作实质性贡献的情况下署名，或盗用他人名义署名；（7）其他违反学术界公认的学术规范的情形。二是实行作者遵守学术规范承诺制。对于《法学研究》拟采用的稿件，要求作者在签订《稿件使用合同》中慎重承诺该稿件不存在违反学术规范的情形。在签订《稿件使用合同》后、实际发稿前发生可能影响稿件采用的新情况时，作者应该及时主动地通知《法学研究》进行处理。三是实行违反学术规范责任制。如果作者采用欺骗手段致使《法学研究》刊发的稿件出现学术不端行为，如存在剽窃、抄袭、重复发表、在他人作品上署名、盗用他人名义署名等严重违反学术规范的情形的，作者应当赔偿由此给《法学研究》造成的一切损失。四是对学术不端行为的作者，《法学研究》视具体情况采取相应措施：（1）禁用制度，即根据作者学术不端行为的情节轻重，《法学研究》可以在五至十年甚至更长时间内，不再受理该作者的任何稿件；（2）通报制度，在《法学研究》上对作者提出公开批评，向全国各法学期刊通报，并向作者工作单位、资助机构、经费来源机构、合作机构、评奖机构等，建议取消该作者因该稿件发表所带来的一切荣誉与利益。

二 优化编辑机制

与中国法学的成长过程相一致，《法学研究》的编辑工作机制也有一个不断发展不断成熟不断优化的过程。《法学研究》创刊以来，编辑团队始终坚持办刊理念，一直恪守编辑责任，随时总结办刊经验，持续提高编辑能力。几十年来，《法学研究》的编辑机制不断得以优化，由一开始各个编辑处理稿件的好做法，集约形成整个编辑部的工作流程和编辑标准，既保证了稿件和期刊质量，也获得了学界的认可与信任。

编辑工作是在各种规矩构成的框架中跳舞，党纪国法、学术规范和编辑规则等都在约束编辑行为。所有的编辑人员在编辑工作中既要殚精竭虑，也要谨小慎微，在发现好稿子、磨出精作品的同时，也绝不能出现政治错误、学术错误、文字错误和技术错误。在诸多给定条件下，为获得编辑工作的最优解，《法学研究》的做法是，流程是前提、责任是底线、优作是目标。具体而言就是，《法学研究》选稿用稿坚持流程在前，对于作者来说，无论是学术大咖还是学术新人的稿子，不论是自然来稿还是约稿荐稿，都要无差别地通过既定的选稿用稿的编辑流程；每一位责编、副主编和主编，都要各负其责，无论编什么稿件，都绝不能出现政治错误和学术硬伤，尽量避免学术差错和技术瑕疵，否则要承担相应的政治责任、学术责任和组织责任；每一位责编、副主编和主编，既要尊重规则与流程，也要努力发现好稿子、做出好稿子，在磨稿子的过程中，磨掉问题瑕疵，磨出学术光彩。

（一）强化编辑流程

《法学研究》坚持三审三校和匿名外审制度。所有决定刊用的稿件，都要经过责编初审、副主编二审及发稿会讨论，同时需经过匿名外审。责任编辑初审通过的稿子，需报二审副主编审阅；副主编对于职责范围的稿子要一一再审，对拟定可以刊发的稿子，要提交由主编主导的全体编辑部成员参加的发稿会讨论；发稿会上要对稿子的论文选题价值、作者学术资信、论文创新程度、论证逻辑结构以及尚存问题等进行汇报讨论，最终形成是否刊发意见并经主编确认。责任编辑、副主编和主编都可以否决稿件的采用，但对稿件的采用都只有提议权。责任编辑在一审环节和副主编在二审环节，均可以在外审专家库中选择专家，派发匿名外审。发稿会后，要召开由副主编和主编参加的主编会，对发稿会的讨论情况再行确认，对于决定刊发稿件的选题、学科、作者及其单位等因素进行分析权衡后，确定《法学研究》当期刊发的稿子。对于每一期《法学研究》决定刊发的稿子，主编、副主编要在当期目录页上签字确认。每一决定刊用的稿子，都要经过符合规范的编稿以及三次校对。

与现行绝大多数学术期刊一样，《法学研究》坚持采行用稿必经双向匿名评审的编辑制度。在《法学研究》的选稿用稿经验中，可以非常荣幸地肯定的是，几乎每一个匿名评审的学者都能以认真负责的态度对待《法学研究》的审稿委托，他们付出的学术智慧和学者责任是《法学研究》得以保有学术口碑和学术信用的重要基础。

在《法学研究》的选稿用稿机制中，凡是通过责编初审的稿件都要付诸匿名评审。虽然，接受匿名评审委托的学者本身也有繁重的科研任务和教学职责，完成匿名评审委托需要付出额外的时间精力和责任压力，但是匿名评审学者每每能以精彩和令人感佩的审稿意见展示其学术使命感和学者责任心。正如《法学研究》副主编冯珏所言："有些审稿意见长达数千甚至上万字，本身就可以成为一篇优秀的商榷性文章。有的审稿专家根据评审文章所引外文文献的提示，对相关领域的域外研究情况作了较为完整的综述，极大地开阔了编辑的视野，丰富了编辑的知识库。"

《法学研究》编辑人员始终以学术同行应尽的感佩态度和负责精神，积极而认真地与匿名评审的学者建立审稿委托联系。(1)《法学研究》编辑部组织编辑在其负责的学科范围内，根据观察了解和经验分析，建立可以做匿名评审工作的学者名录，并时时更新以不断优化。(2) 在决定稿件需要匿名评审后，由责编报分管副主编后，根据稿件选题选定相应的匿名评审学者。通常而言，一篇稿件要选定两名匿名评审学者。(3) 如果两名匿名评审学者的意见一致，就基本上按照匿名评审的意见处理稿件；如果两名匿名评审学者的意见不一致，并且责编认为稿件还有可取之处、加工价值，就会经副主编或主编同意后，再选一名学者进行匿名评审。(4) 经匿名评审后初步决定采用的稿件，责编会将匿名评审的意见进行消痕处理后，与作者进行沟通，使匿名评审的建议尽可能在改稿过程中得以吸收。

下面是《法学研究》的匿名审稿细则。

第一条 为避免人情稿、关系稿，避免稿件审读工作受到不当干扰，进一步提高刊物稿件质量，本刊实行主编负责制下的匿名审稿制度。

第二条 匿名审稿制度是本刊审稿制度的重要组成部分。专家对稿件的审读意见是本刊最终决定是否采用特定稿件的重要参考。

第三条 设立匿名审稿专家库。专家库由法学各学科著名专家组成。

第四条 下列稿件采用匿名审稿制度：

（一）境外作者的投稿。

（二）著名学者的投稿。

（三）本院学者的投稿。

（四）与编辑存在师生、亲属等特殊关系的作者的投稿。

（五）编辑部认为需要匿名审稿的其他情况。

第五条 采用匿名审稿的稿件，在隐去作者姓名、工作单位及其他有关信息后，由编辑部从专家库中随机抽取两名稿件所涉学科的专家对稿件进行审读。

第六条 采用匿名审稿的稿件，专家审读意见不公开。

第七条 涉及特殊学科、研究对象或研究方法的稿件，编辑部认为有必要聘请特定领域专家审读的，采用专家审稿制度。

第八条 专家审稿比照匿名审稿的程序进行。

《法学研究》深知匿名评审的学者对期刊建设的贡献，却很难找出物质或精神的方式作为这种贡献的对价回报。为了确保匿名评审工作的有效性，为《法学研究》做过匿名评审工作的学者名单也不便明列公开。所以，《法学研究》只能以更为勤勉负责的工作态度做好稿件、办好刊物，使参与匿名评审学者的无私奉献在《法学研究》的字里行间中得以展现，共筑法学期刊平台承载的学术共同体的尊严与荣光。

（二）充实引注规则

引注是学术论文的重要构成，引注水平在相当程度上反映了论文的学术水平。《法学研究》对于论文引注，既坚持法学界的一般规范和习惯做法，也不断提出自己的特别要求和更新标准。

其一，引注表示方式。论文作者采用"＊"标注，正文则采用连续注码；注码放标点之后；用阿拉伯数字标注，不加括号；注码不区分引用性注释和解释性注释，按同一序列排序；采用脚注形式，而不采用尾注形式。《法学研究》做这种注释体例，目的是适应读者汉语阅读习惯，方便其在阅读时不用来回翻页即能随时了解正文与相应注释的内容，有助于读者思维的连续性。

其二，作者单位信息。稿件作者通常仅标明所在单位及技术职务，同一作者原则上只标明一个工作单位。如果作者有要求，可以标明作者兼职单位，但其本职单位和兼职单位合计标明最多不超过两个。《法学研究》认为，作者有学术兼职是目前常见现象，并且作者在创造学术产品时，可能用到多个单位的学术资源，因此作者在本职单位之外要求加上一个兼职单位，是可以理解的做法和基本合理的要求。但是，有的作者兼职过多，而且兼职单位或许对作者的科研任务有特别要求，因此会出现一篇文章上一个作者签注多个（如四五个）就职单位。这种做法一来显得很不严肃，二来也有应付兼职单位之嫌。所以，《法学研究》采取了简明的做法，不管作者在创造学术产品时利用了几个单位的学术资源，按照学术界的一般社会观念，只为一篇文章的一个作者标明两个就职单位。

其三，学术支持信息。《法学研究》刊发的许多文章有各类科研项目支持，项目的委托方和论文作者通常会要求在文章上标明项目支持信息。

《法学研究》对此给予支持，标注其项目成果的项目名称及编号。但是在编稿实践中也遇到这样一种情况，有的稿件上标明支持的科研项目实在太多，有的多达七八个。《法学研究》认为这种做法很不严肃，而且颇有"一虾多吃"之嫌，会给读者以及青年作者以负面示范。所以《法学研究》坚持，刊用稿件的项目信息最多标注两个，由作者从其诸多项目信息中自由选择。还有一种情形，就是有的作者在注释中表达感谢信息，如该文受到老师指导、同行指正或者学生帮助收集资料或整理数据。《法学研究》认为，此种学术情谊可在文章之外表达，在论文注释中最好不要有感谢语。如果作者坚持，那么感谢语要尽量简化。

其四，引用性注释技术要求。《法学研究》要求引用性注释必须真实、准确、必要、得当。所谓"真实"，就是论文引注必须有原著基础，而不能是作者故意或过失虚拟的引注。引用书籍、期刊或文集论文的，要注明页码范围；引用报纸文章的，要注明文章所在版面序号；引用网络资料的，要注明网址和最新访问日期。但是《法学研究》在编辑工作中发现，个别来稿的注释有虚造成分，尤其是在一些外文注释中，由于国内没有相关读物，而又不易进行网络核对，就会让个别无从查证的外文注释蒙混过关。因此《法学研究》要求，对于外文引注，除非来自法学界普遍知晓的外文作者及其著述，对于国内读者通常不知或不熟悉的注释来源，作者要提供该引文作者和来源著述的简要说明和查阅路径。所谓"准确"，就是作者的引注要重视原文原意，直接引用要准确、间接引用要符合原意，不能通过对原文的剪裁拼接而使引文与作者原意不符，更不能把原作者引用的内容当作原作者撰写的内容。所谓"必要"，就是论文的论证体系或论证过程确有必要时，才需要添加注释，不能为了引注而引注，不能单纯为了显得"有学问"而滥加注释。那种脱离论证必要而呈一页纸半页注释的做法，将极大影响读者的阅读体验。所谓"得当"，就是根据引注的目的掌握引注的适当性，诸如，对观点的引用，应注重代表性；对事件、数据的引用，应注重资料来源的权威性。《法学研究》限制对非学术性书籍、非学术性期刊及报纸文章和网络资料的引用，除非引用其中的事实性表达或者将其本身作为论述对象。《法学研究》原则上禁止引用未公开发表的资料，因此其间涉及很大的不确定风险，如是否泄密或者是否明确原作者的被引用意愿。

其五，引注内容简洁性。引注的目的在于佐证作者资料来源的真实性和有效性，并且给读者的扩展性阅读提供检索路径。引注内容的表述不需要体现作者的写作风格，而是论文有机构成中的一种技术性表达。因此，《法学研究》的要求是，在信息充分准确的前提下，引注内容越简明越好，要用尽量少的字数表达尽可能多的内容。对于外文注释，亦作同样要求。不同文种的外文注释，从其该文种的注释习惯。外文注释应当便于中文读者阅读，尽可能避免中外文混用。

其六，法条引用规则。法学论文需要经常引用法条，一般引用方式是"某某法某某条款"。但是，《法学研究》编辑在工作中发现，我国修改法律后往往采取重新编排法条序号再行公布的方法，这导致许多论文在发表后因法律修改而致文中引用的法条序号失去指向，如文中所引是 1993 年《公司法》的条文序号，而在《公司法》经 2005 年修改后，该法条序号的内容已经完全不同。这样就导致一个结果，就是后来的读者失去对论文的精准阅读，甚至会出现因文中法条所指不明而看不懂该文的情况。《法学研究》认为，这导致已刊发论文尤其是刊发时间较早的论文失去再阅读价值或再利用价值，这是一种极大的学术浪费。据此《法学研究》要求，凡是引用法条的，应当在该注释中的法条后面用括号标明该法颁布年份，如《公司法》（1993）某某条或者《公司法》（2013）某某条。

三　办好期刊论坛

《法学研究》自 2011 年起，开始按年度定期举办学术论坛。《法学研究》作为法学期刊，在繁重的收稿、审稿、编稿、发稿工作之外，还投入大量精力和时间单独举办或联合举办学术研讨会，是为了充分发挥期刊的学术平台作用。（1）发挥和提升《法学研究》的学术引领作用。《法学研究》编辑部全体人员经常性地集体研究判定当前重大的法治理论问题和实践问题，研究当前法学各学科的学术动向，作出相应的论坛选题方案，引导潜在的作者进行相应的研究，积极回应法治实践和法学发展的实际需要。（2）把《法学研究》论坛作为一种选稿机制。通过法学界参与学术论坛的作者集中选题研究，从中发现具有刊发价值的高质量稿子。（3）进一步加强《法学研究》编者与作者之间的紧密联系。在学术论坛的组织过程中，了解作者近期的科研动向和学术兴趣，听取作者群体对《法学研究》的意见与建议。（4）发现和培养《法学研究》的作者群资源。通过《法学研究》学术论坛的征稿活动，发现潜在的作者尤其是有培养前景的青年作者。（5）培养《法学研究》编辑队伍。通过组织《法学研究》学术论坛，提高编辑的学术策划能力、与作者的沟通能力、学术会议的组织能力和编辑事务的执行能力。

《法学研究》自2011年举办学术论坛以来，曾举办过多种类型的学术论坛，如"青年公法论坛""青年论坛""春季论坛""秋季论坛"等。还有一些未以"论坛"命名，但《法学研究》单独或联合举办的学术研讨会等。后来因各种主客观因素，逐渐将春季论坛与秋季论坛合并，就叫"《法学研究》论坛"，确保每年都至少举办一次。另外，将"青年公法论坛"改为"青年论坛"，以扩大青年作者的参与范围，更好地扶植青年科研人员。《法学研究》2011－2022年举办的学术会议详见表2－1。

表2－1 《法学研究》举办的学术会议（2011－2022年）

序号	举办年度	论坛类型	论坛主题
1	2011年	联合主办研讨会	中国学法研究之转型——法律学术与法治实践
2	2011年	青年公法论坛	公法发展与公法研究创新
3	2012年	青年公法论坛	反思法治：制度、实践与话语
4	2012年	联合主办研讨会	诉讼法学研究之评价与展望
5	2012年	主办研讨会	刑法学研究之检讨与反思
6	2013年	主办研讨会	自然资源国家所有权理论
7	2013年	主办研讨会	法学研究方法
8	2013年	联合主办国际学术研讨会	行政审批与规制改革
9	2013年	青年公法论坛	作为方法的权利和权利的方法
10	2014年	春季论坛	全面深化改革与不动产法律制度的完善
11	2014年	秋季论坛	城市化与法治化：城市化的法律治理
12	2014年	青年公法论坛	国家治理法治化
13	2015年	联合主办专题研讨会	城市的土地属于国家所有
14	2015年	春季论坛	依法治国与深化司法体制改革
15	2015年	联合主办研讨会	新民诉法解释研讨会
16	2015年	秋季论坛	民法典编纂的前瞻性、本土性与体系性
17	2015年	青年公法论坛专题讨论会	如何理解"国家所有"

续表

序号	举办年度	论坛类型	论坛主题
18	2015 年	青年公法论坛	法治视野下的城市治理
19	2016 年	春季论坛	刑事法治体系与刑法修正
20	2016 年	秋季论坛	中国法治建设的回顾与反思
21	2017 年	主办学术研讨会	刑民交叉法律问题研究
22	2017 年	春季论坛	亲属法的传承与现代化
23	2017 年	秋季论坛	个人信息使用与保护的法律机制
24	2017 年	青年公法论坛	马克思主义法学：经典与解释
25	2018 年	春季论坛	新时期金融稳定发展与法治保障
26	2018 年	秋季论坛	中国社会平衡充分发展的法治保障与法治推进
27	2019 年	《法学研究》论坛	促进法学研究与司法实践的良性互动
28	2020 年	《法学研究》论坛	政府、市场与法律：营商环境的法治化
29	2021 年	《法学研究》论坛	创新驱动与国际博弈下的知识产权法
30	2022 年	主办研讨会	法学期刊发展与"三大体系"建设
31	2022 年	《法学研究》论坛	人口老龄化的法治应对
32	2022 年	青年论坛	推动数字经济高质量发展的法治保障

通过表2-1的统计可以看出《法学研究》在组织学术会议上付出了很大努力，并取得了很好的学术效果。当然，从中也能看出一些还需要进一步改进之处。

（1）组织学术会议的密度不够稳定，需要根据实际情况进行调整。从表2-1的统计可以看出，《法学研究》自2011年组织"青年公法论坛"以来，组织的学术会议总体增多，到2015年达到高峰，该年一共组织了六场学术会议。一年内组织学术会议过多，会过度牵扯编辑人员的精力，以致可能影响编辑人员的本职工作，或许也可能会影响会议的质量。当然，近几年《法学研究》组织会议数量相对减少也有客观原因，如经费使用制度、疫情防控制度等，都会影响会议的举办方式与频率。现在《法学研究》编辑部的基本规划是，一年中一般举办两次学术会议，一是将"春季论坛"和"秋季论坛"合并的"《法学研究》论坛"，二是将"青年公法论坛"扩容之后的"青年论坛"。除非有特殊需要，原则上《法学研究》不再举办其他学术会议。

（2）如何扩大《法学研究》举办学术会议的传播效益，需要进一步采取有效的针对性措施。一般而言，《法学研究》举办的学术会议有三种传播形式：一是形成会议纪要，并通过网络进行传播；二是摘录发言要点，在《法学研究》上以"笔谈"形式发表；三是从发言报告中选择质量较高者形成论文，在《法学研究》上刊发。现在看来，这三种传播方式都有一定缺陷。在网上传播的会议纪要，阅读面较窄，传播效益不高。在《法学研究》上以"笔谈"形式发表，也存在一定问题，如在流行的期刊评价体系中，期刊发表笔谈会极大地降低相关评价指标，于期刊很不利；而且发表"笔谈"后，如何认定"笔谈"作者的学术贡献，作者及其单位的看法也往往不统一。因此，《法学研究》现已不再刊发"笔谈"。这很是影响了部分作者参与论坛的积极性。第三种方法很受论坛参与者的欢迎，《法学研究》也因此受益。但是，《法学研究》毕竟版面有限，所能刊发论坛论文的比例较低，这也使得论坛参与者不太满意。《法学研究》仍在谋划扩大论坛传播效益的改进方案，如进行论坛网上直播，适当扩大论坛论文的发表篇数等。

（3）提高《法学研究》举办学术会议的选题能力和组织能力，也是《法学研究》编辑部必须持续努力的方面。下面是自2011年以来《法学研究》组织的历次论坛或学术会议的简介，据此可以分析《法学研究》的会议选题能力。总体上看，各次论坛或学术会议的选题情况还是很好的，既符合以法治建设中重大理论和实践问题作为选题的基本要求，也能吸引足够的对选题有学术兴趣的作者。但是在会议选题方面还是有值得进一步改进之处，例如，扩大会议选题的学科兼容性，吸引不同学科的作者参与，促进跨学科研究；或者加强不同年度论坛选题在学科间分布的平衡性，促进法学各个二级或三级学科的均衡竞争发展。

1.《法学研究》2011年联合主办"中国法学研究之转型——法律学术与法治实践"研讨会

《法学研究》编辑部与中南财经政法大学于2011年8月13-14日在湖北联合举办了"中国法学研究之转型——法律学术与法治实践"研讨会。该研讨会之策划，乃深感中国现今之法律学术与法治实践相脱节，存在学术环境阻滞、学术功能不彰、学术体系未成、学术方法陈旧、学术材料单一、学术交流不畅、学术批评不力、学术心态浮躁、学术评价失矩之弊。为此，研讨会邀请了各学科、各领域专家学者，围绕中国制度环境与法学研究、法学研究之目的与功能、构建中国法律知识体系、法律研究方法与材料之运用、学术交流与争鸣等议题,为中国法学研究之转型指点方向、激扬思想。会上鸿言高论迭出,辩估驳争互见。会议讨论以笔谈形式全面刊发。

2.《法学研究》2011年青年公法论坛"公法发展与公法研究创新"

设立于2011年8月的《法学研究》青年公法论坛,定位于国内青年学者的公法学术交流平台,主旨在于引导青年学者在公法研究的选题、方法、材料、思路等方面不断反思、创新,推动中国公法研究沿着严谨、务实、深入、学术的方向发展,是《法学研究》推动中国法学研究转型的具体努力之一。论坛第一期年会于2011年11月20日在中国社会科学院法学研究所召开。主题为"公法发展与公法研究创新",内容涉及近代以来中国公法的变迁、中国公法学说史、中国公法学的时代使命、公法研究的理论前沿、公法研究方法的反思与创新、公法研究与私法研究的分野与融合等。来自全国十几所学术机构的28位青年才俊参加了论坛。代表们围绕论坛主题各抒见解,精彩纷呈。《法学研究》选发了部分讨论,以飨读者。

3.《法学研究》2012年青年公法论坛"反思法治:制度、实践与话语"

伴随法治话语权提升的,不只是法治知识的累积、理论的深入、制度的完善、实践的进步,也有越来越多的分歧与迷茫、疏离与断裂、犹疑与悖谬。时至今日,虽然不同法治话语已难在论者中分出彼此,然中国法治之理论、制度与实践等却未能取众家之长、避诸家之短而发达。由此,《法学研究》于2012年8月6-7日主办青年公法论坛,以"反思法治:制度、实践与话语"为题展开研讨。来自全国十余所学术机构的22位青年学者参加了论坛。

4.《法学研究》2012年联合主办"诉讼法学研究之评价与展望"研讨会

2012年5月6-7日,《法学研究》编辑部和浙江工商大学诉讼法研究中心在浙江联合主办"诉讼法学研究之评价与展望"研讨会,作为"法学研究转型"系列研讨会之一。本次研讨会邀请诉讼法学领域的专家学者,围绕诉讼法学研究与制度环境、诉讼法学研究与立法、司法实践、中国诉讼法学理论体系之构建、诉讼法学研究方法与材料之更新、诉讼法学学术争鸣与学科交流等诸多方面展开讨论,旨在总结既往,展望未来,为推动我国诉讼法学理论的转型和发展出谋划策。与会讨论以笔谈形式在《法学研究》发表。

5.《法学研究》2012年主办"刑法学研究之检讨与反思"理论研讨会

2012年10月14日,由《法学研究》编辑部主办的"刑法学研究之检讨与反思"理论研讨会在江苏召开。会议围绕刑法学研究与制度环境、刑法学研究与立法、司法实践、构建中国刑法学理论体系、刑法学研究方法与材料之更新、刑法学学术争鸣与学科交流等诸多问题进行了讨论。会议成果以笔谈形式在《法学研究》发表。

6.《法学研究》2013年主办"自然资源国家所有权理论"研讨会

2013年5月12日,《法学研究》编辑部主办了"自然资源国家所有权理论"研讨会,以为促进宪法与民法在具体问题上的对话搭建一个平台,同时也是基于对作为人类生存基础的自然资源问题的深切关注。本次研讨会的成果已经在《法学研究》发表。

7.《法学研究》2013年主办"法学研究方法"研讨会

2013年8月,法学方法的繁荣,需要通过对方法之前提假设、适用范围、功能指向、操作规程的提炼与反思,促进方法运用的科学性,增强方法运用的自觉性。诸多方法的运用,均需要站在法教义学、法社会学、法经济学、法伦理学等方法论立场,予以认真的探讨。鉴此,《法学研究》编辑部和湖南大学法学院于2013年8月主办了"法学研究方法"研讨会。《法学研究》撷取了部分与会者有代表性的观点,以笔谈的形式在《法学研究》刊发。

8.《法学研究》2013年联合主办"行政审批与规制改革"国际学术研讨会

2013年8月24日,《法学研究》编辑部与浙江大学联合主办了"行政审批与规制改革"国际学术研讨会,国内外近30余名专家、学者与会,就行政审批改革的理论与实务展开了热烈讨论。会议论坛已在《法学研究》择优发表。

9.《法学研究》2013年青年公法论坛"作为方法的权利和权利的方法"

权利可视为规定行为界限、构建伦理法律制度、解释历史发展的一种方法,而权利的概念化、体系化、制度化以及社会后果,又依赖逻辑学、伦理学、社会学、心理学、经济学、法学等不同知识体系的方法予以阐释或论证、描述或分析。鉴于此,《法学研究》第三期青年公法论坛以"作为方法的权利和权利的方法"为题,于 2013 年 10 月 12 - 13 日举办,成果以笔谈形式在《法学研究》发表。

10.《法学研究》2014 年春季论坛"全面深化改革与不动产法律制度的完善"

《法学研究》2014 年春季论坛以"全面深化改革与不动产法律制度的完善"为题,旨在为中国土地制度尤其是农村土地制度的变革贡献法律智慧。论坛于 2014 年 5 月 10 - 11 日举行,集中讨论了农村土地制度改革问题,形成了一批有思想、有见地、有论证、有辩驳的优秀学术成果。这些不同的视角与观点,一定程度上反映了目前农村土地制度改革的不同观念与思路,反映了问题的复杂性、思路的多元性及统一认识的必要性,需要对话、交锋与论战,需要相互借鉴、相互汲取合理成分。论坛成果已经在《法学研究》择优发表。

11.《法学研究》2014 年秋季论坛"城市化与法治化:城市化的法律治理"

2014 年 10 月 18 - 19 日,《法学研究》编辑部主办主题为"城市化与法治化:城市化的法律治理"的秋季论坛。来自全国各大高校的 20 余名学者、专家参加了本次会议。论坛旨在引导更多学者关注城市化进程和法治化进程的相互影响,在法治研究中纳入"城市化"视角,在城市化研究中纳入法治视角,深入研究城市化进程中所涉及的各类法律问题。论坛成果已择优在《法学研究》发表。

12.《法学研究》2014 年青年公法论坛"国家治理法治化"

2014 年 12 月 6 - 7 日,《法学研究》第四届青年公法论坛在福建顺利召开。此次论坛的主题是"国家治理法治化"。论坛由《法学研究》编辑部主办,厦门大学法学院立法学研究中心协办。来自北京大学、中国人民大学、中国政法大学、华东政法大学、浙江大学、复旦大学等近 20 个学术机构的 40 多名学者参加了论坛。

论坛开幕式由厦门大学法学院郭春镇副教授主持。《法学研究》主编陈甦研究员、厦门大学法学院副院长朱炎生教授及厦门大学法学院立法研究中心主任宋方青教授分别致开幕词。陈甦研究员在致辞中指出,当下中国公法学研究,要处理好趋势和结构的关系,应在全面认真观察的基础上,找到学术切入点,发挥好当下公法的引领社会发展的作用;要处理好法学工作者的机会和责任之间的关系,使法律真正成为中华民族的信仰。朱炎生教授代表厦门大学法学院对论坛代表表示热烈欢迎,并表达了进一步加强学术交流和学术合作的愿望。

论坛的主题研讨分七个单元进行。每个单元均设主题报告、评议和自由讨论环节。有34位学者就各自的研究成果进行了主题报告。本届论坛内容丰富,从立法到司法、从权利到权力、从司法实践到法律教育皆有涉及,有宏观有微观,有观点上的争论也有材料上的辨析,既体现了共同的问题意识、话语体系和理想,又反映出方法进路上的分化和合作。

13.《法学研究》2015年联合主办"城市的土地属于国家所有"专题研讨会

2015年4月17日,由《法学研究》编辑部、中国法学会宪法学研究会、苏州大学王健法学院联合主办,苏州大学公法研究中心承办的"城市的土地属于国家所有"专题学术研讨会在苏州大学王健法学院顺利举行。来自全国科研机构、知名高校及报刊媒体的50余名专家学者出席了研讨会。

本次会议主要围绕如何理解和解释我国现行宪法第10条第1款关于"城市的土地属于国家所有"的规定展开。为了更加深入地研讨这一问题,本次学术研讨会特邀宪法学者、行政法学者、民法学者、经济学学者等不同学科的研究者参加,以期推动我国现阶段土地制度的全面深化改革和宪法的实施。

本次会议的开幕式由苏州大学王健法学院黄学贤教授主持。中国法学会宪法学研究会会长、中国人民大学法学院院长韩大元教授,《法学研究》主编、中国社会科学院法学研究所党委书记陈甦教授和苏州大学王健法学院院长胡玉鸿教授先后致辞。

韩大元在致辞中指出,如何理解"城市的土地属于国家所有"是一个充满智慧、充满解释学艺术的议题。同时,数年间持续针对这样一个宪法条文开展研究,是很少见的,目前对该问题的研究已经积累了许多研究成果,值得肯定。该研究是面向中国问题的研究,会对中国体系化的解释学作出很大的贡献。土地问题的研究必然走向跨学科研究,不仅是法学内部二级学科之间的跨学科研究,更是涉及法学学科和法学学科以外的跨学科问题,会对未来中国的法学方法论、法学中国化提供可借鉴的经验。其同时指出，学术需要真诚的追求，要以问题为导向，以综合的方法研究中国自己的问题，开发出中国自己的宪法解释学理论，一方面要借鉴国外的理论，另一方面也要挖掘出中国本土的宪法解释学理论。

陈甦指出，无论是宪法学的研究还是民法学的研究，宪法第10条可能都是被引用最多的条款。这次专题研讨这个条文不是偶然的，因为改革开放三十多年来，经济、社会、法治环境发生了很大的变化，该条的实际意义与实践价值究竟如何，值得探讨和反思。经过三十年的积累，学术界已经对这个问题有了较为系统的研究，通过这次学术会议的进一步提炼，应该可以进一步形成学术共识和社会共识。这次研讨会是真正的跨学科学术研讨会，而学科不同，其理念、价值观均相应地有所不同，这样的跨学科的交流是很有意义的。

胡玉鸿指出，"城市的土地属于国家所有"是非常值得研究的问题。通过对宪法文本中的"国家"进行梳理，可以发现"国家"的适用存在相当混乱的现象：从主体角度来讲，有时对应集体，有时对应集体和社会；从国家的行为方式来讲，国家鼓励、国家提倡、国家禁止，国家到底是谁；从国家的活动依据来讲，包括国家直接做什么和国家依法做什么。其中到底有什么区别，需要从解释学的角度好好梳理。关于"城市"，随着城镇化进程的加快，城市变为流动的城市，扩张了国家的权力，如何看待这一事实？关于"所有"，所有到底指什么？宪法规定"全民所有"，那么农民能否从土地征收中分得利益？这些问题都值得深入研究。

主题研讨共分为四个单元。第一单元由《法学研究》副主编周汉华教授、澳门特区政府土地工务运输司司长办公室法律顾问张异和女士主持。上海交通大学凯原法学院范进学教授、中央财经大学经济学院路乾讲师、杭州师范大学法学院刘练军教授、北京大学法学院博士后研究人员彭錞先后作了题为《论"城市的土地属于国家所有"》《集体土地上长出的民营城市——蛟龙工业港的实践与法律困境》《城市土地国家所有权制度性保障说》《八二宪法土地条款再解释：一个原旨主义的立场》的主题发言。第二单元由中国人民大学法学院韩大元教授、中央党校报刊社谢婵婷编辑主持，南京大学法学院肖泽晟教授、吉林大学法学院李海平教授、中国社会科学院法学研究所博士后张保红教授和湖北大学政法与公共管理学院邹爱华教授相继作了题为《"城市的土地属于国家所有"的规范内涵》《论城市土地国家所有的所有权资格说》《"城市的土地属于国家所有"的规范解释》《"城市的土地属于国家所有"含义的历史演变论》的主题发言。第三单元由郑州大学法学院常务副院长沈开举教授、《南方周末》记者任重远先生主持。福州大学法学院叶知年教授、浙江大学光华法学院讲师章程博士、华中科技大学中国乡村治理研究中心桂华副研究员和中国政法大学民商经济法学院讲师张东博士相继作了题为《宪法与民法的连接与统合——从民法视角解读宪法第10条》《宪法第10条第1款的解释论——从宪法与民法接轨的角度观察》《"国家所有"的剩余控制权说——兼对宪法第10条的理解》《"城中村"的集体土地所有权是如何变动的》的主题发言。第四单元由苏州大学王健法学院陆永胜副教授、《法学研究》编辑部实习编辑张新宇主持。南京晓庄学院李昌庚教授、华东政法大学法治中国研究中心研究人员孙煜华、山东大学法学院翟灵敏博士和苏州大学王健法学院程雪阳副教授相继作了题为《"城市的土地属于国家所有"的争议与回应》《"城市的土地属于国家所有"释论》《宪法第10条第1款与第3款间的矛盾积极消解》《再论"城市的土地属于国家所有"的宪法解释》的主题发言。在每一单元的自由讨论阶段，与会的其他专家学者以及学生也发表了自己的真知灼见，与作主题发言的各位专家学者进行了热烈互动。

苏州大学王健法学院上官丕亮教授主持了本次会议的闭幕式，《法学研究》编辑部副编审、编辑部主任谢海定和苏州大学王健法学院副院长方新军教授作了会议总结。

谢海定指出，中国当前有一些迫切需要解决的问题。今天的学术专题研讨会的选题与经济领域相关。对这个问题的研究要注意以下几个方面：一是"城市的土地属于国家所有"这一规定在现实中面临哪些问题，这些问题是什么性质的问题（有的是规范层面的问题，有的是价值层面的问题，有的是土地利用效率层面的问题，有的是征地纠纷的问题），学术探讨的时候要明确需要解决的问题，才有利于对话；二是这些问题什么时候发生的，如何演变而来的，将问题的来龙去脉理清楚，对于解释这一条款有重要的意义；三是明确了我们自身所要解决的问题，再去选择解释方案，并进行比较，才能选择最优的解决方案。

方新军认为，八二宪法一旦生效，便进入实践的汪洋大海。对宪法第10条第1款进行解释有两种方法，一是修宪，二是运用解释学的理论对其进行解释。现阶段大部分人在作解释论。实际上,大家都在不自觉地运用"融贯"的理论,"融贯"追求好,但是不追求真。第一,"融贯"的理论的前提是逻辑一致性。概念在法学的体系里尽可能不要在不同的地方有不同的意思,概念上的精确追求逻辑一致性。第二,"融贯"的理论要求概念间的横向连结,横向连结的时候要注意一个问题,那就是:法律运行是封闭的,认知是开放的,但在外部的经济学科、社会学科理论转化到法学的时候,一定要转化为法学自身的基因密码,这是作解释论的根本前提。现在法学全面进入解释论,这是使法律真正成为一门科学的前提,只有我们运用解释论的方法解释法学各学科的问题,才能真正保证法律共同体的形成。

14.《法学研究》2015年春季论坛"依法治国与深化司法体制改革"

《法学研究》2015年春季论坛以"依法治国与深化司法体制改革"为主题,旨在引导更多学者参与到对顶层设计方案和具体改革举措的讨论中来,通过理论论证、制度比较、实践和试点状况等的分析,为司法体制改革的顺利进行提供智识支持。论坛于2015年4月18-19日举行,由《法学研究》编辑部和四川大学中国司法改革研究中心主办,来自理论界和实务界的50多名代表参加了此次论坛。讨论所涉议题广泛,研究方法多样,主题发言辅之以深度评论,取得了良好的效果。论坛成果已经择优在《法学研究》发表。

15.《法学研究》2015年联合主办"新民诉法解释研讨会"

2015年9月19-20日,由中国民事诉讼法学研究会、《法学研究》编辑部联合主办,《法商研究》编辑部和中南财经政法大学法学院共同承办的"新民诉法解释研讨会"在湖北召开。

《法学研究》杂志社社长张广兴研究员、中国人民大学张志铭教授及最高人民法院应用法学研究所曹守晔副所长,作为特邀嘉宾出席了本次研讨会。来自德国不莱梅大学、北京大学、清华大学、中国人民大学、武汉大学、吉林大学、中山大学、山东大学、中央财经大学、中国政法大学、西南政法大学、西北政法大学、南京师范大学、上海财经大学、郑州大学、河南大学、湘潭大学等高校以及《法学研究》《法商研究》《法学家》《环球法律评论》《当代法学》等期刊的70余位专家、学者参加了本次会议。中南财经政法大学党委副书记齐文远教授出席开幕式并致辞。清华大学张卫平教授（中国民事诉讼法学研究会会长）、南京师范大学李浩教授（中国民事诉讼法学研究会常务副会长）、清华大学王亚新教授、中国人民大学肖建国教授、最高人民法院曹守晔教授主持了本次会议的研讨。

会议分为五个单元进行。第一个单元由张卫平教授主持，主题为"小额与公益程序"。上海财经大学的王福华教授、最高人民法院应用法学研究所的朱新林博士、清华大学博士后黄忠顺、苏州大学的吴俊博士等作了学术报告。第二个单元由李浩教授主持，主题为"管辖与当事人"。南京师范大学的刘敏教授、山东大学的刘加良副教授、北京大学的刘哲玮副教授、中山大学的罗恬漩博士作了学术报告。第三个单元"审理程序（一）"由肖建国教授主持。清华大学的王亚新教授、湘潭大学副校长廖永安教授、清华大学的任重博士作了学术报告。第四个单元"审理程序（二）"由王亚新教授主持。清华大学的陈杭平副教授、西南政法大学的黄宣副教授作了学术报告。第五个单元"执行程序"由曹守晔教授主持。西北政法大学的百晓锋副教授、上海交通大学的庄加园副教授、清华大学法学院博士后金印等作了学术报告。

中南财经政法大学的蔡虹教授进行了会议总结。她认为，具有良好学术背景和扎实基本功的青年学者成为此次会议的主力军，中国民诉法的未来充满希望；研讨会收到的论文选题新颖、前沿、务实，论证严谨、细致，会议交锋热烈、深入，达到了会议预期的目标。

16.《法学研究》2015年秋季论坛"民法典编纂的前瞻性、本土性与体系性"

2015年10月17-18日，《法学研究》2015年秋季论坛在北京召开。本次论坛以"民法典编纂的前瞻性、本土性与体系性"为主题，围绕民法典编纂涉及的诸多宏观和微观问题，从不同学科、以不同视角进行研讨。来自北京大学、清华大学、中国人民大学、吉林大学、武汉大学、中国政法大学、西南政法大学、华东政法大学、南京大学、厦门大学、苏州大学、北京航空航天大学、湖南大学、暨南大学、中南大学、华中科技大学、中国社会科学院法学研究所以及北京市仲裁委的50多名专家、学者参加了此次论坛。

《法学研究》杂志社社长、《法学研究》副主编张广兴研究员主持论坛开幕式，中国社会科学院法学研究所、国际法研究所联合党委书记，《法学研究》主编陈甦研究员为论坛致辞。陈甦研究员首先阐述了召开本次论坛的重要意义，同时指出，编纂一部与法国民法典、德国民法典相媲美的民法典并不容易，需要集思广益，充分利用法学界的资源，通过开会进行交流是一种必要的形式。法学界以及实务界的专家学者广泛地参与讨论和交流，尤其是不同学科的专家学者就同一问题、从不同视角进行交流和融通的软交流方法更为重要。目前各界关于民法典的讨论虽然很多，但仍有许多问题尚未涉及或者尚未展开充分的讨论，应当对民法典各方面进行均衡、充分的讨论。学术上的坚持和立法上的接纳是不同的，学界通过全面讨论形成的共识越多，立法上的接纳也就更容易，这是全面讨论民法典编纂各层面问题的必要性。

本次论坛共分八个单元进行主题研讨。第一单元由周汉华研究员主持，孙宪忠研究员和朱慈蕴、杜涛两位教授以及北京市仲裁委的王红松副主任分别就民法典总则制定中的现实问题、民法总则与商法通则的关系、仲裁机构在民法典中的主体定位、属地主义思维与民法典制定等四个问题进行主题发言。第二单元由张广兴研究员主持，王利明、张新宝、刘保玉、孟勤国四位教授分别就人格权独立成编的问题、民法典编纂涉及的几个问题、民法典编纂应坚持的四个面向以及价值取向等发表了主要观点。第三单元由孙宪忠研究员主持，许中缘、汪青松、肖海军、马得懿四位教授分别围绕民商合一立法模式、民法典中的主体制度设计、商事主体的立法定位以及海商法在民法典中的地位和安排等问题发表了主题演讲。第四单元由孟勤国教授主持，夏吟兰教授、薛宁兰研究员集中讨论了婚姻家庭法在民法典体系中的定位问题，郑尚元教授、谢增毅研究员则从劳动法的视角，讨论了雇佣劳动与劳动合同在民法典中的定位问题。第五单元由薛宁兰研究员主持，韩世远、薛军、易继明、石佳友、陈海嵩、金可可、黄忠、金印八位教授作了主题发言，涉及民法典编纂的社会化、体系化，环境法与民法典的关系等宏观问题，以及强行规定与禁止规定、民法上的违法处置、所有权返还与诉讼时效的关系等具体问题。第六单元由谢鸿飞研究员主持，费安玲、叶金强、于飞、张新锋、王雷五位教授分别探讨了民法典编纂中的他国经验、价值与技术、基本价值共识、个体主义方法论以及民法调整对象等问题。第七单元由费安玲教授主持，发言主题集中于民法典中的主体和客体制度,谢鸿飞研究员和李国强、李昊、郑晓剑、曹相见四位教授分别就法人性质的定位、非法人团体的定位、行为能力制度以及客体制度等作了精彩的报告。第八单元由冯珏编辑主持,张家勇、汤文平、赵毅、冉克平、曾大鹏五位教授就法律行为制度的两个问题、意思表示错误制度以及代理制度的体系化等问题作了主题发言。各单元结束后,与会专家学者还就各单元涉及的问题进行了热烈的讨论。

《法学研究》冯珏编辑作总结发言。她肯定了《法学研究》召开本次论坛的重要性,并感谢各位与会专家学者对本次论坛以及对《法学研究》的大力支持。

17.《法学研究》2015 年青年公法论坛专题讨论会"如何理解'国家所有'"

2015 年 11 月 28-29 日,由《法学研究》编辑部主办、山东大学法学院和人权研究中心承办的《法学研究》青年公法论坛专题讨论会在山东青岛顺利召开。本次专题研讨会的主题是"如何理解'国家所有'",来自中国人民大学、中国政法大学、北京航空航天大学、北京师范大学、浙江大学、厦门大学、重庆大学、东南大学、苏州大学、上海财经大学及主办单位和承办单位等科研院所的 30 余名专家学者参加了会议。研讨会除基调发言外,计分三个主题单元:国家所有的基础理论;国家所有的规范构造与制度化;自然资源国家所有的制度建构。

《法学研究》编辑部谢海定作了题为"国家所有的法律表达及其解释"的基调发言。李忠夏、郑春燕、郑磊、王旭、张力、焦艳鹏、瞿灵敏等对发言作了评议。

在"国家所有的基础理论"单元,苏州大学王健法学院的程雪阳(《中国宪法上国家所有的规范含义》)、上海财经大学法学院的徐键(《宪法国家所有的规范含义及其制度展开》)、西南政法大学的亓同惠(《宪法中国家所有的理论基础与实践特征》)、山东大学法学院的瞿灵敏(《揭开宪法国家所有的面纱——〈宪法〉文本中两种不同类型的国家所有》)先后作了主题发言。山东大学法学院的李忠夏、福建师范大学法学院的施志源、山东大学的马菱霞和厦门大学的郭春镇分别对上述发言进行了一对一点评。

在"国家所有的规范构造与制度化"单元,北京师范大学法学院的郭殊（《经济共和的宪法表达与国家所有的法律界定》）、河南师范大学法学院的郭少飞（《法律文本中国家所有的规范分析》）、湖南行政学院的彭中礼（《国家所有的规范构造》）、西南政法大学民商法学院的张力（《国家所有权遁入私法及其校正》）、东南大学法学院的李煜兴（《法律保留、权利推定与国家所有权的边界》）先后作了主题发言。北京航空航天大学法学院的王锴、东南大学法学院的莫静、青岛科技大学法学院的杨春然、山东政法学院民商法学院的周煜和浙江大学光华法学院的郑春燕分别对上述发言进行一对一点评。

在"自然资源国家所有的制度建构"单元，中国人民大学法学院的王旭（《自然资源国家所有权的宪法规制功能》）、杭州师范大学法学院的刘练军（《自然资源国家所有的制度性保障功能》）、重庆大学法学院的焦艳鹏（《自然资源国家所有权的法律义务》）、湖北大学政法与公共管理学院的邹爱华（《自然资源国家所有权和自然资源国家管理权》）先后作了主题发言。烟台大学法学院的王洪平、山东大学法学院的郑智航、山东大学法学院的马得华、大连理工大学法律系的陈国栋分别对上述发言进行一对一点评。

中国政法大学中欧法学院的刘飞教授和山东大学人权研究中心的齐延平教授对研讨会作了总结。

18.《法学研究》2015年青年公法论坛"法治视野下的城市治理"

2015年12月5日，由《法学研究》编辑部主办、上海财经大学法学院承办的《法学研究》2015年青年公法论坛召开，论坛主题是"法治视野下的城市治理"。来自清华大学、上海交通大学、复旦大学、浙江大学、同济大学、华东师范大学、中国海洋大学、中国政法大学、西南政法大学、华东政法大学等国内知名高校的近40名学者出席了本次论坛。

论坛由上海财经大学法学院院长助理吴文芳副教授主持，上海财经大学法学院院长李学尧教授，《法学研究》编辑部主任、副编审谢海定分别致辞。

论坛围绕"法治视野下的城市治理"这一主题，分四个单元进行了研讨。在四个单元中，14位与会学者分别就自己的研究作了主题报告，报告内容涉及城市治理法治化的基础框架、城市的住房保障、城市的交通治理、城市的环境治理等诸方面。在评议阶段，14位学者对报告人的报告进行了精彩的点评。与会的其他学者针对报告和评议展开了热烈的讨论。

论坛闭幕式由上海财经大学法学院副院长胡凌副教授主持。上海交通大学凯原法学院朱芒教授对论坛作了精彩的学术总结，高度评价了本次论坛选择城市治理主题的理论和现实意义。谢海定在致辞中，对《法学研究》编辑部对本次论坛的后续工作计划作了介绍。他希望与会的专家学者能够在论坛结束之后，就城市治理的议题展开持续性的关注和研究。

19.《法学研究》2016 年春季论坛"刑事法治体系与刑法修正"

2016 年 4 月 16－17 日，由《法学研究》编辑部、苏州大学王健法学院联合主办，苏州大学公法研究中心承办的《法学研究》2016 年春季论坛"刑事法治体系与刑法修正"在江苏召开。本次研讨会以"刑事法治体系与刑法修正"为主题，从不同学科、以不同视角进行了热烈、深入的研讨。来自中国社会科学院法学研究所、北京大学、清华大学、中国人民大学、中国政法大学、中国青年政治学院、北京师范大学、外交部条约法律司、吉林大学、武汉大学、华东政法大学、西南政法大学、西北政法大学、上海政法学院、厦门大学、烟台大学、浙江工商大学、南京大学、东南大学、南京师范大学、江苏社会科学院法学研究所、苏州大学的 50 多名专家、学者参加了此次研讨会。

《法学研究》编辑李强博士主持了本次论坛的开幕式，中国社会科学院法学研究所、国际法研究所联合党委书记，《法学研究》主编陈甦研究员，苏州大学王健法学院院长胡玉鸿教授致开幕辞。陈甦研究员对与会专家、学者及主办方王健法学院表示衷心感谢。他指出，《法学研究》离不开各位专家、学者的支持，也需要更多地与各位专家、学者进行面对面的交流；刑法同其他部门法有着紧密的联系，不同学科的专家、学者聚在一起，就刑法修正问题展开交流和对话非常有必要，也很有意义。最后，陈甦研究员预祝本次论坛取得丰硕成果。胡玉鸿教授在致辞中感谢各位专家、学者拨冗出席本次会议，并感谢大家对王健法学院刑法学科的支持，使得刑法学科在近几年取得了长足进步。最后，胡玉鸿教授预祝本次论坛圆满成功。

本次研讨会共分为四个议题、六个单元。第一议题为"刑法修正与刑事立法科学性"，具体分为两个单元。第一单元由林维教授主持，梁根林、周光权、劳东燕、宋杰四位教授分别围绕法治中国的刑法变迁、刑法立法观的转向、刑事立法与刑法解释的关系、刑法修正的国际法视野等问题，依次作了精彩的主题报告；孙国祥、于改之、王志远三位教授逐一对几位报告人的报告予以了点评。第二单元由刘宪权教授主持，姜涛、刘炯、刘艳红、艾明四位教授分别作了主题发言，涉及刑法立法事实论、刑法的弱者保护、恐怖犯罪的治理及立法正当性等问题，劳东燕、王彦强、彭文华、魏晓娜四位教授依次进行了评议。

第二议题是"刑罚制度及其修正"，具体分为两个单元。第一单元由周光权教授主持，魏晓娜教授、赵康博士分别从程序法和实体法的角度就认罪认罚从宽制度作了主题发言，刘仁文研究员、张庆立博士则就贪贿犯罪定罪量刑标准的修改问题发表了各自的见解和看法，姜涛、付玉明、陈珊珊三位教授有针对性地对几位主题发言人的发言进行了评议。第二单元由梁根林教授主持，何荣功、陆诗忠两位教授及尚海明博士依次就预防刑法的正当性、应受劳教处罚行为的分流、中国人的死刑观念等主题作了报告，艾明教授及刘仁文、刘伟研究员逐一予以评议。

第三议题为"罪名修正与具体思考"，由孙国祥教授主持，王志远、姚建龙两位教授主要就罪名设定上同质行为过度分立、行贿非犯罪化等问题进行了主题发言，竺效教授则从环境伦理学的视角就污染环境罪的立法及司法问题进行了主题报告，陆诗忠、刘炯、吴江等教授就上述报告人的报告进行了评议。

第四议题为"刑法修正的其他问题"，由孙万怀教授主持，张翔、彭文华、王彦强三位教授及黄辰博士分别就刑法体系的合宪性控制、犯罪定量模式、对向参与行为的处罚范围、法定犯时代的犯罪控制逻辑等问题作了主题报告，宋杰、竺效教授及肖鹏硕士逐一作了评议。

在每个议题主题发言及评议之后，安排了自由讨论环节，分别由阮齐林、蔡道通、孙万怀教授主持，与会代表就各单元所讨论的议题进行了热烈、充分的交流和研讨。

苏州大学王健法学院副院长方新军教授主持闭幕式，苏州大学王健法学院李晓明教授作会议总结及闭幕致辞。李晓明教授指出，本次会议既有共识又有争鸣，不同学科学者的对话和知识的相互渗透是本次研讨会的显著特点。最后，李教授就刑法修正问题发表了自己的观点和看法。

本次研讨会从刑法学、刑事诉讼法学、宪法学、法理学、环境法学、国际法学等不同学科角度,对刑法修正中所涉及的刑法立法理念、犯罪论、刑罚论及具体罪名的立法正当性及适用等问题进行了热烈、细致、深入的讨论,成效显著,为今后刑法的修正及具体适用贡献了智识,提供了参考。

20.《法学研究》2016年秋季论坛"中国法治建设的回顾与反思"

改革开放三十多年来,中国的法治建设和法治理论研究都取得了巨大的成就。在法治建设方面,中国特色社会主义市场经济法律体系已初步形成,指向公正高效的司法改革正如火如荼地开展,以完善宪法实施制度为统摄的立法、执法、司法、法律监督机制改革也全面铺开。在法治理论研究方面,经历了民主法制化、法的本位、现代法的精神、市场经济与法治经济、法治与人权、法治国家、法治道路、法治价值等诸多论题上的研讨,法治研究不断深入,理论共识越来越多。为进一步提升学术研究对于法治实践的理论指导和学理支撑意义,以及探索中国未来的法治发展方向,回顾、总结、反思、提炼三十多年来法治建设和法治研究的历程,是一项基础性、前提性的工作。《法学研究》2016年秋季论坛以"中国法治建设的回顾与反思"为主题,组织学者对上述问题展开研讨。

21.《法学研究》2017年主办"刑民交叉法律问题研究"学术研讨会

2017年2月18日,《法学研究》编辑部在中国社会科学院法学研究所组织召开"刑民交叉法律问题研究"学术研讨会,来自北京大学、清华大学、中国人民大学、中国政法大学、华东政法大学、中国青年政治学院、四川大学、浙江师范大学等高等院校的学者与来自中国应用法学研究所、北京知识产权法院的专家以及《法学研究》编辑部成员等共计20余人参加了讨论会。

22.《法学研究》2017年春季论坛"亲属法的传承与现代化"

《法学研究》2017年春季论坛于3月25-26日在江西召开。本次论坛以"亲属法的传承与现代化"为题,以引导和提升亲属法学研究的科学化与体系性为学术旨趣,以亲属法重归民法为当前要务,以回应婚姻家庭生活的重大问题为现实关切。《法学研究》从收到的众多稿件中,遴选了佳作在《法学研究》作为专题刊发。

23.《法学研究》2017年秋季论坛"个人信息使用与保护的法律机制"

《法学研究》2017年秋季论坛于10月21日在上海召开。本次论坛以

"个人信息使用与保护的法律机制"为题,与会学者围绕会议主题,从多个学科视角展开了密集讨论。论坛得到了与会专家学者的热情响应和积极参与,其中重要成果已经在《法学研究》发表。

24.《法学研究》2017年青年公法论坛"马克思主义法学:经典与解释"

《法学研究》2017年青年公法论坛"马克思主义法学:经典与解释"研讨会在上海举行。来自华东政法大学、中央党校、四川大学、浙江工商大学、西北政法大学、苏州大学、中南财经政法大学、西南政法大学、华东师范大学、上海师范大学、华东政法大学等高校的法学学者出席。研讨会分为专题单元讨论、自由讨论,每个单元有4-5个主题报告和20分钟点评。论坛主要围绕马克思主义法学中国化、马克思主义法学话语体系、马克思主义法学的经典与解释等展开讨论。

25.《法学研究》2018年春季论坛"新时期金融稳定发展与法治保障"

《法学研究》2018年春季论坛以"新时期金融稳定发展与法治保障"为题,于4月21-22日在江苏召开。金融关系作为金融法的调整对象,具有系统性、结构化和高度复杂的特点。论坛得到了南京大学法学院的鼎力支持,得到了金融法学领域各位专家学者的热烈响应。《法学研究》已从众多参会论文中遴选了论文发表。

26.《法学研究》2018年秋季论坛"中国社会平衡充分发展的法治保障与法治推进"

2018年10月20-21日,《法学研究》编辑部主办的"中国社会平衡充分发展的法治保障与法治推进"专题研讨会在云南举行。来自全国高校及科研机构的50多位专家、学者参与了此次论坛。论坛由六个研讨单元组成,为本主题研究的推进提供了丰富多元的观点。

27. 2019年《法学研究》论坛"促进法学研究与司法实践的良性互动"

2019年《法学研究》论坛以"促进法学研究与司法实践的良性互动"为题,于6月22-23日在山东召开,来自全国高校及科研机构的60多位专家、学者参与了研讨。《法学研究》期待以此选题为契机,为学术界与实务界提供交流和沟通的平台,促使两者共同关注、思考促进法学研究与司法实践良性互动的必要性与框架思路。学者们积极撰文建言,本专题遴选的论文对此作出了较好的回应。

28. 2020 年《法学研究》论坛"政府、市场与法律：营商环境的法治化"

2020 年 10 月 17 - 18 日，由《法学研究》编辑部主办、南昌大学法学院承办的 2020 年《法学研究》论坛"政府、市场与法律：营商环境的法治化"顺利举行。本次会议采取"线上"与"线下"相结合的方式。

会议开幕式由《法学研究》张广兴副主编主持，《法学研究》陈甦主编和南昌大学法学院杨峰院长分别致辞。陈甦主编就本次论坛主题的设想作了高屋建瓴的解读。营商环境的法治化是社会治理的重要组成部分，法治是最好的营商环境，期待学界围绕营商环境法治化作出更多更好的研究成果。环境是生态系统的概念，环境的构建、整合和发展，需要各个层面的、共同的、目标一致的努力。营商环境是社会生态系统，研究中要有运用系统论和博弈论的意识和能力。并且，对于不同的改善建议和措施，社会生态系统会作出不同的反应，需要在实践中不断设想可能存在的问题并加以调整。我们作为法学研究者，要为社会发展贡献自己的智慧和力量。南昌大学法学院杨峰院长在致辞中对"线上"与"线下"的各位学者表示欢迎，并简要介绍了南昌大学法学院的基本情况。

论坛从众多来稿中挑选了 12 位作者作主题报告，每个主题报告邀请两位专家担任评议人。主题报告人和评议人从国际税法、国际经济法、行政法、民商法、经济法、刑法等多个学科和角度，为营商环境的法治化积极建言献策。南昌大学法学院熊永明教授、程迈教授、黄娅琴教授和《法学研究》谢海定副主编、张辉编辑、李强编辑分别主持了各主题报告环节。南昌大学法学院蓝寿荣教授主持了自由讨论环节。

《法学研究》编辑部冯珏副主任主持了简短的闭幕式。冯珏副主任感谢各位主题报告人和评议人的积极参与和大力支持，感谢所有给论坛投稿的作者，感谢为论坛的召开做了大量具体工作的南昌大学法学院。本次论坛的评议内容比较丰富，为参会论文提供了很多有价值的建议，期待各位主题报告人据此进一步修改完善论文。《法学研究》将继续关注本次论坛的选题，欢迎有兴趣的作者继续深耕挖掘好的立意、贡献好的成果。期待学界同仁针对社会热点问题从理论的高度作出有学术生命力的研究成果。

29. 2021 年《法学研究》论坛"创新驱动与国际博弈下的知识产权法"

2021 年 6 月 19 - 20 日，由《法学研究》编辑部主办、贵州大学法学院承办的 2021 年《法学研究》论坛在贵州成功举办。本次论坛的主题是"创新驱动与国际博弈下的知识产权法"。来自北京大学、清华大学、厦门大学、中南财经政法大学、暨南大学、中国人民大学、苏州大学、中国科学院、南京大学、武汉大学、中南大学、中国社会科学院、海南大学、西南政法大学、华东政法大学、华中科技大学、中央民族大学、昆明理工大学、中国海洋大学、天津科技大学、贵州大学等 30 多所院校及科研机构的专家学者通过线下与线上相结合的方式参加了此次论坛。

会议开幕式由贵州大学法学院院长冷传莉教授主持。《法学研究》副主编张广兴教授在致辞中向贵州大学法学院、向积极参与论坛的各位专家学者表示衷心的感谢。他指出，《法学研究》的发展离不开大家的支持与帮助，同时，为广大作者和读者做好服务工作，也是《法学研究》的精神追求和价值所在。本次论坛收到了大量优秀稿件，《法学研究》深切感受到了学界对于论坛的高度认可与大力支持，将在上述稿件中择优发表。同时，他诚挚地感谢贵州大学法学院对此次论坛的辛苦付出，并预祝本次论坛取得圆满成功。贵州大学副校长杨松教授在致辞中首先介绍了贵州大学校史和贵州大学法学学科的发展历程，随后指出，在"十四五"规划开创之年，明年将迎来贵州大学的一百周年校庆。目前，贵州大学已发展为除军事学外拥有 12 门综合学科的综合性大学，感谢大家对法学学科的大力支持，希望大家继续支持法学学科的建设和发展。

中国法学会知识产权法学研究会会长、中国人民大学法学院刘春田教授，对知识产权法学研究发表了前瞻性看法。他从"是什么的问题、哪里来的问题、价值判断问题、到哪里去、学科建设问题、眼界问题"六个方面来进行论述。他指出，知识产权的研究现状不是很理想，我们要回归知识产权研究本源，避免过度异化，强调共性认识生成之必要。

中国法学会知识产权法学研究会名誉会长、中南财经政法大学吴汉东教授从基本认识、基本问题和基本路径三个方面进行了详细解析。关于基本认识，他指出中美贸易战的焦点之一是知识产权，体现出美国对其核心利益的保护，中美知识产权冲突将呈现长期性，因此当前对知识产权制度的研究应当立足于创新驱动、国际博弈这个场景。可研究的基本问题包括：（1）习近平新时代知识产权的法治观、思想观等；（2）国际知识产权保护的治理体系；（3）知识产权领域的国家安全；（4）新领域、新业态的知识产权制度建设；（5）全面加强知识产权保护工作。我们应当以民法学理论为基础，以多学科知识为背景，以法教义学和社科法学为工具。

在主题发言阶段，第一单元由《法学研究》编辑部副主任冯珏副编审主持，讨论主题为"国际博弈下的知识产权法研究"。第二单元由中国社会科学院大学孙远教授主持，讨论主题是"创新驱动下的知识产权法研究"。第三单元由《法学研究》副主编谢海定研究员主持，讨论主题是"知识产权法理论体系的完善"。第四单元由中国人民大学法学院李忠夏教授主持，讨论主题是"著作权法理论与制度体系的完善"。第五单元由《知识产权》编辑部李芬莲主任主持，讨论主题是"专利法理论与制度体系的完善"。

在会议的闭幕式上，谢海定研究员进行了总结，他表示非常感谢与会专家的充分准备和精彩讨论，并对贵州大学法学院积极承办此次论坛表达了感谢。此外，他还对《法学研究》的选稿要求及选稿程序进行了说明。最后，贵州大学法学院副院长孙志煜教授对《法学研究》编辑部及与会专家表达了衷心感谢。他指出，本次会议给贵州大学法学院的老师们和学生们带来了更多的思想碰撞和心灵冲击，这次论坛的成功举办，将是贵州大学法学院一个新的起点。

30.《法学研究》2022年主办"法学期刊发展与'三大体系'建设"研讨会

2022年6月30日，《法学研究》编辑部主办的"法学期刊发展与'三大体系'建设"研讨会在线上举行。中宣部社科工作办组织协调处处长张泰源，中国社会科学院科研局期刊处处长刘普，中国社会科学院法学研究所所长莫纪宏，中国社会科学院法学研究所、国际法研究所联合党委书记陈国平出席研讨会并作基调发言。《中国社会科学》《中国法学》《中外法学》等计20家期刊的代表，围绕如何在"三大体系"建设中更好地发挥法学期刊的作用，热烈交流研讨，积极凝聚共识。

《法学研究》主编陈甦在致辞中对本次研讨会的主题和设想作了解读。他指出，在中国特色法学"三大体系"的建设过程中，法学期刊的作用既在于发现中国的原创性理论、标识性概念，整合中国特色法治实践中所蕴含的知识要素和理论体系，也在于学术整理、学术肯定和示范推广。对法学期刊在"三大体系"建设中的作用进行学理探讨，目的在于进一步提高法学期刊服务"三大体系"建设的自觉性、主动性和规划性，提升法学期刊服务"三大体系"建设的效益，推动法学期刊在"三大体系"建设中更好地发挥应有的作用。

中国社会科学院法学研究所所长莫纪宏在发言中强调，中国特色哲学社会科学"三大体系"的构建，实际上包含着指导思想、学科体系、学术体系、话语体系四方面要素。"三大体系"建设的目的在于彰显中国特色、中国风格、中国气派，要找准"三大体系"建设的角度和切入点，关键在于对指导思想的准确把握。法学"三大体系"建设需要注重与法治实践的衔接，应当认真研究宪法作为国家根本法在国家建设中的基础作用，从而为法学"三大体系"建设确定核心和依托。

中宣部社科工作办组织协调处处长张泰源在发言中指出，习近平总书记的系列重要论述为新时代哲学社会科学、学术期刊的发展指明了前进方向，提供了根本遵循。学术期刊是学术传播和交流的重要窗口，是巩固马克思主义在意识形态领域指导地位的重要阵地，也是社科工作者把论文写在祖国大地上的重要载体。法学期刊要争当研究阐释习近平法治思想的引领者、构建中国自主知识体系的推动者、打造国际知名期刊的探路者，要坚持以马克思主义为指导，解决好为什么人的问题，强调理论从实践中来到实践中去，把握尺度、彰显特色、突出定位。

中国社会科学院科研局期刊处处长刘普着重就学术期刊的功能与"三大体系"建设的关系进行了阐述。他提出，学术期刊发挥着记录、交流、传播研究成果，提供学术研究资料，进行学术评价，传播党的理论，服务党和政府的决策，推动和服务学科体系建设，促进学术创新，培养学术人才，维护良好学术风气，沟通对外学术交流等十项功能。不论是中国特色哲学社会科学"三大体系"建设，还是中国自主的知识体系建设，都有赖学术期刊发挥好这十项功能。办好学术期刊，离不开编辑部的自身能力建设，也需要各级管理部门为期刊提供丰富的管理服务，为期刊发展提供良好环境。

中国社会科学院法学研究所、国际法研究所联合党委书记，《国际法研究》主编陈国平从政治与学术相结合的角度，就如何将期刊建设与法学"三大体系"建设相结合给出了建议。他指出，法学学科具有政治性、专门性、社会性的特点。法学学科的特点决定了法学"三大体系"建设的特点。法学期刊要为法学学科发展作出应有贡献，一要坚持以马克思主义为指导，特别是以习近平新时代中国特色社会主义思想为指导；二要坚持正确的政治立场，发挥引领作用；三要反映学者关于中国法治建设中重大问题的研究成果，围绕党和人民群众关注的法治方面的重大问题刊发文章。

《中国社会科学》社会科学部主任李树民指出，法学编辑要深刻认识"三大体系"建设提出的历史背景，对"三大体系"概念的溯源问题有精准把握。"三大体系"建设是朝着体系化方向转型的发展过程，其背后的动力是人类生存的权利诉求和社会发展所面临的问题本身。法学学科体系要满足社会发展的需要和理论发展的诉求，法学编辑应当及时跟进学科体系变化的节奏和态势，及时策划相关选题。《中国法学》总编辑黄文艺指出，法学期刊要对中国法学自主知识体系的建构发挥带动和引领作用，应重点引导学者开展以下领域的研究。一是习近平法治思想的学理化、学术化阐释；二是对中国法治实践经验、实践智慧、实践理性的学术提炼；三是对全球前沿性、前瞻性法治问题的研究，特别是对中国出现的前沿性、前瞻性问题进行研究；四是对中国共产党执政治国管党治党中的法律性、制度性问题的研究；五是对中国古代法制重点文献重大思想的理论挖掘。《中外法学》主编王锡锌认为，无论是学科体系、学术体系、话语体系，还是中国自主的社科知识体系，其形成过程都离不开学术对话。对话是法学学术期刊实现其宏大使命的有效工具，应将对话体现在办刊的行动过程中。法学整个知识体系的建构，需要进一步推进和强化法学学科内部的反思性对话、部门法之间严肃坦诚有内容的对话、法学学术界与法律实务界的对话、中国学界与国际同行的学术对话。《清华法学》主编车丕照指出，法学传统学科的建设任务，是使其更具中国特色、更有中国经验和中国贡献。法学新学科的建设，则要从体系化的角度入手。学术体系本质上是知识体系，话语体系是学术体系的语言表达。在三大体系中，学术体系最为核心。建设学术体系，需要区分普适性知识和地方性知识，并注重总结中国的地方性知识。法学期刊助力"三大体系"建设，在方法上应不拘一格，在选稿中应鼓励学术观点的争鸣与交锋。《法商研究》主编姚莉指出，在构建法学"三大体系"的过程中，法学期刊要发挥好政治引领作用，坚持和弘扬马克思主义的立场，紧密服务依法治国的中心工作和战略任务；要发挥好体系引领作用，处理好新兴学科与基础学科、热门选题与冷门学科的关系；要发挥好特色引领作用，找准自身定位，着力解决办刊同质化问题；要发挥好生态引领作用，尊重和重视同行评审意见，确保审稿程序公正透明，注重扶持青年学者。还有其他法学核心期刊的领导或编辑部人员就如何推进中国法学"三大体系"建设，以及法学期刊在其过程中如何发挥学术平台作用，作出了精彩的发言和专业的建议。

会议总结环节由《法学研究》编辑部主任谢海定主持，《法学研究》主编陈甦作总结发言。陈甦主编对与会领导、专家的积极建言表达了感谢，并从七个方面对会议发言内容进行了精要概括和点评。他指出，如何理解"三大体系"、怎样建构"三大体系"是常谈常新的问题，需要深入领悟。就法学期刊在"三大体系"建设中的作用而言，由于法学研究者大多只在一个或几个学科领域深耕，要在理论指导下有意识地、自觉地构建"三大体系"，有赖法学期刊发挥好整合作用。

31. 2022年《法学研究》论坛"人口老龄化的法治应对"

2022年8月3-4日，由《法学研究》编辑部与广东财经大学法学院联合主办的"人口老龄化的法治应对"学术研讨会暨2022年《法学研究》论坛，以线上线下结合的方式在广东召开。来自北京大学、中国人民大学、中国政法大学、中国社会科学院大学、中山大学、武汉大学、厦门大学、中南财经政法大学、西南政法大学、中南大学、湖南大学、广东外语外贸大学、广东财经大学、《法学研究》编辑部等高校和研究机构的40余名专家学者参加了本次论坛。

会议开幕式由《法学研究》学术顾问张广兴研究员主持。

《法学研究》主编、中国社会科学院学部委员陈甦研究员在开幕式致辞中指出，老龄社会的到来具有必然性。对于老龄社会法治问题的研究，不能局限于单一领域、单一方面，而是要在制度体系上不断创新突破，从而为全社会供给较为完备的法治应对方案。在"老龄化"的内涵解读上，需要看到其中不仅包括客观上的老龄化，也包括文化上的老龄化，如何在研究中将老龄化与文化心理等要素有机结合，是一个值得深入思考的问题。在人口老龄化社会的研究对象上，首先要科学合理地定义"老年人"的概念，同时还应当注重把"老年人"从制度建设的对象转化为制度建设的主体，使老年人充分参与其中，发挥其积极作用。

广东财经大学校长于海峰教授在开幕式致辞中指出，人口老龄化已成为我国必须面对的重要挑战。积极应对人口老龄化，是贯彻以人民为中心的发展思想的内在要求，是实现经济高质量发展的必要保障，是维护国家安全和社会和谐稳定的重要举措。需要围绕社会老龄化转型中的法治疑难问题，开展进一步的研究。研究老龄化问题有助于根据社会变化及时完善法律制度，推进社会协调发展，实现老有所养、老有所依、老有所乐、老有所为，有效增加人民群众的幸福感和获得感，推进法治国家、法治政府、法治社会建设。于海峰校长还介绍了广东财经大学校史和法学学科的发展历程，他指出，广东财经大学法学院要努力发展成为华南地区和大湾区的法治人才培养高地，突出自身特色，展现应有担当。

会议主题研讨环节由六个单元组成，从宪法与行政法（包括算法规制）、民商法、诉讼法、财税与经济法、劳动与社会保障法等多个学科和多个角度，对人口老龄化的法治应对问题展开深入讨论。论坛从收到的大量来稿中，遴选了21位作者到会作主题发言，并邀请广东财经大学法学院在该领域有深厚造诣的3位专家学者到会发言。论坛还邀请到中国社会科学院人口与劳动经济研究所养老与保障研究室主任林宝研究员到会分享中国养老金制度改革的最新进展，以期拓宽法学界同仁的研究视野，加强法学与其他学科的交流与合作。论坛也得到了在各单元作出精彩评议的12位专家学者的大力支持。他们分享的评议意见，不仅对各位作者提炼问题、表达观点、结构篇章等具有很大的参考价值，同时也为人口老龄化的法治应对问题贡献了自己的智慧。在广大作者的积极参与、各位专家学者的倾力支持以及论坛主办方的精心组织下，本次论坛议题广泛、讨论深入、成果丰硕。

在会议的闭幕式上，《法学研究》副主编谢海定编审对本次会议进行了总结。他表示，本次研讨会深入探讨了人口老龄化背景下法治发展的新问题、新挑战和新机遇，其中既有历史与现实的双重关照、传统与现代的交互对话，亦有宏观与微观的统筹思考。他非常感谢与会作者、专家学者的充分准备和精彩讨论，以及广东财经大学法学院为本次论坛提供的大力支持和辛苦付出。此外，他还对《法学研究》的选稿要求及选稿程序进行了说明，欢迎广大作者惠赐佳作。

最后，广东财经大学法学院院长鲁晓明教授对《法学研究》编辑部及与会专家学者表达了谢意。他指出，本次研讨会给与会老师们带来了更多的思想碰撞和心灵冲击，这次论坛的成功举办，将是广东财经大学法学院一个新的起点。

32.《法学研究》2022年青年论坛"推动数字经济高质量发展的法治保障"

2022年11月26日，由《法学研究》编辑部与厦门大学法学院联合主办的"推动数字经济高质量发展的法治保障"学术研讨会暨2022年《法学研究》青年论坛，在线上召开。来自北京大学、清华大学、中国人民大学、中国人民公安大学、山东大学、武汉大学、华东政法大学、同济大学、华东理工大学、沈阳师范大学、中南财经政法大学、西南政法大学、厦门大学、《法学研究》编辑部等30多所高校和科研机构的40余名专家学者参加了本次论坛。

会议开幕式由《法学研究》学术顾问张广兴研究员主持。《法学研究》主编、中国社会科学院学部委员陈甦研究员在开幕式致辞中指出，党的二十大提出加快建设数字中国、加快发展数字经济，本次青年论坛的主题契合了时代的需要，也契合了法学发展的专业需要。论坛主题中的"法治保障"，宜从广义上理解，即涵盖法治的引领、规范和保障三方面作用。不同于传统领域中经济发展与法治的关系，法治与数字经济的发展是并驾齐驱的。在数字经济、数字社会的发展中，法治不仅要发挥一般意义上的规范和保障作用，更要发挥引领作用。陈甦研究员还指出，《法学研究》特别注重年轻作者群的衍生发展，因为年轻作者们有敏锐的学术发现力和勇猛的创新精神，特别适合在数字经济法治保障这样的学术新领域作出学术突破，因此《法学研究》的"青年论坛"将持续办下去，并争取越办越好。陈甦研究员还在致辞中，衷心感谢厦门大学法学院对本次论坛的大力支持。厦门大学法学院院长宋方青教授在开幕式致辞中指出，今天我们面临的法律问题，在类型、性质和复杂程度上，皆不同于传统经济时代，这对数字经济治理体系和治理能力提出了更多的挑战和要求。在知识产权、市场竞争、消费者权益保护等领域中，如何建立完善的数字经济规则体系，实现规范之间的协调和衔接，如何规制公共算法，提升数字治理的公平性、合理性，如何创新监管思维，探索数字经济规制和网络治理的新路径、新方法，这些问题对传统的法律思维方式构成挑战，而这些挑战最终需要法律人以自我革命的方式来有效回应。会议主题研讨环节由六个单元组成，每个单元有四位青年学者作主题报告，两位特邀专家担任评议人。主题报告人和评议人从行政法、民商法、经济法、知识产权法、刑法、国际经济法等多个学科和角度，围绕会议主题展开深入讨论。厦门大学法学院的郭春镇教授、刘连泰教授、何丽新教授，《法学研究》编辑部的冯珏副主编、李强编辑、张辉编辑分别主持了各单元的报告与评议环节。

在闭幕式上，《法学研究》副主编谢海定编审对会议进行了总结。他希望青年学者多思考、多观察，沉下心来做学术，避免陷入理想主义的极端和功利考虑的惯习。他表示，《法学研究》将一如既往地关注青年学者的成长，给予青年学者以发表成果的机会。中国法治现状的循序改善和法治中国伟大目标的实现，需要每一位研究者在法律生活的每一处细节中积极认真地努力。厦门大学法学院郭春镇教授对《法学研究》编辑部、与会专家学者表达了感谢。他期待并欢迎学界同仁与厦门大学法学院、《厦门大学法律评论》编辑部展开更多形式的学术交流，期待并相信学术研究会在交流、砥砺的过程中不断进步。

第三章 切磋互馈学谊深

一 构成《法学研究》底色的作者群

《法学研究》作为一个专业期刊性质的学术平台，处于读者－作者－编者三角关系构成的学术群体结构中。这个学术群体结构是依据学术规则而持续运行，构成学术形成与发展的动态机制。在学术形成与发展机制中，编者处于中介地位，扮演着学术"中间商"的角色。当然，此间的"商"强调的是"交流"的含义，而绝非经济学意义上的"交换"与"交易"。作为《法学研究》的编者，在学术思想交流的"市场"上，一只手牵着读者，要向其提供愈加优质的学术作品，以满足其尽享学术食粮的精神需要；一只手牵着作者，要向其索取愈加优质的学术作品，以助力其贡献学术创新的精神追求。专业学术期刊平台上的读者－作者－编者的三角关系并不是纯自然形成的，而是蕴含理想信念、开发选择、自觉主动等主观因素而建构形成的。读者群通过专业期刊的学术面向与作品质量而发生成分迁移与数量增减，作者群通过专业期刊的学术导向与编辑政策而发生结构优化与能量聚增，我们编辑团队也通过专业期刊的编辑过程与学术互动而发生理念升华与能量提高。

但是，在专业学术期刊平台上的学术关系构成中，有一个始终在发挥知识生长点作用的决定性内核，这就是专业期刊作为学术平台所承载的学术作品，作品才是学术期刊平台上学术关系构成中的"王者因素"。因此，优质的学术作品才是专业学术期刊的生命线，如何发现优质的学术作品才是专业学术期刊编辑政策的出发点。就《法学研究》编辑部而言，不断改善优化编辑机制，如强化编辑团队、完善编辑政策、改进编辑技术等，就是为了能够在法治不断进步和法学持续繁荣的学术环境中，及时准确地发现、整理、优化法学研究优质学术作品。

在《法学研究》的选稿用稿业务中，发现作品与发现作者是一个相辅相成的联动过程。因作品而识作者，因作者而信作品，其间要素之决定性比例不一。但因作者的可识别性与可稳固性，与作者建构密切而规范的学术关系，或时谓之"亲清关系"，是《法学研究》坚持的重要编辑工作理念和编辑工作方法。其一，学术作品是作者学术思想外化的产物，学术作品的内容和质量反映了作者的学术视野、学术素养和学术能力。其二，《法学研究》的编者在为选稿用稿作学术判断时，采取的是综合判断标准。除了论文选题、观点创新、论证体系、逻辑结构、资料运用、表达方式等，作者的科研经历、专业素养、学术信用和业界风评等，也是稿件可用性的重要判断依据。其三，由于编辑人员的阅读范围、学科专业、认知能力乃至时间精力等总是有限的，因此编者的学术发现能力和稿件质量判断能力也是有限的，而作者的学术资信度就是编者稿件择用机制的重要构成或者稿件质量判断的一个重要因素。如何处理好作者与作品的关系，实际上是学术期刊编辑每天都在做却极难做得周备的一门功课。对于期刊编辑来说，既绝不能只以作者名气高低或熟悉与否作为稿件取舍标准，也不能完全脱离作者因素而判断稿件优劣或可用与否。其间的度既由一般规则确定，亦受编辑工作中与特定作者相关的经验影响。好在绝大多数作者给予《法学研究》编辑的经验感受是用稿时的谦和、改稿时的坦诚和退稿时的体谅，以及始终对《法学研究》不离不弃的关心与支持。

在长期互动合作的共同成长机制中，《法学研究》拥有了一支稳定而活跃的具有较高学术素养的作者群，并以坚持扶持和培养年轻作者的办刊理念延续和扩大作者队伍。可以说，《法学研究》的动态存在表面上是一篇篇不断积累的既发稿件的综合体现，而实际上却是一位位作者和潜在作者所组成的不断强化和优化的作者群，由其构成的作者群才是支撑《法学研究》学术平台价值得以实现的主体。《法学研究》最为重要的优质学术资产，不仅是具有知识创造、积累和增殖功能的已刊载文章，更是具有学术生产、交流和增殖功能的作者队伍。虽然我们与绝大多数的作者之间都没有编制上的联系，但是，共同的学术理想与共进的学术创造过程使我们有共同的学术经验积累,并且我们可以说,真正决定《法学研究》底色的人文存在不仅是编者和读者,更是作者。如果从人的主体性观察《法学研究》的生存状态和发展前景,具有不断增强的学术创造能力和恪守不渝的学术责任感的作者群,才是《法学研究》得以实现学术平台价值的资源依赖与信心依靠。

《法学研究》的编者,必须拥有并不断提升与作者群进行有效学术对话的能力。而保持和增强学术对话能力的社会学前提,就是构建与作者群的交流渠道并保持密切沟通联系。《法学研究》编辑部的理念与做法是:(1)建立有规则的朋友关系。对于《法学研究》及其所有编辑人员来说,所有的作者都是学术友人,因为在做一篇好稿子的共同目的下,对一篇稿子反复磨合的过程,同时也是编者与作者之间关系的反复磨合过程。与作者交朋友,既是《法学研究》编辑政策的内容之一,也是选稿编稿过程中一个自然形成的人际关系结果。但是,《法学研究》要求编者与作者之间的朋友关系必须建立在符合学术伦理的规则基础上,讲究学术气,杜绝江湖气,既不能因诤言频发而伤害感情甚而两相疏远,也不能因编稿交往而成为腻友甚而角色易位,更不能因编辑权限而公器私用甚而私下交易。(2)保持发动联系的主动性。就期刊作者群的生成机制而言,虽然自然来稿作者的自然参与占比较大,但这并不意味着期刊编者只是被动地与作者群联系。《法学研究》鼓励编辑主动联系和建构作者群,如通过学术论坛征稿,扩大特定选题领域的作者群,优化作者群结构;对于初次投稿作者给予特别关注,发现和鼓励初次投稿作者的学术信心;选稿、编稿、用稿和退稿时讲究学术规范、学术伦理以及学术情谊,主动为构建优良学术共同体规范及风气作出努力。(3)不断更新观察结果。作为法学期刊编辑,保持敏锐与深刻的学术观察力是重要的职业素养。《法学研究》要求编辑人员持续观察所在专业领域作者群的变化,如老作者的科研方向和学术动向,新作者的科研精力和学术信用,法治实践进展对法学发展及潜在作者的需求或影响等。在《法学研究》的发稿会上,用稿作者的科研经历与学术信用,是每篇稿件讨论的必要内容。(4)公正处理稿与人的关系。稿件是作者科研成果或学术思考的物化或载体,通常或长期而言,稿件质量与作者素养之间具有一致性。但是就具体选稿用稿而言,《法学研究》坚持因文认人为主、因人认文为辅的原则。即《法学研究》如何选稿、是否用稿主要看稿件本身质量是否达到刊发标准，作者的学术素养、科研能力及学界名气等，只是附加的辅助性判断因素。当然，对于一个创新性较强或新学科领域、新科研方向的稿件，囿于编辑经验的局限性及匿名评审的参考性，作者的科研经历和学术信用就会在用稿判断上增大一些决策权重。

二 《法学研究》作者群素描

创刊45年来，数以千计的作者在《法学研究》上发过文章，数以万计的作者为《法学研究》投过稿。《法学研究》感谢那些刊发过文章的作者，正是因为这些作者的信任和支持，《法学研究》才能以优质稿件的刊发和传播来作出法学期刊应有的学术贡献并获得广泛的社会称誉。《法学研究》感谢那些曾向《法学研究》投稿却暂时未获刊发机会的作者，正是因为这些作者的信任和支持，《法学研究》才能拥有坚实的学界基础和无限的发展潜力。

（一）在《法学研究》发文10篇及以上的作者

《法学研究》作者群是一个动态变化的群体。由于《法学研究》自创刊以来初心不改、理念不移、风格不变，因此，《法学研究》作者群的变化基本是客观上的自然变化，如是由作者的学术周期、科研偏好、职业变动等所造成的。尽管《法学研究》采取因文认人为主、因人认文为辅的选稿用稿原则，但仍因许多作者学术创造力和学术信任的持续增益，《法学研究》有幸得到这些作者长期投稿的学术惠顾。在《法学研究》创刊至2023年第3期，我们对发文数量合计10篇及以上的作者，作出了如下统计（见表3-1）。

表3-1 在《法学研究》上发文10篇及以上的作者
（1978年第1期到2023年第3期）

序号	作者	发文总数（篇）	发文期间
1	陈兴良	30	1984年第2期至2019年第1期
2	梁慧星	25	1980年第2期至2013年第4期
3	张明楷	24	1984年第3期至2020年第1期

续表

序号	作者	发文总数（篇）	发文期间
4	刘海年	23	1979年第1期至2009年第2期
5	龙宗智	20	1996年第6期至2021年第3期
6	陈卫东	19	1990年第2期至2020年第5期
7	杨立新	18	1981年第6期至2013年第2期
8	崔建远	18	1987年第4期至2020年第1期
9	李步云	17	1980年第2期至2015年第2期
10	王保树	17	1980年第4期至2010年第3期
11	张卫平	16	1996年第6期至2018年第3期
12	王家福	15	1979年第3期至2007年第4期
13	张友渔	15	1981年第5期至1991年第4期
14	赵秉志	15	1985年第4期至2014年第6期
15	左卫民	15	2002年第2期至2023年第3期
16	刘瀚	13	1979年第4期至1996年第2期
17	徐益初	13	1981年第2期至2000年第6期
18	史探径	13	1982年第1期至1999年第6期
19	王利明	13	1983年第5期至2013年第4期
20	江必新	13	1985年第3期至2021年第2期
21	孙宪忠	13	1991年第3期至2020年第3期
22	周汉华	13	1993年第2期至2023年第2期
23	顾培东	13	1994年第1期至2020年第1期
24	郑成思	12	1980年第6期至1996年第2期
25	张新宝	12	1987年第1期至2013年第6期
26	吴汉东	12	1988年第3期至2014年第3期
27	马长山	12	1995年第1期至2020年第4期
28	廖增昀	11	1980年第5期至1996年第6期
29	李林	11	1987年第4期至2019年第4期
30	陈甦	11	1990年第5期至2022年第3期
31	赵建文	11	1996年第2期至2010年第6期
32	陈瑞华	11	2000年第5期至2015年第4期
33	王晓晔	10	1984年第2期至2008年第4期
34	郭道晖	10	1986年第1期至2006年第1期

续表

序号	作者	发文总数（篇）	发文期间
35	邹海林	10	1990年第5期至2019年第5期
36	童之伟	10	1993年第5期至2002年第2期
37	章志远	10	2006年第6期至2022年第4期

说明：（1）序号虽然是以发文多少为基础排序，但主要是发文10篇及以上作者的数量标识。因为该表并非体现竞争性，只是表示发文情况的自然性。因而发文数量相同的不是排在同一序号，而是按自然数顺排。（2）发文数量相同的，按照作者发文最早期号排序。

经过统计，至2023年第3期，在《法学研究》上发文数量10篇及以上的共有37位作者。这个统计具有编辑学和学术史意义。（1）这些作者均为法学各学科领域的著名学者和学科带头人，他们在其专研学科乃至整个法学界均有很大的学术影响力。（2）这些作者长期保持旺盛的学术创造力，能够持续性地在其专研领域专注于学术耕耘，对法治实践和学术动态有敏锐的观察力，不断产出具有学术影响力的科研创新成果。（3）在《法学研究》上发文10篇及以上的作者无一例外的都是优秀的法学科研人员，他们是《法学研究》作者群的突出代表。从另一个角度也能证明，《法学研究》的编辑政策是有效的，值得结合新时代的新要求进行升级后予以继续坚持。（4）对于在《法学研究》上发文10篇及以上的作者，将其身份职业、学科专业、学术偏好、发文期间等因素析分考察，阐析其缘由与影响，应能成为中国法学当代学术史的很好素材或范例。

为了更好地展现在《法学研究》上发文10篇及以上作者的科研轨迹与学术成就，现将他们在《法学研究》上发文的题目与期号进行列表。这不仅能够更为具体地展示他们的学术贡献，更为细致地展示《法学研究》对他们给予的支持的深刻记忆和衷心感谢，也能够将他们的科研技能和学术经验，诸如，怎样把握个人研究规划的系统性与侧重性，怎样把握论文选题的前沿性与适度性，怎样处理研究领域的专业性与扩展性，等等，展示出来。这些经验对于《法学研究》的读者、作者尤其是潜在的作者以及编者，都是极有参照价值的学术范例。

1. 陈兴良1984年第2期至2019年第1期，在《法学研究》上共发表论文30篇。具体发文情况如表3-2所示。

表3-2 陈兴良在《法学研究》上所发表论文

作者	作者位次	题名	发表时间	学科
陈兴良	1	论教唆犯的未遂	1984年第2期	刑法
陈兴良	1	论我国刑法中的片面共犯	1985年第1期	刑法
陈兴良	1	我国刑法中的情节加重犯	1985年第4期	刑法
陈兴良	1	论身分在定罪量刑中的意义	1986年第6期	刑法
陈兴良	1	论我国刑法中的共同正犯	1987年第4期	刑法
陈兴良	1/2	经济犯罪的立法对策	1988年第2期	刑法
陈兴良	1	刑法学体系的反思与重构	1988年第5期	刑法
陈兴良	1	论共同犯罪立法与司法的完善	1989年第6期	刑法
陈兴良	1	资格刑比较研究	1990年第6期	刑法
陈兴良	1	论主观恶性中的规范评价	1991年第6期	刑法
陈兴良	1	论刑法哲学的价值内容和范畴体系	1992年第2期	刑法
陈兴良	1	论人身危险性及其刑法意义	1993年第2期	刑法
陈兴良	1	刑法的人性基础	1994年第4期	刑法
陈兴良	1	刑法的价值构造	1995年第6期	刑法
陈兴良	1	罪刑法定的当代命运	1996年第2期	刑法
陈兴良	1	刑法公正论	1997年第3期	刑法
陈兴良	1	刑事政策视野中的刑罚结构调整	1998年第6期	刑法
陈兴良	1	社会危害性理论——一个反思性检讨	2000年第1期	刑法
陈兴良	1	目的犯的法理探究	2004年第3期	刑法
陈兴良	1	刑法教义学方法论	2005年第2期	刑法
陈兴良	1	从归因到归责：客观归责理论研究	2006年第2期	刑法
陈兴良	1	主客观相统一原则：价值论与方法论的双重清理	2007年第5期	刑法
陈兴良	1	犯罪范围的合理定义	2008年第3期	刑法
陈兴良	1	形式与实质的关系：刑法学的反思性检讨	2008年第6期	刑法
陈兴良	1	客观归责的体系性地位	2009年第6期	刑法
陈兴良	1	犯罪论体系的位阶性研究	2010年第4期	刑法
陈兴良	1	构成要件：犯罪论体系核心概念的反拨与再造	2011年第2期	刑法
陈兴良	1	刑法知识的教义学化	2011年第6期	刑法
陈兴良	1	故意杀人罪的手段残忍及其死刑裁量——以刑事指导案例为对象的研究	2013年第4期	刑法
陈兴良	1	他行为能力问题研究	2019年第1期	刑法

2. 梁慧星 1980 年第 2 期至 2013 年第 4 期，在《法学研究》上共发表论文 25 篇。具体发文情况如表 3-3 所示。

表 3-3　梁慧星在《法学研究》上所发表论文

作者	作者位次	题名	发表时间	学科
梁慧星	1/2	关于重庆市推行合同制的调查报告	1980 年第 2 期	民法
梁慧星	1	论企业法人与企业法人所有权	1981 年第 1 期	民法
梁慧星	1	试论侵权行为法	1981 年第 2 期	民法
梁慧星	1	论我国合同法律制度的计划原则与合同自由原则	1982 年第 4 期	民法
梁慧星	1	论经济流转	1983 年第 3 期	经济法
梁慧星	1	西方经济法与国家干预经济	1984 年第 1 期	经济法
梁慧星	1	民法时效研究	1984 年第 4 期	民法
梁慧星	2/2	论合同管理	1985 年第 2 期	商法
梁慧星	1	论经济行政争议及其复议制度	1985 年第 4 期	行政法
梁慧星	1	经济法律关系论	1985 年第 6 期	法理学
梁慧星	1	关于实际履行原则的研究	1987 年第 2 期	民法
梁慧星	1	合同法上的情事变更问题	1988 年第 6 期	民法
梁慧星	1	雇主承包厂房拆除工程违章施工致雇工受伤感染死亡案评释	1989 年第 4 期	民法
梁慧星	1	我国民法是否承认物权行为	1989 年第 6 期	民法
梁慧星	1	论产品制造者、销售者的严格责任	1990 年第 5 期	民法
梁慧星	1	论制定道路交通事故赔偿法	1991 年第 2 期	民法
梁慧星	1	道路管理瑕疵的赔偿责任——大风吹断路旁护路树砸死行人案评释	1991 年第 5 期	民法
梁慧星	1	融资性租赁契约法性质论	1992 年第 4 期	民法
梁慧星	1	融资性租赁若干法律问题	1993 年第 2 期	民法
梁慧星	1	诚实信用原则与漏洞补充	1994 年第 2 期	民法
梁慧星	1	电视节目预告表的法律保护与利益衡量	1995 年第 2 期	民法
梁慧星	5/6	论依法治国	1996 年第 2 期	宪法
梁慧星	1	谁是"神奇长江源探险录象"的作者	1996 年第 2 期	知识产权法
梁慧星	1	制定中国物权法的若干问题	2000 年第 4 期	民法
梁慧星	1	解放思想，深入探索，实地调查	2013 年第 4 期	法理学

3. 张明楷 1984 年第 3 期至 2020 年第 1 期,在《法学研究》上共发表论文 24 篇。具体发文情况如表 3-4 所示。

表 3-4　张明楷在《法学研究》上所发表论文

作者	作者位次	题名	发表时间	学科
张明楷	1	我国刑法没有规定结合犯	1984 年第 3 期	刑法
张明楷	1	教唆犯不是共犯人中的独立种类	1986 年第 3 期	刑法
张明楷	1	关于类推的几个问题	1987 年第 2 期	刑法
张明楷	1	犯罪概念探讨	1989 年第 3 期	刑法
张明楷	1	刑法在法律体系中的地位——兼论刑法的补充性与法律体系的概念	1994 年第 6 期	刑法
张明楷	1	新刑法与客观主义	1997 年第 6 期	刑法
张明楷	1	"客观的超过要素"概念之提倡	1999 年第 3 期	刑法
张明楷	1	新刑法与法益侵害说	2000 年第 1 期	刑法
张明楷	1	受贿罪的共犯	2002 年第 1 期	刑法
张明楷	1	论三角诈骗	2004 年第 2 期	刑法
张明楷	1	严格限制结果加重犯的范围与刑罚	2005 年第 1 期	刑法
张明楷	1	罪过形式的确定——刑法第 15 条第 2 款"法律有规定"的含义	2006 年第 3 期	刑法
张明楷	1	规范的构成要件要素	2007 年第 6 期	刑法
张明楷	1	死刑的废止不需要终身刑替代	2008 年第 2 期	刑法
张明楷	1	犯罪定义与犯罪化	2008 年第 3 期	刑法
张明楷	1	期待可能性理论的梳理	2009 年第 1 期	刑法
张明楷	1	责任主义与量刑原理——以点的理论为中心	2010 年第 5 期	刑法
张明楷	1	学科内的争论与学科间的协力	2011 年第 6 期	法理学
张明楷	1	不作为犯中的先前行为	2011 年第 6 期	刑法
张明楷	1	刑法学中危险接受的法理	2012 年第 5 期	刑法
张明楷	1	共同犯罪的认定方法	2014 年第 3 期	刑法
张明楷	1	法条竞合与想象竞合的区分	2016 年第 1 期	刑法
张明楷	1	受贿犯罪的保护法益	2018 年第 1 期	刑法
张明楷	1	共犯人关系的再思考	2020 年第 1 期	刑法

4. 刘海年 1979 年第 1 期至 2009 年第 2 期,在《法学研究》上共发表论文 23 篇。具体发文情况如表 3-5 所示。

表 3-5　刘海年在《法学研究》上所发表论文

作者	作者位次	题名	发表时间	学科
刘海年	1/2	保障人民权利是革命法制的光荣传统	1979 年第 1 期	法理学
刘海年	2/2	略论反革命罪的构成	1979 年第 3 期	刑法
刘海年	1	秦汉诉讼中的"爰书"	1980 年第 1 期	法制史
刘海年	2/2	日本中国法制史学者代表团访问我国	1981 年第 6 期	法制史
刘海年	1	云梦秦简的发现与秦律研究	1982 年第 1 期	法制史
刘海年	1	秦律刑罚的适用原则（上）	1983 年第 1 期	法制史
刘海年	1	秦律刑罚的适用原则（下）	1983 年第 2 期	法制史
刘海年	1	（亻朕）匜铭文及其所反映的西周刑制	1984 年第 1 期	法制史
刘海年	1	荐《明初重典考》	1985 年第 3 期	法制史
刘海年	1	关于中国岁刑的起源——兼谈秦刑徒的刑期和隶臣妾的身份（上）	1985 年第 5 期	法制史
刘海年	1	关于中国岁刑的起源——兼谈秦刑徒的刑期和隶臣妾的身份（下）	1985 年第 6 期	法制史
刘海年	1	战国齐国法律史料的重要发现——读银雀山汉简《守法守令等十三篇》	1987 年第 2 期	法制史
刘海年	2/3	论法制改革	1989 年第 2 期	法理学
刘海年	1	写在《秦汉法制史论考》出版之后	1989 年第 3 期	法制史
刘海年	2/2	论打击严重经济犯罪	1989 年第 6 期	刑法
刘海年	1	严谨治学　锐意改革——纪念沈家本诞辰 150 周年	1990 年第 6 期	法制史
刘海年	1	中国古代的法治与社会经济发展	1992 年第 1 期	法制史
刘海年	3/6	论依法治国	1996 年第 2 期	宪法
刘海年	1	依法治国：中国社会主义法制建设新的里程碑	1996 年第 3 期	法理学
刘海年	1	依法治国与精神文明建设	1997 年第 5 期	法理学
刘海年	1	适当生活水准权与社会经济发展	1998 年第 2 期	法理学
刘海年	1	依法治国：历史经验的总结	2007 年第 4 期	法制史
刘海年	1	法律史学者为中国特色社会主义法治建设做出贡献责无旁贷	2009 年第 2 期	法制史

5. 龙宗智 1996 年第 6 期至 2021 年第 3 期，在《法学研究》上共发表论文 20 篇。具体发文情况如表 3-6 所示。

表3-6　龙宗智在《法学研究》上所发表论文

作者	作者位次	题名	发表时间	学科
龙宗智	1	我国刑事诉讼的证明标准	1996年第6期	刑事诉讼法
龙宗智	1	论坦白从宽	1998年第1期	刑法
龙宗智	1	刑事诉讼庭前审查程序研究	1999年第3期	刑事诉讼法
龙宗智	1	评"检警一体化"兼论我国的检警关系	2000年第2期	刑法
龙宗智	1	欺骗与刑事司法行为的道德界限	2002年第4期	刑事诉讼法
龙宗智	1	印证与自由心证——我国刑事诉讼证明模式	2004年第2期	刑事诉讼法
龙宗智	1	证据分类制度及其改革	2005年第5期	刑事诉讼法
龙宗智	1	"大证据学"的建构及其学理	2006年第5期	民事诉讼法
龙宗智	1	取证主体合法性若干问题	2007年第3期	刑事诉讼法
龙宗智	1	推定的界限及适用	2008年第1期	刑事诉讼法
龙宗智	1	中国法语境中的检察官客观义务	2009年第4期	刑事诉讼法
龙宗智	1	审判管理：功效、局限及界限把握	2011年第4期	刑事诉讼法
龙宗智	1	观察、分析法治实践的学术立场和方法	2011年第6期	法理学
龙宗智	1	刑事诉讼指定管辖制度之完善	2012年第4期	刑事诉讼法
龙宗智	1	检察机关办案方式的适度司法化改革	2013年第1期	刑事诉讼法
龙宗智	1/2	深化改革背景下对司法行政化的遏制	2014年第1期	法理学
龙宗智	1	庭审实质化的路径和方法	2015年第5期	刑事诉讼法
龙宗智	1	刑事印证证明新探	2017年第2期	刑事诉讼法
龙宗智	1	刑民交叉案件中的事实认定与证据使用	2018年第6期	刑事诉讼法
龙宗智	1	有组织犯罪案件分案审理问题研究	2021年第3期	刑事诉讼法

6. 陈卫东1990年第2期至2020年第5期，在《法学研究》上共发表论文19篇。具体发文情况如表3-7所示。

表3-7　陈卫东在《法学研究》上所发表论文

作者	作者位次	题名	发表时间	学科
陈卫东	2/2	论辩护律师参加刑事诉讼的时间	1990年第2期	刑事诉讼法
陈卫东	1	析再审刑事案件先行撤销原判	1991年第5期	刑事诉讼法
陈卫东	2/2	论涉港刑事案件的管辖权	1992年第3期	刑事诉讼法
陈卫东	2/2	试论刑事诉讼损害赔偿的赔偿范围	1993年第3期	刑事诉讼法

续表

作者	作者位次	题名	发表时间	学科
陈卫东	1/2	正当程序的简易化与简易程序的正当化	1998年第2期	刑事诉讼法
陈卫东	1/2	侦、检一体化模式研究——兼论我国刑事司法体制改革的必要性	1999年第1期	刑事诉讼法
陈卫东	1/2	我国公诉方式的结构性缺陷及其矫正	2000年第4期	刑事诉讼法
陈卫东	1	我国检察权的反思与重构——以公诉权为核心的分析	2002年第2期	刑事诉讼法
陈卫东	1/2	刑事二审"发回重审"制度之重构	2004年第1期	刑事诉讼法
陈卫东	1/2	检察一体与检察官独立	2006年第1期	刑事诉讼法
陈卫东	1	刑事诉讼程序意义上的"犯罪"定义	2008年第3期	刑事诉讼法
陈卫东	1/2	我国非法证据排除程序分析与建构	2008年第6期	刑事诉讼法
陈卫东	1	羁押场所巡视制度研究报告	2009年第6期	刑事诉讼法
陈卫东	1/2	司法精神病鉴定基本问题研究	2012年第1期	刑事诉讼法
陈卫东	1	从刑诉法修改看刑诉法学研究方法的转型	2012年第5期	刑事诉讼法
陈卫东	1	公民参与司法：理论、实践及改革——以刑事司法为中心的考察	2015年第2期	刑事诉讼法
陈卫东	1	中国司法体制改革的经验——习近平司法体制改革思想研究	2017年第5期	法理学
陈卫东	1	羁押必要性审查制度试点研究报告	2018年第2期	刑事诉讼法
陈卫东	1	认罪认罚案件量刑建议研究	2020年第5期	刑事诉讼法

7. 杨立新1981年第6期至2013年第2期，在《法学研究》上共发表论文18篇。具体发文情况如表3-8所示。

表3-8 杨立新在《法学研究》上所发表论文

作者	作者位次	题名	发表时间	学科
杨立新	1/3	关于处理民事损害赔偿案件的几个问题	1981年第6期	民法
杨立新	1	试论共同危险行为	1987年第5期	民法
杨立新	1	对债权准占有人给付的效力	1991年第3期	民法
杨立新	1	混合过错与过失相抵	1991年第6期	民法
杨立新	1	论债权人撤销权及其适用	1992年第3期	民法
杨立新	1/2	侵害肖像权及其民事责任	1994年第1期	民法

续表

作者	作者位次	题名	发表时间	学科
杨立新	1	自由权之侵害及其民法救济	1994年第4期	民法
杨立新	1/3	人身权的延伸法律保护	1995年第2期	民法
杨立新	1	共同共有不动产交易中的善意取得	1997年第4期	民法
杨立新	1	民事行政诉讼检察监督与司法公正	2000年第4期	行政法
杨立新	1/2	论人格权请求权	2003年第6期	民法
杨立新	1/2	动物法律人格之否定——兼论动物之法律"物格"	2004年第5期	民法
杨立新	1/2	连体人的法律人格及其权利冲突协调	2005年第5期	民法
杨立新	1/2	不动产支撑利益及其法律规则	2008年第3期	民法
杨立新	1	中国医疗损害责任制度改革	2009年第4期	民法
杨立新	1/2	抽象人格权与人格权体系之构建	2011年第1期	民法
杨立新	1	当代中国民法学术的自闭与开放	2011年第6期	民法
杨立新	1	我国老年监护制度的立法突破及相关问题	2013年第2期	民法

8. 崔建远1987年第4期至2020年第1期，在《法学研究》上共发表论文18篇。具体发文情况如表3-9所示。

表3-9 崔建远在《法学研究》上所发表论文

作者	作者位次	题名	发表时间	学科
崔建远	1	不当得利研究	1987年第4期	民法
崔建远	1	民事责任三题	1989年第1期	民法
崔建远	1	关于违约金责任的探讨	1991年第2期	民法
崔建远	2/2	先期违约与中国合同法	1993年第3期	民法
崔建远	1	"四荒"拍卖与土地使用权——兼论我国农用权的目标模式	1995年第6期	民法
崔建远	1/2	矿业权基本问题探讨	1998年第4期	民法
崔建远	1	水权与民法理论及物权法典的制定	2002年第3期	民法
崔建远	1	无权处分辨——合同法第51条规定的解释与适用	2003年第1期	民法
崔建远	1	无产权证房屋买卖合同的法律后果	2004年第3期	民法
崔建远	1	履行抗辩权探微	2007年第3期	民法
崔建远	1/2	委托合同的任意解除权及其限制——"上海盘起诉盘起工业案"判决的评释	2008年第6期	民法

续表

作者	作者位次	题名	发表时间	学科
崔建远	1	再论界定准物权客体的思维模式及方法	2011年第5期	民法
崔建远	1	解除效果折衷说之评论	2012年第2期	民法
崔建远	1	自然资源国家所有权的定位及完善	2013年第4期	民法
崔建远	1	无权处分合同的效力、不安抗辩、解除及债务承担	2013年第6期	民法
崔建远	1	征收制度的调整及体系效应	2014年第4期	民法
崔建远	1	先签合同与后续合同的关系及其解释	2018年第4期	民法
崔建远	1	混合共同担保人相互间无追偿权论	2020年第1期	民法

9. 李步云1980年第2期至2015年第2期，在《法学研究》上共发表论文17篇。具体发文情况如表3-10所示。

表3-10 李步云在《法学研究》上所发表论文

作者	作者位次	题名	发表时间	学科
李步云	1/2	人治和法治能互相结合吗？	1980年第2期	法理学
李步云	1	法治概念的科学性	1982年第1期	法理学
李步云	2/3	论健全社会主义法制	1982年第5期	法理学
李步云	1	论人民代表的权利与义务	1983年第1期	宪法
李步云	1	民主与专政的辩证关系——纪念毛泽东同志诞辰九十周年	1983年第6期	法理学
李步云	3/3	论法制改革	1989年第2期	法理学
李步云	1	论人权的三种存在形态	1991年第4期	宪法
李步云	1	社会主义人权的基本理论与实践	1992年第4期	法理学
李步云	1/2	人权国际保护与国家主权	1995年第4期	国际法
李步云	2/6	论依法治国	1996年第2期	宪法
李步云	1	法的应然与实然	1997年第5期	法理学
李步云	1	"一国两制"三题	1997年第6期	宪法
李步云	1/2	司法独立的几个问题	2002年第3期	法理学
李步云	1/2	论法与法律意识	2003年第4期	法理学
李步云	1/2	什么是良法	2005年第6期	法理学
李步云	1	依法治国的理论发展与实践推进	2007年第4期	法理学
李步云	2/2	中国特色社会主义人权理论体系论纲	2015年第2期	宪法

10. 王保树 1980 年第 4 期至 2010 年第 3 期,在《法学研究》上共发表论文 17 篇。具体发文情况如表 3－11 所示。

表 3－11　王保树在《法学研究》上所发表论文

作者	作者位次	题名	发表时间	学科
王保树	1	试论保护城镇集体经济所有权	1980 年第 4 期	经济法
王保树	2/2	论加强社会主义经济法制建设	1983 年第 1 期	经济法
王保树	3/4	西德、法国、英国经济法考察	1983 年第 4 期	经济法
王保树	1/2	论国营企业厂长的法律地位	1984 年第 5 期	商法
王保树	1	关于经济联合法律形式的探讨	1986 年第 1 期	民法
王保树	2/5	关于日本经济法律制度的考察报告	1986 年第 3 期	经济法
王保树	1	企业联合与制止垄断	1990 年第 1 期	经济法
王保树	1	我国企业联合中的康采恩现象及其法律对策	1990 年第 6 期	经济法
王保树	1	关于经济法与行政法关系的考察——从行政法律规范到经济管理法律规范	1992 年第 2 期	经济法
王保树	1	市场经济与经济法学的发展机遇	1993 年第 2 期	经济法
王保树	1	国有企业走向公司的难点及其法理思考	1995 年第 1 期	商法
王保树	1	股份公司组织机构的法的实态考察与立法课题	1998 年第 2 期	商法
王保树	1	股份有限公司经营层的职能结构——兼论公司经营层职能的分化趋势	1999 年第 5 期	商法
王保树	1	商事通则：超越民商合一与民商分立	2005 年第 1 期	商法
王保树	1	从法条的公司法到实践的公司法	2006 年第 6 期	商法
王保树	1	有限合伙人的有限责任：风险分配与债权人保护	2008 年第 6 期	商法
王保树	1	公司社会责任对公司法理论的影响	2010 年第 3 期	商法

11. 张卫平 1996 年第 6 期至 2018 年第 3 期,在《法学研究》上共发表论文 16 篇。具体发文情况如表 3－12 所示。

表 3－12　张卫平在《法学研究》上所发表论文

作者	作者位次	题名	发表时间	学科
张卫平	1	我国民事诉讼辩论原则重述	1996 年第 6 期	民事诉讼法
张卫平	1	论诉讼标的及识别标准	1997 年第 4 期	民事诉讼法

续表

作者	作者位次	题名	发表时间	学科
张卫平	1	论民事诉讼中失权的正义性	1999年第6期	民事诉讼法
张卫平	1	民事再审事由研究	2000年第5期	民事诉讼法
张卫平	1	事实探知：绝对化倾向及其消解——对一种民事审判理念的自省	2001年第4期	民事诉讼法
张卫平	1	证明标准建构的乌托邦	2003年第4期	民事诉讼法
张卫平	1	起诉条件与实体判决要件	2004年第6期	民事诉讼法
张卫平	1	民事诉讼法律审的功能及构造	2005年第5期	民事诉讼法
张卫平	1	管辖权异议：回归原点与制度修正	2006年第4期	民事诉讼法
张卫平	1	案外人异议之诉	2009年第1期	民事诉讼法
张卫平	1	起诉难：一个中国问题的思索	2009年第6期	民事诉讼法
张卫平	1	公证证明效力研究	2011年第1期	民事诉讼法
张卫平	1	民事诉讼法学：滞后与进步	2011年第6期	民事诉讼法
张卫平	1	既判力相对性原则：根据、例外与制度化	2015年第1期	民事诉讼法
张卫平	1	民法典与民事诉讼法的连接与统合——从民事诉讼法视角看民法典的编纂	2016年第1期	民事诉讼法
张卫平	1	民刑交叉诉讼关系处理的规则与法理	2018年第3期	民事诉讼法

12. 王家福1979年第3期至2007年第4期，在《法学研究》上共发表论文15篇。具体发文情况如表3-13所示。

表3-13 王家福在《法学研究》上所发表论文

作者	作者位次	题名	发表时间	学科
王家福	1/2	中外合资经营企业法初探	1979年第3期	经济法
王家福	1/3	我们应该制定什么样的民法	1980年第1期	民法
王家福	1/2	专利法简论	1980年第6期	知识产权法
王家福	1	试论专利法的制定	1981年第5期	知识产权法
王家福	1/2	论加强社会主义经济法制建设	1983年第1期	经济法
王家福	1/4	西德、法国、英国经济法考察	1983年第4期	经济法
王家福	1/2	论科技合同	1985年第3期	经济法
王家福	1	一部具有中国特色的民法通则	1986年第3期	民法
王家福	1/5	关于日本经济法律制度的考察报告	1986年第3期	经济法

续表

作者	作者位次	题名	发表时间	学科
王家福	1/2	论土地使用权有偿转让法律制度	1988年第3期	民法
王家福	1/3	论法制改革	1989年第2期	法理学
王家福	1/2	论打击严重经济犯罪	1989年第6期	刑法
王家福	1	关于知识产权的几个问题	1991年第2期	知识产权法
王家福	1/6	论依法治国	1996年第2期	宪法
王家福	1	进一步推进依法治国基本方略实施	2007年第4期	法理学

13. 张友渔1981年第5期至1991年第4期，在《法学研究》上共发表论文15篇。具体发文情况如表3-14所示。

表3-14　张友渔在《法学研究》上所发表论文

作者	作者位次	题名	发表时间	学科
张友渔	1	关于法制史研究的几个问题	1981年第5期	法制史
张友渔	1	关于修改宪法的几个问题	1982年第3期	宪法
张友渔	1	论我国民事诉讼法的基本原则和特点	1982年第3期	民事诉讼法
张友渔	1	新时期的新宪法	1982年第6期	宪法
张友渔	1	马克思的无产阶级专政理论和中国的实践——纪念马克思逝世一百周年	1983年第2期	法理学
张友渔	1	论民族区域自治法	1984年第4期	宪法
张友渔	1	新中国制宪工作回顾——纪念中华人民共和国成立三十五周年	1984年第5期	宪法
张友渔	1	论人民代表大会代表的任务、职权和活动方式问题	1985年第2期	宪法
张友渔	1	谈谈人民调解工作的几个问题	1987年第2期	民事诉讼法
张友渔	1	关于法制建设问题——在企业法培训班上的讲话	1988年第6期	经济法
张友渔	1/2	中国法学四十年	1989年第2期	法制史
张友渔	1	我的治学经验——在学术活动70周年纪念会上的讲话	1989年第4期	其他
张友渔	1	关于香港特别行政区的民主政治问题	1990年第3期	民法
张友渔	1	领事官员执行职务以外的行为不应享有豁免权	1991年第1期	国际法
张友渔	1	当前法学研究的任务和方法	1991年第4期	法理学

14. 赵秉志 1985 年第 4 期至 2014 年第 6 期，在《法学研究》上共发表论文 15 篇。具体发文情况如表 3-15 所示。

表 3-15　赵秉志在《法学研究》上所发表论文

作者	作者位次	题名	发表时间	学科
赵秉志	1	我国刑法中犯罪未遂的处罚原则	1985 年第 4 期	刑法
赵秉志	1	论犯罪分子意志以外的原因	1986 年第 3 期	刑法
赵秉志	1	抢劫中故意杀人的定罪问题	1987 年第 4 期	刑法
赵秉志	1/2	论我国刑法的最高司法解释	1988 年第 1 期	刑法
赵秉志	1	关于我国生理醉酒人刑事责任问题的研讨	1989 年第 1 期	刑法
赵秉志	1	关于法人不应成为犯罪主体的思考	1989 年第 5 期	刑法
赵秉志	2/3	关于贿赂罪的比较研究	1991 年第 2 期	刑法
赵秉志	1	关于两岸合作惩治海上犯罪的初步研讨	1992 年第 3 期	刑法
赵秉志	2/3	晚近刑事立法中内外法条关系研讨	1994 年第 1 期	刑法
赵秉志	1	刑法修改中的宏观问题研讨	1996 年第 3 期	刑法
赵秉志	1/4	中国刑法修改若干问题研究	1996 年第 5 期	刑法
赵秉志	1/2	论非法侵入计算机信息系统罪	1999 年第 2 期	刑法
赵秉志	1/2	社会危害性与刑事违法性的矛盾及其解决	2003 年第 6 期	刑法
赵秉志	1/2	文化模式与犯罪构成模式	2011 年第 5 期	刑法
赵秉志	1	当代中国刑法法典化研究	2014 年第 6 期	刑法

15. 左卫民 2002 年第 2 期至 2023 年第 3 期，在《法学研究》上共发表论文 15 篇。具体发文情况如表 3-16 所示。

表 3-16　左卫民在《法学研究》上所发表论文

作者	作者位次	题名	发表时间	学科
左卫民	1/2	司法中的主题词	2002 年第 2 期	法理学
左卫民	1	刑事诉讼的经济分析	2005 年第 4 期	刑事诉讼法
左卫民	1	中国刑事案卷制度研究——以证据案卷为重心	2007 年第 6 期	刑事诉讼法
左卫民	1	中国刑事诉讼模式的本土构建	2009 年第 2 期	刑事诉讼法
左卫民	1	中国量刑程序改革：误区与正道	2010 年第 4 期	刑事诉讼法

续表

作者	作者位次	题名	发表时间	学科
左卫民	1	实践法学：中国刑事诉讼法学研究的新方向	2012年第5期	刑事诉讼法
左卫民	1	从引证看中国刑事诉讼法学研究	2013年第5期	刑事诉讼法
左卫民	1	法学实证研究的价值与未来发展	2013年第6期	法理学
左卫民	1	死刑控制与最高人民法院的功能定位	2014年第6期	刑事诉讼法
左卫民	1	省级统管地方法院法官任用改革审思——基于实证考察的分析	2015年第4期	法理学
左卫民	1	审判委员会运行状况的实证研究	2016年第3期	刑事诉讼法
左卫民	1	认罪认罚何以从宽：误区与正解——反思效率优先的改革主张	2017年第3期	刑事诉讼法
左卫民	1	迈向大数据法律研究	2018年第4期	法理学
左卫民	1/2	刑事辩护率：差异化及其经济因素分析——以四川省2015—2016年一审判决书为样本	2019年第3期	刑事诉讼法
左卫民	1	拼图抑或印证：中国刑事法官事实认定的实践检视	2023年第3期	刑事诉讼法

16. 刘瀚1979年第4期至1996年第2期，在《法学研究》上共发表论文13篇。具体发文情况如表3-17所示。

表3-17 刘瀚在《法学研究》上所发表论文

作者	作者位次	题名	发表时间	学科
刘瀚	2/2	对人权要作历史的具体的分析	1979年第4期	法理学
刘瀚	1/2	也谈法的阶级性——与周凤举、唐琮瑶二同志商榷	1980年第3期	法理学
刘瀚	2/2	人民民主专政的理论和实践	1981年第5期	宪法
刘瀚	1/2	新时期社会主义民主和法制建设的指南——学习《邓小平文选》关于民主与法制的论述	1983年第5期	法理学
刘瀚	1	我国法律形式标准化和规范化之管见	1984年第6期	法理学
刘瀚	1	法学理论研究必须坚持马克思主义	1987年第3期	法理学
刘瀚	1	政治体制改革与法制建设	1988年第1期	宪法
刘瀚	2/2	中国法学四十年	1989年第2期	法理学
刘瀚	1	论新时期人民民主专政的历史使命	1989年第5期	法制史

续表

作者	作者位次	题名	发表时间	学科
刘瀚	1	论规章	1991 年第 4 期	行政法
刘瀚	1	论依法行政	1992 年第 5 期	行政法
刘瀚	1/2	法理学面临的新课题	1993 年第 1 期	法理学
刘瀚	4/6	论依法治国	1996 年第 2 期	宪法

17. 徐益初 1981 年第 2 期至 2000 年第 6 期，在《法学研究》上共发表论文 13 篇。具体发文情况如表 3-18 所示。

表 3-18　徐益初在《法学研究》上所发表论文

作者	作者位次	题名	发表时间	学科
徐益初	1	自由心证原则与判断证据的标准	1981 年第 2 期	刑事诉讼法
徐益初	1	以辩证唯物主义为指导研究证据理论问题	1983 年第 1 期	刑事诉讼法
徐益初	1	试论第二审程序的审理方式	1984 年第 1 期	刑事诉讼法
徐益初	1	论上诉不加刑原则	1985 年第 4 期	刑事诉讼法
徐益初	2/6	日本的刑事诉讼法——赴日考察报告	1985 年第 6 期	刑事诉讼法
徐益初	1	论建立具有我国特色的刑事审判监督程序	1986 年第 4 期	刑事诉讼法
徐益初	1	略论发展和完善我国的刑事证据制度	1988 年第 2 期	刑事诉讼法
徐益初	1	免予起诉制度存废之我见	1989 年第 3 期	刑事诉讼法
徐益初	1	论列宁的法律监督理论在我国检察制度中的运用	1990 年第 1 期	法理学
徐益初	1	论刑事申诉	1992 年第 2 期	刑事诉讼法
徐益初	1	论对刑事诉讼规律的认识与运用——改革与完善刑诉制度的理论思考	1993 年第 6 期	刑事诉讼法
徐益初	1	刑事诉讼与人权保障	1996 年第 2 期	刑事诉讼法
徐益初	1	司法公正与检察官	2000 年第 6 期	刑事诉讼法

18. 史探径 1982 年第 1 期至 1999 年第 6 期，在《法学研究》上共发表论文 13 篇。具体发文情况如表 3-19 所示。

表 3－19　史探径在《法学研究》上所发表论文

作者	作者位次	题名	发表时间	学科
史探径	1	论合同	1982 年第 1 期	民法
史探径	1	试论经济法	1983 年第 3 期	经济法
史探径	1	大包干合同制的产生和发展——凤阳县农村调查报告	1983 年第 4 期	经济法
史探径	1	浅议农村转让土地承包的法律关系	1984 年第 4 期	民法
史探径	1	论劳动合同和劳动合同制	1987 年第 4 期	社会法
史探径	1	劳动法与经济体制改革	1988 年第 5 期	社会法
史探径	1	我国急需制定劳动法典	1989 年第 5 期	社会法
史探径	1	关于社会保险法制建设的思考	1990 年第 3 期	社会法
史探径	1	论劳动立法与人权保障	1991 年第 5 期	社会法
史探径	1	论工会法	1993 年第 1 期	社会法
史探径	1	论社会主义市场经济与劳动立法	1994 年第 1 期	社会法
史探径	1	我国社会保障法的几个理论问题	1998 年第 4 期	社会法
史探径	1	中国劳动争议情况分析和罢工立法问题探讨	1999 年第 6 期	社会法

19. 王利明 1983 年第 5 期至 2013 年第 4 期，在《法学研究》上共发表论文 13 篇。具体发文情况如表 3－20 所示。

表 3－20　王利明在《法学研究》上所发表论文

作者	作者位次	题名	发表时间	学科
王利明	2/2	经济法调整对象若干问题探讨	1983 年第 5 期	经济法
王利明	2/2	经济体制改革与民事立法	1985 年第 1 期	民学
王利明	1	论商品所有权	1986 年第 2 期	民法
王利明	1/2	合同责任与侵权责任竞合的比较研究	1989 年第 1 期	民法
王利明	1	论国家作为民事主体	1991 年第 1 期	民法
王利明	1	认定侵害名誉权的若干问题	1993 年第 1 期	民法
王利明	1	合同法的目标与鼓励交易	1996 年第 3 期	民法
王利明	1	无效抑或撤销——对因欺诈而订立的合同的再思考	1997 年第 2 期	民法
王利明	1	我国证券法中民事责任制度的完善	2001 年第 4 期	商法
王利明	1	人格权制度在中国民法典中的地位	2003 年第 2 期	民法
王利明	1	论他物权的设定	2005 年第 6 期	民法

续表

作者	作者位次	题名	发表时间	学科
王利明	1	中国民事立法体系化之路径	2008年第6期	民法
王利明	1	特殊动产物权变动的公示方法	2013年第4期	民法

20. 江必新1985年第3期至2021年第2期，在《法学研究》上共发表论文13篇。具体发文情况如表3-21所示。

表3-21 江必新在《法学研究》上所发表论文

作者	作者位次	题名	发表时间	学科
江必新	1/2	"以敕代律"说质疑	1985年第3期	法制史
江必新	1	传统法律规范理论刍议	1986年第3期	法理学
江必新	1	论行政诉讼中的司法变更权	1988年第6期	行政法
江必新	1	紧急状态与行政法治	2004年第2期	行政法
江必新	1/2	政府信息公开与行政诉讼	2007年第5期	行政法
江必新	1	行政行为效力判断之基准与规则	2009年第5期	行政法
江必新	1/2	社会治理新模式与行政法的第三形态	2010年第6期	行政法
江必新	1	司法视域中的法学研究课题	2011年第6期	法理学
江必新	1	司法对法律体系的完善	2012年第1期	法理学
江必新	1	法官良知的价值、内涵及其养成	2012年第6期	法理学
江必新	1	严格依法办事：经由形式正义的实质法治观	2013年第6期	法理学
江必新	1	以公正司法提升司法公信力	2014年第6期	法理学
江必新	1/2	习近平法治思想中的法治监督理论	2021年第2期	法理学

21. 孙宪忠1991年第3期至2020年第3期，在《法学研究》上共发表论文13篇。具体发文情况如表3-22所示。

表3-22 孙宪忠在《法学研究》上所发表论文

作者	作者位次	题名	发表时间	学科
孙宪忠	1	民法通则的回顾与展望	1991年第3期	民法
孙宪忠	1	公有制的法律实现方式问题	1992年第5期	经济法
孙宪忠	1	物权行为理论探源及其意义	1996年第3期	民法
孙宪忠	1	物权变动的原因与结果的区分原则	1999年第5期	民法

续表

作者	作者位次	题名	发表时间	学科
孙宪忠	1	确定我国物权种类以及内容的难点	2001年第1期	民法
孙宪忠	1/2	论法律物权和事实物权的区分	2001年第5期	民法
孙宪忠	1	交易中的物权归属确定	2005年第2期	民法
孙宪忠	1/3	侵权行为法立法学术报告会议述评	2007年第2期	民法
孙宪忠	1	我国物权法中物权变动规则的法理评述	2008年第3期	民法
孙宪忠	1	中国社会向民法社会的转型以及民法学术的转型	2011年第6期	民法
孙宪忠	1	根据民法原理来思考自然资源所有权的制度建设问题	2013年第4期	民法
孙宪忠	1	民法典总则编"法律行为"一章学者建议稿的编写说明	2015年第6期	民法
孙宪忠	1	中国民法典总则与分则之间的统辖遵从关系	2020年第3期	民法

22. 周汉华1993年第2期至2023年第2期，在《法学研究》上共发表论文13篇。具体发文情况如表3-23所示。

表3-23 周汉华在《法学研究》上所发表论文

作者	作者位次	题名	发表时间	学科
周汉华	1	论行政诉讼中的司法能动性——完善我国行政诉讼制度的理论思考	1993年第2期	行政法
周汉华	1	论国家赔偿的过错责任原则	1996年第3期	行政法
周汉华	1	行政立法与当代行政法——中国行政法的发展方向	1997年第3期	行政法
周汉华	1	论建立独立、开放与能动的司法制度	1999年第5期	法理学
周汉华	1	起草《政府信息公开条例》（专家建议稿）的基本考虑	2002年第6期	行政法
周汉华	1	我国行政复议制度的司法化改革思路	2004年第2期	行政法
周汉华	1	行政许可法：观念创新与实践挑战	2005年第2期	行政法
周汉华	1	电子政务法研究	2007年第3期	行政法
周汉华	1	从原则和理论出发，推动法治变革	2011年第6期	法理学
周汉华	1	构筑多元动力机制 加快建设法治政府	2014年第6期	行政法
周汉华	1	探索激励相容的个人数据治理之道——中国个人信息保护法的立法方向	2018年第2期	宪法

续表

作者	作者位次	题名	发表时间	学科
周汉华	1	全面依法治国与第三方评估制度的完善	2021 年第 3 期	法理学
周汉华	1	数据确权的误区	2023 年第 2 期	行政法

23. 顾培东 1994 年第 1 期至 2020 年第 1 期，在《法学研究》上共发表论文 13 篇。具体发文情况如表 3-24 所示。

表 3-24　顾培东在《法学研究》上所发表论文

作者	作者位次	题名	发表时间	学科
顾培东	1	我国市场经济与法制建设几个问题的思考	1994 年第 1 期	法理学
顾培东	1	论对司法的传媒监督	1999 年第 6 期	法理学
顾培东	1	中国司法改革的宏观思考	2000 年第 3 期	法理学
顾培东	1	论我国民事权利司法保护的疏失	2002 年第 6 期	法理学
顾培东	1	中国法治的自主型进路	2010 年第 1 期	法理学
顾培东	1	人民法院内部审判运行机制的构建	2011 年第 4 期	法理学
顾培东	1	当代中国法治话语体系的构建	2012 年第 3 期	法理学
顾培东	1	人民法庭地位与功能的重构	2014 年第 1 期	法理学
顾培东	1	当代中国司法生态及其改善	2016 年第 2 期	法理学
顾培东	1	当代中国法治共识的形成及法治再启蒙	2017 年第 1 期	法理学
顾培东	1	判例自发性运用现象的生成与效应	2018 年第 2 期	法理学
顾培东	1	法官个体本位抑或法院整体本位——我国法院建构与运行的基本模式选择	2019 年第 1 期	法理学
顾培东	1	人民法院改革取向的审视与思考	2020 年第 1 期	法理学

24. 郑成思 1980 年第 6 期至 1996 年第 2 期，在《法学研究》上共发表论文 12 篇。具体发文情况如表 3-25 所示。

表 3-25　郑成思在《法学研究》上所发表论文

作者	作者位次	题名	发表时间	学科
郑成思	1	试论我国建立专利制度的必要性	1980 年第 6 期	知识产权法
郑成思	1	谈谈英国版权法	1982 年第 1 期	知识产权法
郑成思	1	谈谈《保护工业产权巴黎公约》的几个问题	1983 年第 3 期	知识产权法

续表

作者	作者位次	题名	发表时间	学科
郑成思	1	对英美商事法"禁止翻供法则"的补充	1983年第4期	商法
郑成思	1	版权与版权制度	1985年第2期	知识产权法
郑成思	1	"行政诉讼"涵义的辨析	1986年第2期	行政法
郑成思	1	论我国的全面版权立法	1986年第6期	知识产权法
郑成思	1	工业版权与工业版权法	1989年第1期	知识产权法
郑成思	1	版权国际公约与我国有关法律	1991年第5期	知识产权法
郑成思	1	台湾的"关系条例"与大陆作者在台的版权问题	1993年第4期	知识产权法
郑成思	1	Trips中的几个国际与区际法律问题	1994年第4期	知识产权法
郑成思	1	临摹、独创性与版权保护	1996年第2期	知识产权法

25. 张新宝1987年第1期至2013年第6期，在《法学研究》上共发表论文12篇。具体发文情况如表3-26所示。

表3-26 张新宝在《法学研究》上所发表论文

作者	作者位次	题名	发表时间	学科
张新宝	2/2	经济行政法与综合法律调整体制——《经济法的理论问题》简评	1987年第1期	经济法
张新宝	1	代理权若干问题研讨	1987年第6期	民法
张新宝	1	定式合同基本问题研讨	1989年第6期	民法
张新宝	1	隐私权研究	1990年第3期	民法
张新宝	1	我国侵权行为法若干基本理论研讨	1993年第3期	民法
张新宝	1	饲养动物致人损害的赔偿责任	1994年第2期	民法
张新宝	1	言论表述和新闻出版自由与隐私权保护	1996年第6期	宪法
张新宝	1	侵权行为法的一般条款	2001年第4期	民法
张新宝	1/2	经营者对服务场所的安全保障义务	2003年第3期	民法
张新宝	1/2	空难概括死亡赔偿金性质及相关问题	2005年第1期	民法
张新宝	1	侵权死亡赔偿研究	2008年第4期	民法
张新宝	1/2	网络反腐中的隐私权保护	2013年第6期	民法

26. 吴汉东1988年第3期至2014年第3期，在《法学研究》共发表论文12篇。具体发文情况如表3-27所示。

表 3-27　吴汉东在《法学研究》上所发表论文

作者	作者位次	题名	发表时间	学科
吴汉东	1	关于著作权若干问题的探讨	1988 年第 3 期	知识产权法
吴汉东	1/2	中国传统文化与著作权制度略论	1994 年第 4 期	知识产权法
吴汉东	1	论合理使用	1995 年第 4 期	知识产权法
吴汉东	1	无形财产权的若干理论问题	1997 年第 4 期	知识产权法
吴汉东	1	知识产权保护论	2000 年第 1 期	知识产权法
吴汉东	1	科技、经济、法律协调机制中的知识产权法	2001 年第 6 期	知识产权法
吴汉东	1	知识产权的私权与人权属性——以《知识产权协议》与《世界人权公约》为对象	2003 年第 3 期	知识产权法
吴汉东	1	知识产权国际保护制度的变革与发展	2005 年第 3 期	知识产权法
吴汉东	1	文化多样性的主权、人权与私权分析	2007 年第 6 期	国际法
吴汉东	1	国际变革大势与中国发展大局中的知识产权制度	2009 年第 2 期	知识产权法
吴汉东	1	知识产权的制度风险与法律控制	2012 年第 4 期	知识产权法
吴汉东	1	知识产权法的制度创新本质与知识创新目标	2014 年第 3 期	知识产权法

27. 马长山 1995 年第 1 期至 2020 年第 4 期，在《法学研究》上共发表论文 12 篇。具体发文情况如表 3-28 所示。

表 3-28　马长山在《法学研究》上所发表论文

作者	作者位次	题名	发表时间	学科
马长山	1	从市民社会理论出发对法本质的再认识	1995 年第 1 期	法理学
马长山	1	公民意识：中国法治进程的内驱力	1996 年第 6 期	法理学
马长山	1	法治社会中法与道德关系及其实践把握	1999 年第 1 期	法理学
马长山	1	市民社会与政治国家：法治的基础和界限	2001 年第 3 期	法理学
马长山	1	全球社团革命与当代法治秩序变革	2003 年第 4 期	法理学
马长山	1	NGO 的民间治理与转型期的法治秩序	2005 年第 4 期	宪法
马长山	1	法治的平衡取向与渐进主义法治道路	2008 年第 4 期	法理学
马长山	1	公共政策合法性供给机制与走向——以医改进程为中心的考察	2012 年第 2 期	行政法
马长山	1	农业转移人口公民化与城市治理秩序重建	2015 年第 1 期	行政法

续表

作者	作者位次	题名	发表时间	学科
马长山	1	从国家构建到共建共享的法治转向——基于社会组织与法治建设之间关系的考察	2017年第3期	法理学
马长山	1	智能互联网时代的法律变革	2018年第4期	法理学
马长山	1	司法人工智能的重塑效应及其限度	2020年第4期	法理学

28. 廖增昀1980年第5期至1996年第6期，在《法学研究》上共发表论文11篇。具体发文情况如表3-29所示。

表3-29 廖增昀在《法学研究》上所发表论文

作者	作者位次	题名	发表时间	学科
廖增昀	1	对无罪推定原则的几点看法	1980年第5期	刑事诉讼法
廖增昀	1	试论惩罚与教育改造	1982年第3期	刑法
廖增昀	1	试论我国的缓刑制度	1983年第5期	刑法
廖增昀	1	关于惯犯问题的研讨	1984年第4期	刑法
廖增昀	1	刑法学研究之目的及其发展趋势	1988年第1期	刑法
廖增昀	2/2	限制死刑与慎用死刑	1989年第2期	刑法
廖增昀	1	完善我国刑法中的财产刑	1990年第3期	刑法
廖增昀	1	"一国两制"与刑事管辖	1992年第6期	刑事诉讼法
廖增昀	1	两岸刑事司法协助研讨	1994年第2期	刑事诉讼法
廖增昀	1/2	当前腐败现象剖析与廉政建设建言	1995年第6期	行政法
廖增昀	1	国际犯罪与我国刑法完善	1996年第6期	刑法

29. 李林1987年第4期至2019年第4期，在《法学研究》上共发表论文11篇。具体发文情况如表3-30所示。

表3-30 李林在《法学研究》上所发表论文

作者	作者位次	题名	发表时间	学科
李林	1	试论合法行为	1987年第4期	法理学
李林	2/2	论我国社会主义初级阶段的法制	1988年第6期	法理学
李林	1	质询制度比较研究	1990年第3期	宪法
李林	1	立法修正案比较	1991年第6期	宪法
李林	1	关于立法权限划分的理论与实践	1998年第5期	宪法

续表

作者	作者位次	题名	发表时间	学科
李林	1	推进依法治国，建设社会主义政治文明	2007年第4期	法理学
李林	1	当代中国语境下的民主与法治	2007年第5期	法理学
李林	1	依法治国与推进国家治理现代化	2014年第5期	法理学
李林	1	全面推进依法治国的时代意义	2014年第6期	法理学
李林	1	习近平全面依法治国思想的理论逻辑与创新发展	2016年第2期	法理学
李林	1	新时代中国法治理论创新发展的六个向度	2019年第4期	法理学

30. 陈甦1990年第5期至2022年第3期，在《法学研究》上共发表论文11篇。具体发文情况如表3-31所示。

表3-31　陈甦在《法学研究》上所发表论文

作者	作者位次	题名	发表时间	学科
陈甦	1	论建筑物区分所有权	1990年第5期	民法
陈甦	1	股票价格形成机制的法律调整	1992年第6期	商法
陈甦	1	公司法对股票发行价格的规制	1994年第4期	商法
陈甦	1	公司设立者的出资违约责任与资本充实责任	1995年第6期	商法
陈甦	1	信息公开担保的法律性质	1998年第1期	商法
陈甦	1	城市化过程中集体土地的概括国有化	2000年第3期	民法
陈甦	1	体系前研究到体系后研究的范式转型	2011年第5期	法理学
陈甦	1	司法解释的建构理念分析——以商事司法解释为例	2012年第2期	法理学
陈甦	1	构建法治引领和规范改革的新常态	2014年第6期	法理学
陈甦	1	公章抗辩的类型与处理	2020年第3期	民法
陈甦	1	农村集体经济组织法构众说窥略——有关农村集体经济组织法律形式变革的稿件编后感	2022年第3期	民法

31. 赵建文1996年第2期至2010年第6期，在《法学研究》上共发表论文11篇。具体发文情况如表3-32所示。

表 3-32　赵建文在《法学研究》上所发表论文

作者	作者位次	题名	发表时间	学科
赵建文	1	墨子关于"兼爱非攻"的国际法思想及其现代价值	1996 年第 2 期	法制史
赵建文	1	联合国海洋法公约对中立法的发展	1997 年第 4 期	国际法
赵建文	1	周恩来关于和平共处五项原则的思想——纪念周恩来诞辰一百周年	1998 年第 3 期	国际法
赵建文	1	国际人权法的基石	1999 年第 2 期	国际法
赵建文	1	联合国海洋法公约与中国在南海的既得权利	2003 年第 2 期	国际法
赵建文	1	《公民权利和政治权利国际公约》的保留和解释性声明	2004 年第 5 期	国际法
赵建文	1	《公民权利和政治权利国际公约》第 14 条关于公正审判权的规定	2005 年第 5 期	国际法
赵建文	1	关于被告人权利的最低限度保证	2006 年第 2 期	国际法
赵建文	1	人民自决权的主体范围	2008 年第 2 期	国际法
赵建文	1	人民自决权与国家领土完整的关系	2009 年第 6 期	国际法
赵建文	1	国际条约在中国法律体系中的地位	2010 年第 6 期	国际法

32. 陈瑞华 2000 年第 5 期至 2015 年第 4 期，在《法学研究》上共发表论文 11 篇。具体发文情况如表 3-33 所示。

表 3-33　陈瑞华在《法学研究》上所发表论文

作者	作者位次	题名	发表时间	学科
陈瑞华	1	司法权的性质——以刑事司法为范例的分析	2000 年第 5 期	刑事诉讼法
陈瑞华	1	未决羁押制度的理论反思	2002 年第 5 期	刑事诉讼法
陈瑞华	1	案卷笔录中心主义——对中国刑事审判方式的重新考察	2006 年第 4 期	刑事诉讼法
陈瑞华	1	司法过程中的对抗与合作——一种新的刑事诉讼模式理论	2007 年第 3 期	刑事诉讼法
陈瑞华	1	刑事附带民事诉讼的三种模式	2009 年第 1 期	刑事诉讼法
陈瑞华	1	量刑程序改革的模式选择	2010 年第 1 期	刑事诉讼法
陈瑞华	1	实物证据的鉴真问题	2011 年第 5 期	刑事诉讼法
陈瑞华	1	从经验到理论的法学方法	2011 年第 6 期	法理学

续表

作者	作者位次	题名	发表时间	学科
陈瑞华	1	以限制证据证明力为核心的新法定证据主义	2012年第6期	刑事诉讼法
陈瑞华	1	非法证据排除程序再讨论	2014年第2期	刑事诉讼法
陈瑞华	1	法官责任制度的三种模式	2015年第4期	刑事诉讼法

33. 王晓晔1984年第2期至2008年第4期，在《法学研究》上共发表论文10篇。具体发文情况如表3-34所示。

表3-34　王晓晔在《法学研究》上所发表论文

作者	作者位次	题名	发表时间	学科
王晓晔	1	试论涉外民事关系中适用外国法的理论根据	1984年第2期	民法
王晓晔	1	论我国涉外经济合同适用法律的基本原则	1985年第5期	经济法
王晓晔	1	联邦德国对企业合并的控制	1990年第3期	经济法
王晓晔	1	欧洲共同体反倾销法与中国的出口贸易	1993年第1期	国际法
王晓晔	1	我国反垄断立法的框架	1996年第4期	经济法
王晓晔	1	规范公用企业的市场行为需要反垄断法	1997年第5期	经济法
王晓晔	1	依法规范行政性限制竞争行为	1998年第3期	行政法
王晓晔	1	巨型跨国合并对反垄断法的挑战	1999年第5期	经济法
王晓晔	1	入世与中国反垄断法的制定	2003年第2期	经济法
王晓晔	1	《中华人民共和国反垄断法》析评	2008年第4期	经济法

34. 郭道晖1986年第1期至2006年第1期，在《法学研究》上共发表论文10篇。具体发文情况如表3-35所示。

表3-35　郭道晖在《法学研究》上所发表论文

作者	作者位次	题名	发表时间	学科
郭道晖	1	论我国一元性立法体制	1986年第1期	宪法
郭道晖	1	试论民主化立法的几个原则	1987年第2期	法理学
郭道晖	1	试论权利与权力的对立统一	1990年第4期	法理学
郭道晖	1	权威、权力还是权利——对党与人大关系的法理思考	1994年第1期	法理学
郭道晖	1	论法与法律的区别——对法的本质的再认识	1994年第6期	法理学

续表

作者	作者位次	题名	发表时间	学科
郭道晖	1	立法的效益与效率	1996年第2期	法理学
郭道晖	1	对反权力腐败的法哲学启蒙——评林吉吉著《权力腐败与权力制约》	1998年第2期	法理学
郭道晖	1	毛泽东邓小平治国方略与法制思想比较研究	2000年第2期	法理学
郭道晖	1	权力的多元化与社会化	2001年第1期	法理学
郭道晖	1	公民权与公民社会	2006年第1期	法理学

35. 邹海林1990年第5期至2019年第5期，在《法学研究》上共发表论文10篇。具体发文情况如表3-36所示。

表3-36 邹海林在《法学研究》上所发表论文

作者	作者位次	题名	发表时间	学科
邹海林	1	论买卖合同之卖方的中途止付权	1990年第5期	民法
邹海林	1	留置权基本问题研究	1991年第2期	民法
邹海林	1	论破产宣告的溯之效力	1993年第6期	商法
邹海林	1	论我国破产程序中的和解制度及其革新	1994年第5期	商法
邹海林	2/2	中华人民共和国破产法的制定	1995年第2期	商法
邹海林	1	侵害他人权益之不当得利及其相关问题	1996年第5期	民法
邹海林	1	所有人抵押权的若干问题	1998年第2期	民法
邹海林	1	抵押物的转让与抵押权的效力	1999年第4期	民法
邹海林	1	抵押权时效问题的民法表达	2018年第1期	民法
邹海林	1	公司代表越权担保的制度逻辑解析——以公司法第16条第1款为中心	2019年第5期	商法

36. 童之伟1993年第5期至2002年第2期，在《法学研究》上共发表论文10篇。具体发文情况如表3-37所示。

表3-37 童之伟在《法学研究》上所发表论文

作者	作者位次	题名	发表时间	学科
童之伟	1/2	一个应予重视的宪法学课题——国家结构形式比较研究刍议	1993年第5期	宪法
童之伟	1	用社会权利分析方法重构宪法学体系	1994年第5期	宪法

续表

作者	作者位次	题名	发表时间	学科
童之伟	1	再论用社会权利分析方法重构宪法学体系——兼答赵世义、邹平学等同志之质疑	1995年第6期	宪法
童之伟	1	单一制、联邦制的理论评价和实践选择	1996年第4期	宪法
童之伟	1	"良性违宪"不宜肯定——对郝铁川同志有关主张的不同看法	1996年第6期	宪法
童之伟	1	论宪法学新体系的范畴架构	1997年第5期	宪法
童之伟	1	论法理学的更新	1998年第6期	法理学
童之伟	1	再论法理学的更新	1999年第2期	法理学
童之伟	1	"议行合一"说不宜继续沿用	2000年第6期	宪法
童之伟	1/3	宪法的现实世界与观念世界——宪法学基础性研究中的一类典型错误剖析	2002年第2期	宪法

37. 章志远2006年第6期至2022年第4期，在《法学研究》上共发表论文10篇。具体发文情况如表3-38所示。

表3-38 章志远在《法学研究》上所发表论文

作者	作者位次	题名	发表时间	学科
章志远	1	行政公益诉讼中的两大认识误区	2006年第6期	行政法
章志远	1	司法判决中的行政不作为	2010年第5期	行政法
章志远	1	私人参与警察任务执行的法理基础	2011年第6期	行政法
章志远	1	行政法案例研究方法之反思	2012年第4期	行政法
章志远	1	城镇化与我国行政法治发展模式转型	2012年第6期	行政法
章志远	1	开放合作型行政审判模式之建构	2013年第1期	行政法
章志远	1	迈向公私合作型行政法	2019年第2期	行政法
章志远	1	中国行政诉讼中的府院互动	2020年第3期	行政法
章志远	1	新时代行政审判因应诉源治理之道	2021年第3期	行政法
章志远	1	以习近平法治思想引领行政审判制度新发展	2022年第4期	行政法

表3-2至表3-38中的"学科"栏旨在表明作者专研学科范围，但只能起参考作用，因为文章所属学科的划分并不能做到截然明确。(1) 统计表的学科划分基本以法学二级学科为标准，个别的依据法学界的学术习惯，如商法虽然尚未构成法学二级学科，但在法学教学与科研中基本上是

作为二级学科对待。(2) 有的学科在特定文章发文时尚未形成，或者学科名称有所演变，或者被新学科所涵盖，但是文章学科归属基本明确的，则沿用目前的学科名称。如"法理学"所指的学科曾被称为"国家与法的理论""法学基础理论"，"社会法"所指的学科包括了"劳动法""社会保障法"。(3) 法学的学科体系结构因改革开放的不断深入和法治建设的不断发展而有所变化，有些文章在改革开放早期属于某个学科，如企业法属于经济法，因社会主义市场经济体制尚未确立时并无商法，后来则可能归属于另外一个学科，如企业法基本归属于商法。对于这种情况，则按当今的学科分类确定文章所属学科领域，因为这体现了学科发展对现存知识体系的整合与重构。(4) 许多文章的内容体现了跨学科特征，但按照作者的主要专研领域择一归类。如有关 Trips 的研究，作者专研领域属于知识产权法的，其文章所属学科归类为知识产权法；作者专研领域属于国际法的，其文章所属学科归类为国际法。

在《法学研究》初创时期，对于同一作者每年在《法学研究》上发文的次数并无明确限制，偶尔有一个独立作者一年中在《法学研究》上发文两篇的情形。进入 21 世纪，《法学研究》开始对作者的发文频率给予限制，一般是同一独立作者一年内发文不能超过一篇，个别笔谈类或特殊选题的例外。随着法学领域研究群体的不断扩大，法学研究选题范围不断扩展，《法学研究》目前的编辑政策是，坚持论文学科、选题和作者的广泛性，原则上同一独立作者两年内发文不能超过一篇，特殊情况由《法学研究》主编会议讨论决定。

（二）在《法学研究》上发文的青年作者

学术素养、学术资历和学术影响力是一个逐渐且长期的形成过程，而青年作者由于学术能力正在开发、学术资历尚浅，特别是由于其后的专业发展甚至择业领域处于不确定状态，而致所著论文的引用率预期也有很大的不确定性，因此，青年作者在专业学术期刊上发文更为不易。然而在就业竞聘和职称评定中，在专业学术期刊特别是核心期刊上发文，却又是一个具有很大权重的衡量或评判指标。因此，对于青年作者来说，能够在专业期刊尤其是核心期刊上发文，是一个重要的学术经历和学术能力识别要素，当然也是一个艰困的学术追求过程。

表 3-39　在《法学研究》上发文的青年作者（1978 年第 1 期到 2023 年第 2 期）

题名	作者及位次	发文时单位及职称	作者现职业或单位	发表时间	被引频次（截至 2023 年 4 月 10 日）
论担保物权的性质	董开军（1）	中国社会科学院研究生院博士研究生	河北省人民检察院检察长	1992 年第 1 期	43
论商誉和商誉权	梁上上（1）	杭州大学法律系本科学生	清华大学法学院教授	1993 年第 5 期	152
股份公司发起人的责任	梁上上（1）	中国社会科学院研究生院硕士研究生	清华大学法学院教授	1997 年第 6 期	49
论上诉不加刑	陈林林（1）	杭州大学法律系讲师	中南财经政法大学教授	1998 年第 4 期	53
所有权保留买卖受人期待权之本质	申卫星（1）	北京大学法学院博士后流动站研究人员	清华大学法学院教授	2003 年第 2 期	183
全球化背景下的国家与公民	胡水君（1）	北京市社会科学院法学博士	中国社会科学院法学研究所研究员	2003 年第 3 期	87
侵权法事实自证制度研究	许传玺（1）	哈佛大学法学博士	北京政法职业学院教授、院长	2003 年第 4 期	62
清代黔东南新辟苗疆六厅地区的法律控制	周相卿（1）	云南大学法学院民族法学博士研究生	贵州民族大学法学院教授	2003 年第 6 期	40
宪法"私法"适用的法理分析	刘志刚（1）	武汉大学法学院博士后研究人员	复旦大学法学院教授	2004 年第 2 期	122
中国民间组织的合法性困境	谢海定（1）	中国社会科学院研究生院 2001 级博士研究生	《法学研究》编审	2004 年第 2 期	760
公司法的合同路径与公司法规则的正当性	罗培新（1）	中国社会科学院法学研究所博士后	华东政法大学教授、副校长	2004 年第 2 期	278

续表

题名	作者及位次	发文时单位及职称	作者现职业或单位	发表时间	被引频次（截至2023年4月10日）
股东派生诉讼的合理性基础与制度设计	胡滨（1/2），曹顺明（2/2）	胡滨，中国社会科学院金融研究所博士后；曹顺明，特华工作站博士后	胡滨，中国社会科学院科研局局长；曹顺明，中国再保险（集团）股份公司合规负责人、法务总监	2004年第4期	376
社团管理的许可与放任	刘培峰（1）	清华大学非政府组织研究所博士后研究人员	北京师范大学法学院教授	2004年第4期	93
宪法是关于主权的真实规则	翟小波（1）	中国社会科学院研究生院2002级博士研究生	澳门大学法学院副教授	2004年第6期	40
基本权利的双重性质	张翔（1）	中国人民大学法学院博士后	北京大学法学院教授	2005年第3期	752
刑事再审理由探析	韩阳（1）	中国政法大学博士生	北京第二外国语学院教授	2005年第3期	53
对物权与人权的区分及其真实性质	冉昊（1）	北京大学在站博士后	广东财经大学法治与经济发展研究所教授	2005年第3期	67
善意取得制度的缺陷及其补正——无权处分人与善意受让人间法律关系之协调	吴国喆（1）	西北师范大学法学院讲师，中国政法大学民商法学博士研究生	西安交通大学法学院教授	2005年第4期	125
自我救济的权利	贺海仁（1）	中国社会科学院社会学研究所博士后研究人员	中国社会科学院法学研究所研究员	2005年第4期	106
我国专利权利用尽原则的理论体系	任军民（1）	法国巴黎第十大学欧盟和比较法研究中心知识产权博士	（信息不明）	2006年第6期	68

续表

题名	作者及位次	发文时单位及职称	作者现职业或单位	发表时间	被引频次（截至2023年4月10日）
唐宋法律中儒家孝道思想对西夏法典的影响	邵方（1）	西南政法大学法律史学博士研究生	中国政法大学法律史学研究院教授	2007年第1期	15
法益的体系性位置与功能	刘孝敏（1）	江西财经大学法学院2005级刑法学博士研究生	江西财经大学法学院副教授	2007年第1期	94
债权让与中的优先规则与债务人保护	李永锋（1/2）李昊（2/2）	李永锋、清华大学法学博士生；李昊，中国社会科学院法学研究所博士后研究人员	李永锋，光大理财副总经理（仅为网络检索信息）；李昊，中南财经政法大学教授	2007年第1期	107
民事、行政司法解释的溯及力	杨登峰（1）	浙江大学宪法学与行政法学博士研究生	东南大学教授	2007年第2期	35
契约对依法行政的影响	杨小君（1）	武汉大学宪法学与行政法博士研究生	国家行政学院法学部主任、教授	2007年第2期	15
司法证明模糊论	栗峥（1）	中国政法大学法学博士研究生	中国政法大学法学教授	2007年第5期	31
基本权利的国家保护义务功能	陈征（1）	德国汉堡大学法学博士研究生	中国政法大学法学院宪法学教授	2008年第1期	202
现代行政过程中的行政法律关系	郑春燕（1）	北京大学宪法与行政法研究中心博士后研究人员	浙江大学光华法学院教授	2008年第1期	70
中国古代的义绝制度	崔兰琴（1）	中国政法大学法学院博士研究生	浙江工商大学法学院教授	2008年第5期	23

续表（截至 2023 年 4 月 10 日）

题名	作者及位次	发文时单位及职称	作者现职业或单位	发表时间	被引频次 2023 年 4 月 10 日
我国仲裁机构现状实证分析	陈福勇（1）	清华大学法学院 2005 级博士研究生	北京仲裁委员会/北京国际仲裁中心副秘书长	2009 年第 2 期	52
刑法的困境与宪法的解答——规范宪法学视野中的许霆案	白斌（1）	浙江大学光华法学院博士研究生	中央财经大学法学院副教授	2009 年第 4 期	66
假定因果关系、结果避免可能性与客观归责	车浩（1）	清华大学法学院博士后研究人员	北京大学法学院副院长、教授	2009 年第 5 期	227
科学证据可采性标准的认识论反思与重构	张南宁（1）	中国政法大学博士后	湖南大学法学院特聘教授	2010 年第 1 期	69
强奸罪与嫖宿幼女罪的关系	车浩（1）	清华大学法学院博士后	北京大学法学院副院长、教授	2010 年第 2 期	230
合宪性推定的正当性	王书成（1）	北京大学法学院博士后	香港城市大学法学教授	2010 年第 2 期	51
急于履行公共职能的国家赔偿责任	林莉红（1）	浙江大学光华法学院博士研究生	浙江开放大学法政教研部副教授	2010 年第 3 期	45
营救者的损害与自我答责原则	王刚（1）	德国马普外国与国际刑法研究所博士生	清华大学法学院党委书记、副教授	2010 年第 3 期	36
权益侵害之要件化	龙俊（1）	清华大学法学院博士研究生	清华大学法学院副教授	2010 年第 4 期	51
竞争倡导研究	张占江（1）	上海交通大学法学院博士研究生	上海财经大学法学院讲席教授	2010 年第 5 期	109
唐律"夜无故入人家"条源流考	闫冬芳（1）	中国政法大学博士后	外交学院国际法系副教授	2010 年第 6 期	22

续表

题名	作者及位次	发文时单位及职称	作者现职业或单位	发表时间	被引频次（截至2023年4月10日）
后代人权利理论批判	刘卫先(1)	清华大学法学院环境资源能源法研究中心博士后	中国海洋大学法学院教授	2010年第6期	21
客观的未遂犯处罚根据论之提倡	陈璇(1)	德国马普外国刑法与国际刑法研究所博士后	中国人民大学法学院教授	2011年第2期	62
辛亥以来"主权在民"条款的中国式阐释	钱宁峰(1)	南京师范大学法学院博士后	江苏省社会科学院法学研究所研究员	2011年第5期	3
强国的现代法政逻辑与中国问题	周洪波(1)	清华大学法学院博士后人员	国家检察官学院教授、副院长	2011年第5期	3
双层区分制下正犯与共犯的区分	钱叶六(1)	清华大学法学院博士后	华东师范大学法学院教授	2012年第1期	232
紧急权力法及其理论的演变	孟涛(1)	中国社会科学院法学研究所博士后	中国人民大学法学院副教授	2012年第1期	86
法条竞合特别关系及其处理	王强(1)	南京师范大学法学院博士研究生	盐城师范学院	2012年第1期	129
明清家族司法探析	原美林(1)	湘潭大学法学院博士研究生	山西大学法学院教师	2012年第3期	13
雇主责任的归责原则与劳动者解放	班天可(1)	日本北海道大学法学研究科博士生	复旦大学法学院副教授	2012年第3期	99
自杀的认定及其相关行为的刑法评价	王钢(1)	德国马普外国与国际刑法研究所博士研究生	清华大学法学院党委副书记、副教授	2012年第4期	173

续表

题名	作者及位次	发文时单位及职称	作者现职业或单位	发表时间	被引频次（截至2023年4月10日）
风险刑法理论的批判与反思	南连伟（1）	中国政法大学研究生院硕士研究生	人力资源和社会保障部	2012年第4期	168
土地征收审批的正当程序改革	刘国乾（1）	北京大学法学院博士生	云南大学法学院副院长	2012年第4期	66
中国物权法上的登记对抗主义	龙俊（1）	北京大学法学院博士后	清华大学法学院副教授	2012年第5期	250
债权让与的优先顺序与公示制度	李宇（1）	中国社会科学院法学研究所博士研究生	上海财经大学法学院副教授	2012年第6期	160
行政处罚上的空白要件及其补充规则	熊樟林（1）	东南大学法学院博士研究生	东南大学法学院教授、副院长	2012年第6期	78
城市空间利益的正当分配——从规划行政许可侵犯相邻权益案切入	陈越峰（1）	华东政法大学助理研究员，中国社会科学院法学研究所博士后	华东政法大学法律学院副院长	2015年第1期	77
违约金酌减的类型构造	姚明斌（1）	华东政法大学博士后	华东政法大学副教授	2015年第4期	101
八二宪法土地条款：一个原旨主义的解释	彭錞（1）	北京大学法学院博士后	北京大学法学院助理教授	2016年第3期	44
民法与商法二元格局的演变与形成	施鸿鹏（1）	浙江大学光华法学院博士生	复旦大学法学院讲师	2017年第2期	39
涉外法律适用的冲突正义——以法律关系本座说为中心	徐鹏（1）	西南政法大学博士后	西南政法大学国际法学院副教授	2017年第3期	24

续表（截至 2023 年 4 月 10 日）

题名	作者及位次	发文时单位及职称	作者现职业或单位	发表时间	被引频次 2023 年 4 月 10 日
方法论演进视野下的中国法律实证研究	雷鑫洪（1）	中国人民公安大学法学院博士研究生	江西财经大学法学院讲师	2017 年第 4 期	23
故意杀人罪死刑裁量机制的实证研究	王趣（1）	北京大学法学院博士研究生	中国海洋大学法学院副教授	2017 年第 5 期	49
民法总则中非法人组织权利能力之证成	张其鉴（1）	北京大学法学院博士生	中央民族大学法学院讲师	2018 年第 2 期	22
商标保护与市场竞争关系之反思与修正	章凯业（1）	清华大学法学院博士研究生	中国海洋大学法学院青年英才工程副教授	2018 年第 6 期	48
防卫限度判断中的利益衡量	徐成（1）	北京大学法学院博士研究生	博士生在读	2019 年第 3 期	46
规制抽象危险犯的新路径：双层法益比例原则的融合	蓝学友（1）	清华大学法学院博士研究生	博士生在读	2019 年第 6 期	80
环境法体系中的自然保护地立法	吴凯杰（1）	北京大学法学院博士后	北京大学法学院助理教授	2020 年第 3 期	40
涉外代理关系准据法的确定	林强（1）	清华大学法学院博士生	中国社会科学院国际法研究所助理研究员	2020 年第 6 期	2
量刑指导意见的司法实践与重构——以盗窃罪为切入点	彭雅丽（1）	美国芝加哥大学研究生	中国人民大学法学院助理教授	2021 年第 4 期	8

续表（截至 2023 年 4 月 10 日）

题名	作者及位次	发文时单位及职称	作者现职业或单位	发表时间	被引频次 2023年4月10日
知情与行为相分离情形下法人知情归责的认定	萧鑫（1）	中国社会科学院法学研究所博士后	中国社会科学院法学研究所助理研究员	2021年第4期	2
基于诀定关系的证据客观性：概念、功能与理论定位	徐舒浩（1）	中国人民大学法学院博士研究生	上海交通大学凯原法学院助理教授	2021年第5期	3
中国宪法上基本权利限制的形式要件	陈楚风（1）	清华大学法学院博士研究生	博士生在读	2021年第5期	12
公司机会规则的反思与体系建构	袁崇霖（1）	清华大学法学院博士生	博士生在读	2022年第2期	2
全国人大常委会宪法地位的历史变迁与体系展开	钱坤（1）	中国人民大学法学院博士生	博士生在读	2022年第3期	1
晚清亲亲尊亲罪转型中的基本问题	张一民（1）	北京大学历史学系博士生	博士生在读	2022年第3期	2
用户价值与数字税立法的逻辑	张牧君（1）	北京大学法学院博士生	博士生在读	2022年第4期	0
义务范围理论下证券服务机构过失虚假陈述赔偿责任	洪国盛（1）	北京大学国际法学院博士生	博士生在读	2022年第5期	0

注：表中作者现职业或单位信息均为网络检索结果。

尽管《法学研究》同样要参与或被参与专业期刊领域的竞争，也同样面临发文引用率指标的强制性衡量与评价，但是在发文引用率较低的风险与鼓励和培养青年作者的前景之间，始终坚定地选择后者。因此，《法学研究》对于尚未有高级职称的青年作者的投稿，重点看其选题是否前锐、观点是否鲜明、论证是否雄壮，至于内容是否周备、材料是否详尽、文风是否成熟，都可通过编辑与青年作者反复讨论使之提高。《法学研究》创刊以来，有许多作者发文时还是博士后、博士生、硕士生甚至还有本科生，但是他们所发文章却有许多可圈可点之处，特别是在《法学研究》初次发文的学术经历可以极大地鼓励青年作者的科研热情和学术信心，有许多青年作者日后成为法学界著名学者。

就表3-39统计来看，在《法学研究》上发文的青年作者毕业或出站后，绝大多数继续从事法学科研或教学工作，其中有的已成为优秀的法学研究者或法律工作者，有的正在展现出雄厚的学术潜力。相信青年作者在《法学研究》上发文成为其成长道路上的重要经历，而《法学研究》的伴行是其成长过程中的重要支持和鼓励。

（三）所属人员在《法学研究》发文合计前十的单位

在《法学研究》的编辑政策中，如何设置作者单位这一因素在选稿用稿中的决定权重，是颇费斟酌和难以处理的。从根本上说，《法学研究》选稿用稿看的是文章的学术质量和作者的学术信用，至于其他因素虽然不能完全不予考虑，但也是决定权衡中所占权重极小的因素。然而在办刊过程中也不能不防止出现这一现象，就是在某一期出现某个单位的作者扎堆，以致外观上给人以该期《法学研究》几近该单位"专刊"。法学核心期刊毕竟是法学界"公器"，作者单位过于集中则难免有"学术垄断"意味，影响学术期刊作为学术平台而应有的"普遍服务"理念。问题是，当一篇文章符合发稿要求时，仅仅因为作者单位其他人员在期刊上已发稿较多而对该文章作出发稿与否的取舍，明显缺乏符合学术理念的逻辑基础。因此，《法学研究》只是对法学研究所科研人员的发稿有一个数量限制，基本上是法学研究所人员在《法学研究》上发稿一年合计不能超过6篇；而对于其他单位作者的稿件，原则上只是每期发稿不超过2篇，除非因排稿需要而作特殊处理，此外再无其他限制。

这样一来，除了法学研究所以外，其他单位的作者在《法学研究》上的发稿实际上不会因单位因素而受到限制。久而久之，单位间在《法学研究》上发文总量就会产生统计学上的差异，甚至在某一时段会发生发稿作者单位相对集中的现象。《法学研究》需要申明的是，这并不是人为限制甚或控制的结果，而是法学界长期学术实践活动积累而显现的一个自然结果。

从学术机制运行的角度观察，在学科专业范畴的学术期刊包括《法学研究》上出现作者单位相对集中的现象，实际上是一个值得进一步分析的学术现象，其间主要涉及学术资源配置机制建构、运行与调整的策略与效果，诸如，科研人才流动、科研组织运行、学术评价体系等。为了方便以法学界学术现象为研究对象的科研人员的观察与分析，现将 2013－2022 年十年间所属人员在《法学研究》上发文合计数量居于前十的单位统计如下（见表 3－40、图 3－1）。其中有来自多个单位的作者合著文章的，按照 1 除以单位数来计数。

表 3－40　所属人员在《法学研究》上发文数量总计前十的单位（2013－2022 年）

序号	单位	发文数量（篇）
1	中国人民大学	54
2	清华大学	53.5
3	中国政法大学	50.5
4	北京大学	43
5	华东政法大学	40
6	西南政法大学	37
7	中国社会科学院法学研究所	30
8	中南财经政法大学	27.5
9	南京大学	23.5
10	四川大学	22.5

除了所属人员发文合计的数量及次位之外，表 3－40、图 3－1 还能反映这样一些情形：(1) 明显反映出被统计对象的方队梯次排列状态，这与图表中单位在法学界的业内评价及社会各界的外观印象基本一致。(2) 图

中国人民大学		清华大学		中国政法大学		北京大学		
华东政法大学		西南政法大学		中国社会科学院法学研究所		中南财经政法大学		
南京大学		四川大学						

9.0	3.0	8.0	8.0	2.0	5.0	4.0	5.0	5.0	5.0
9.5	4.0	4.0	9.0	3.0	5.5	6.0	6.0	4.5	2.0
5.0	1.0	1.0	3.0	8.0	7.0	4.0	9.0	6.5	6.0
5.0	7.0	2.0	4.0	5.0	2.0	3.0	2.0	4.0	9.0
1.0	2.0	8.0	1.0	3.0	5.0	5.0	5.0	4.0	6.0
1.0	5.0	3.0	7.0	4.0	3.0	4.0	7.0	2.0	1.0
1.0	2.0	3.0	3.0	4.0	2.0	3.0	4.0	3.0	5.0
4.0	3.0	2.0	2.0	4.0	4.0	1.5			
4.0	1.0	3.0	2.0	4.5		1.0		1.0	
3.0	3.5		2.0	3.0		3.0	1.0	2.0	0
2013	2014	2015	2016	2017	2018	2019	2020	2021	2022（年份）

图3-1 所属人员在《法学研究》上发文数量总计前十的单位（2013—2022年）

表中所反映的情形加上图表外其他单位的发文数合计情况，明显呈现出"小集中、大分散"状态，也就是说作者发文数量较多的单位还是少数，《法学研究》发文作者的大多数还是分散于不同的单位。（3）图表中单位作者在《法学研究》上的发文具有连续性，即每年都会在《法学研究》上发文，年度统计呈连续状态。但是在年度之间的发文数量呈明显波动性，这说明《法学研究》的选稿用稿依据在于文章内容本身，作者单位基本不是一个判断因素。（4）图表中单位的作者发文较多，主要是作者单位的学科建设所致，其在《法学研究》上发文数量情况是其学科建设长期效果的自然反映。

三 来自作者群的回馈与回护

《法学研究》的作者群不仅是《法学研究》最为重要的学术资产，更是《法学研究》最为重要的学术人脉。作者群对于《法学研究》的支持，首先在于作者对《法学研究》的学术认同,他们将其心血之作、得意之作在众多法学期刊中选择《法学研究》而赐稿;还在于作者对《法学研究》的学术砥砺,在稿件打磨中与编辑坦诚探讨、反复锤炼;更在于作者对《法学研究》的学术信任,即使有退稿甚至是多次退稿经历仍然向《法学研究》一再投稿。每念及作者对《法学研究》的支持、砥砺和信任,《法学研究》的编辑们都使命感爆棚、工作力倍增,那些选稿之纠结、磨稿之艰繁、校稿之困累,乃至时时暗起的"为人作嫁"之隐怨,都随着发稿之后与作者的共同喜悦而荡散(以下作者感言按姓氏拼音排序)。

柏浪涛:刑法教义学的论证品质——《法学研究》期刊论文写作的启示

柏浪涛,华东师范大学法学院教授、博士生导师,法学博士。获评第七届上海市十大杰出青年法学家。主要学术兼职为中国刑法学研究会理事、上海市法学会理事。长期从事刑法学研究。

《法学研究》是法学界顶级权威期刊,我能够成为其作者,深感荣幸。在论文的写作、投稿、修改、退稿或采用等过程中,深切感受到,《法学研究》一方面非常尊重学术自由,对研究方向持开放心态,另一方面,对研究范式与论证品质有严格要求。譬如,如果撰写的是刑法教义学论文,则必须严格遵守刑法教义学的研究范式和基本共识。这种严格要求对自己的学术道路帮助巨大。

论证起点与基本共识

刑法教义学与刑法解释学的内涵基本相同,要说有区别,主要是刑法教义学更强调"教义"。这里的"教义",一方面是指将法条视为"教义"去解释,而非动辄批判法条;另一方面是指关于法条的解释结论应形成基本共识,应像遵守教义一样遵守基本共识,应在前人积累的基本共识基础上展开学术对话,而非自说自话。

例如,《法学研究》2018年第3期的论文《构成要件错误的本质:故意行为危险的偏离》,研究的是构成要件错误问题。关于该问题的争议,底层根源在于关于故意的属性之争,亦即故意是违法要素还是责任要素,抑或兼而有之。这也是行为无价值论与结果无价值论最重要的论争点之一。在最初论证时，经过编审老师的提醒，我发现我犯的错误是，站在行为无价值论的立场批判结果无价值论。立场不同，观点自然不同，如此论证下去，就是公说公有理、婆说婆有理。正确的做法应当是，回溯到行为无价值论与结果无价值论共同认可的基础共识，以此作为论证的起点。二者共同认可的基础共识是，行为的违法性主要是指法益侵害性。二者的争议点是，故意与过失对行为的法益侵害性有无影响。行为无价值论认为有影响，因此故意与过失是主观违法要素。而结果无价值论认为没有影响，因此故意与过失不是违法要素，仅是责任要素。基于此，在写作过程中，我便将研究重点放在故意与过失对行为的法益侵害性有无影响上。研究结论是，故意行为对法益的危险与过失行为对法益的危险存在重大差异，前者具有支配性，后者具有盲目性，这种差异能够说明因果关系的偏离问题。以此结论为论据，便可以发现法定符合说忽略了这种差异。

目前，如果采用大陆法系的主流理论话语，应遵守的最基本共识则是承认不法和责任的概念分析，亦即先审查行为是否制造法益侵害事实，然后就行为所制造的法益侵害事实而言，能否谴责行为人。这便是不法与责任的对应原理或限制关系。由此推导出的一个基本共识是，不法与责任是就行为时制造的法益侵害事实而言的，至于行为后的表现或事项，则已经与不法和责任无关。这便是行为主义或行为与责任同时存在原则。当然，如果论文的主题是挑战不法与责任的概念，则另当别论。

论证逻辑与追溯理由

我的体会是，《法学研究》尊重作者的观点，但是，非常重视作者对观点的论证规范性与充分性。而作者可能有意或无意陷入循环论证、倒果为因等论证困境。此时，编审老师、外审专家等"局外人"的意见便格外重要。

例如，《法学研究》2012年第6期的论文《构成要件符合性与客观处罚条件的判断》，研究主题是客观处罚条件。客观处罚条件是指不需要行为人认识却能影响处罚的一些因素，例如，成立丢失枪支不报罪，要求造成"严重后果"（被不法分子捡到枪支并用于违法犯罪），但是行为人不需要认识到该"严重后果"。为此我认为，判断一个因素是不是客观处罚条件，主要看这个因素是否需要行为人认识到。然而，编审老师指出，这种标准是基本概念所蕴含的内容，并没有产生新的结论。我检视后发现，我的论证过程是，一个因素如果不需要行为人认识到，那么就属于客观处罚条件。那为何一个因素不需要行为人认识到？因为其是客观处罚条件，是主客观相一致原则的例外。这实际上是一种循环论证。为何一个因素不需要行为人认识到，实际上无法从主客观相一致原则本身得到解答。需要追问的是更根本的问题：主客观相一致原则的根基是什么；一个因素是不是故意的认识内容，其决定性因素是什么。传统观点是从行为的发生机制考察，认为人的行为是在人的意识指导下实施的，主观与客观是一体完成的，所以需要主客观相一致。然而，这只是自然事实角度的考察。犯罪的认定过程是一个规范判断，涉及价值评价。在主客观相一致原则之上，更根本的原则是不法与责任的限制原理，亦即只能就行为制造的不法事实来谴责行为人；就故意犯罪而言，只能就行为人认识到的不法事实来谴责行为人。基于此，行为人制造的不法事实才是行为人的认识内容。客观构成要件要素具有故意的规制机能，这里的客观构成要件要素必须是行为人制造的不法事实。判断一个不法事实是不是行为人制造的，需要用结果归属的原理判断。质言之，一个结果是不是故意的认识内容，决定性条件是该结果能否客观归属于行为人的不法行为。根据结果归属原理的细致论证，"被不法分子捡到并用于违法犯罪"这种结果不能归属于不报告行为，因此，这种结果不是行为人的故意认识内容，其只能被视为一种客观处罚条件。换言之，客观处罚条件不需要行为人认识到，属于"果"，而非"因"，逻辑论证过程不能是，因为一个因素不需要行为人认识到，所以该因素是客观处罚条件；而应是，因为一个因素不能客观归属于行为人，所以不需要行为人认识到，故才可能是客观处罚条件。由此可见，在逻辑论证时，应避免循环论证，应追溯本质性的理由。

论证步骤与不断追问

法教义学的逻辑论证需要环环相扣，无缝对接，不可跳跃。我的一个感受是，《法学研究》的编辑老师们像兢兢业业的管道检修工，对作者们的逻辑论证链条进行细致入微的检测，捋一捋，看哪里有断裂，不断追问，看是否存在"断头路"。这种锱铢必较的专业精神保证了论文的论证质量。

例如，《法学研究》2022年第5期的论文《论选择性要素的认识错误》，主要研究我国刑法中选择性对象的认识错误问题。编审老师和外审专家提醒我,应注意逻辑论证链条的严谨性。基于此,我认为,选择性要素认识错误问题的论证起点应是客观构成要件要素的故意规制机能,亦即一个要素如果是客观构成要件要素,则属于故意的认识内容,一个要素如果不是客观构成要件要素,则不属于故意的认识内容。而一个要素要成为客观构成要件要素,一方面需要具有能够实现客观归属的违法性,另一方面需要具有类型性特征,而不能是类型性特征的具体示例。例如,甲主观上想破坏汽车,黑暗中误以为对象是汽车而予以破坏,实际上对象是电车。法定符合说认为,"汽车"与"电车"是等价的,甲的这种对象认识错误不重要,甲构成破坏交通工具罪(既遂)。这种论证理由似乎很充分,但是等价性并不能否定客观构成要件要素的故意规制机能。法定符合说没有指明,"汽车"与"电车"是不是具有类型性特征的客观构成要件要素。如果"电车"是具有类型性的客观构成要件要素,则需要行为人认识到。而甲没有认识到对象是"电车",表明主客观不一致,因此不能得出"甲构成破坏交通工具罪(既遂)"的结论。如果"电车"不是客观构成要件要素,那么"电车"便不是故意的认识内容。如此就需要指明,究竟哪个要素是客观构成要件要素、是破坏交通工具罪的行为对象,甲有无认识到该要素。法定符合说一方面指出,甲有无认识到"电车"不重要,另一方面没有指明,甲应该认识到什么,什么才是破坏交通工具罪的客观构成要件要素,究竟在哪个要素上甲做到了主客观相一致。法定符合说不回答这些问题,便在论证进路上出现了"断头路",实际上是跳过了"客观构成要件要素具有故意规制机能"这一判断步骤。

由此可见,反驳对方的论证,理由有多种,但是在法教义学范式内,逻辑能否自洽,论证进路能否无缝对接走到底,属于众多理由中的"硬核"理由。相反,有些理由则属于"万金油"式的理由,既能为己方所用,也能为对方所用。例如,"刑法的谦抑性""处罚必要性"等理由便是如此,当自己指责对方的结论不当扩张了处罚范围,违反了刑法的谦抑性,对方完全可以回应道,这种行为具有处罚必要性;当自己指责对方的结论不当限缩了处罚范围,会造成法益保护不周延,对方完全可以回应道,这种行为没有处罚必要性,在此应坚持刑法的谦抑性。

空谈刑法教义学的论证方法,容易言之无物,需要在具体写作中,面对具体问题的论证,不断打磨、淬炼,才能逐步提高论证素养,点滴推进论证品质。而这个过程，正是《法学研究》馈赠我的宝贵财富。

陈柏峰：在《法学研究》的平台上成长

陈柏峰，中南财经政法大学法学院院长、国家治理学院院长，教授，博士生导师。第九届"全国杰出青年法学家"、第二批全国高校黄大年式教师团队负责人，入选多项国家和省部级人才工程。中国法学会法理学研究会常务理事、法学教育研究会常务理事，湖北省法学会常务理事，中国社会学会法律社会学研究会副会长。主要研究方向为法理学、法社会学、基层治理。

急切而沮丧的第一次发表

《法学研究》是"法学三大刊"之一，是法学界最高的论文发表平台，同时又以扶持年轻人而著称。不少学者在刚出道时就在《法学研究》上发表文章，法理学圈内我熟悉的就有马长山、陈林林、黄泽敏等。

我在《法学研究》发表文章不算很早。2004 年硕士二年级时，我就在《中外法学》发表论文，到 2010 年时已经在 CSSCI 期刊发表了 30 多篇论文。其中，包括社会学的权威期刊《社会学研究》《社会》，以及法学的一些重要期刊，还有《开放时代》这种有多学科影响的期刊，还以第二作者在《中国社会科学》的社会学栏目发表了文章。但没有能以独作或第一作者身份上法学"三大刊"的平台。到 2010 年前后，我心态开始有些急切，特别想在《法学研究》或《中国法学》上有所发表。也许因为我是社会学博士，又在法学院任教，有获得法学界最高平台认可的更强烈心理需求。

《法学研究》编辑部一直与中南财经政法大学有比较多的交流，我刚留校任教时（2005 年或 2006 年），在学校见过一次法理学编辑谢海定老师，还参与了群聊，但估计没有给他留下什么印象。我记忆中，2008 年前后，我向他的个人邮箱投过一次稿，但没有任何回音。

2010 年 4 月前后，谢海定老师来武汉参加学术会议，经他的同学徐涤宇老师的引荐，我带着一篇关于"乡村司法"的论文去拜访他。那次我们聊了一个多小时，谈论了我带去的论文，谈论更多的是读书以及有影响力的法理作品。我介绍了自己的理论阅读、研究路数。他问及我对著名法理著作的看法，我照实表达了看法，他也直言不讳地表达了自己的看法。我们的看法有一致的，也有不一致的。虽然在他面前有些拘谨，但那时我表达欲强、爱与人辩，还是放开表达了自己的看法。

过了两三周，我根据拜访时谢老师的指导意见，把论文修改了一稿发给他。又过了三四周，我主动打电话请教他对论文的看法。记得这次他的意见有些尖锐，追问论文的问题意识到底是什么，创新点在哪儿。在他看来，论文所讨论的乡村司法的"双二元结构"，一方面只是对现实情况的一个描述，而且这个描述在常识范围内；另一方面对未来乡村司法的判断，也没有创新，"本来就应该这样啊"。他甚至质疑，论文写作有玩文字游戏的嫌疑。

谢老师的质疑简直是"灵魂拷问"，是很令人发怵的，但我得鼓励自己更加强大。电话之后，我给他写了一封长邮件，重点是辩解法社会学的经验思维与法理学的规范推理思维的不同。我说，费孝通关于人际关系的"差序格局"论"只是"一个水波的比喻，布莱克关于"法律的运作行为"的经典研究也"只是"给出了几个正比、反比的判断，欧博文、李连江关于上访的著名研究"只是"一个"依法抗争"的描述性概念，当代中国社会结构研究中著名的"倒丁字形结构"论也"只是"一个描述性概念。我极力辩解，描述和概括就是贡献，在纷扰复杂的经验现象中提炼并不容易。

大约一个月后，我将再次修改后的论文发给谢老师，他似乎一定程度上接受了我的辩解。后来又互动了两三轮，基本上都是三四周一个往返，他提出意见，我琢磨修改后返回，然后过一阵子打电话请教。2010年9月，这篇论文顺利刊出。

定稿会后，编辑论文期间，有一天谢老师打电话告知论文确定发表的消息，并直言不讳地说：还是觉得这篇论文创新不足，语言表达也不好；之所以推荐发表，是觉得修改论文的态度还行，但修改并没有达到他的期望。当时听到这样的话，那个难受劲啊！此后很长一段时间，我在自信与怀疑之间摇摆，一方面觉得谢老师不太理解经验研究的思维，另一方面又觉得自己真是不行。不过，我暗下决心，一定要写出让人认可的论文！别是因为被同情或照顾而在《法学研究》这样的顶刊发表论文。现在看来，这篇论文也许有点类似人类学家眼中"内卷化"的非洲艺术品——在描述上比同类论文更为精致，而在理论上并无大的推进。

在常态化的交流中成长

2011年，在谢海定老师的推动下，《法学研究》开始设立青年公法论坛，作为国内理论法学和公法学青年学者的交流平台，论坛主旨在于引导青年学者在公法研究的选题、方法、思路等方面进行反思，推动相应研究的创新和发展。论坛的参加者主要是《法学研究》的新老作者，以及通过征文邀请的潜在作者。2014年以后，《法学研究》又组织秋季论坛、春季论坛。青年公法论坛我几乎都参加了，秋季论坛、春季论坛我也参加了不少，在这些论坛中与《法学研究》编辑们有了近距离的接触、常态化的交流，对办刊思路、用稿需求有了深刻的体会，也与全国法学各学科的学者有了跨学科的交流，这些都大大加速了我个人的学术成长。

2011年11月，青年公法论坛第一次组织会议，论坛主题是"公法发展与公法研究创新"。我提交了一篇关于"土地发展权"的论文。这篇论文质疑了维权框架在征地纠纷上的解释力，从权利配置的角度思考征地纠纷，从权利构造的角度分析土地利益的分配问题，认为征地纠纷的本质是各方对土地发展增益的争夺，土地发展增益在法律上表现为土地发展权。论文主张，土地发展权并非土地所有权的派生权利，它因国家管制权的行使而成为一项独立的权利。论文从英美国家土地发展权的概念和制度蕴含出发推理出，中国土地征收制度隐含的土地发展权国有模式具有相当的合理性，并在此基础上设想更为公平的制度安排框架。这篇论文超越了我之前的写作模式，主要不是对社会现象的解释，而是在法律规范方面有所诉求。当时，我觉得这是自己所写的40多篇论文中最好的两篇之一。文章在会上经过批评讨论后，又"磨"了几次，最终在《法学研究》2012年第4期刊出，后来还引发了进一步的高水平学术对话。

谢老师喜欢用"磨"这个词，要求作者多"磨"文章，是琢磨、打磨的意思，在作者的角度可能也有"折磨"的感受。作者被不断追问，需要不断省思和完善论文。如果追问而需要修改的内容超出作者的积累水平，那就是"折磨"了。面对编辑"磨"的要求，作者需要有良好的心态，沉下心来面对问题。编辑希望在"磨"的要求下激发作者的潜能，但是作者不一定能过这一关。著名学者可能由于心态上的原因，受声名拖累而不能客观正确看待自己的作品；也可能由于专注力下降，难以沉下心来真正面对编辑的追问。有的青年学者过不了关，不是由于心态问题，有水平方面的因素，更多大概是意志力、专注力不过关，不能逼迫自己将论文改出来。我见过几个同辈或更年轻的朋友，论文的胚子很好，在编辑提出"磨"的要求后，未能将论文修改出来，我觉得他们在重要关头"缺口气"，所以写作不能更上一个层次。

2011－2019年这几年，《法学研究》举办论坛特别活跃，是我参与学术活动最多的平台，我参与了其中多数与理论法学、公法学有关的论坛，也参与了一些私法、经济法方面的论坛。论坛中有成名法学家，更多是思维活跃的青年学者，都是《法学研究》的作者和潜在作者。同龄学者中一流水平的人很多，大家一起交流，日积月累，自然都有很大收获，成长都特别快。就我自己而言，理论思考不断深入，写作规范性也在增进，并对《法学研究》的用稿指向、编辑偏好有了深入的理解和把握。

我的学术研究领域主要是基层的法律和社会问题，在论文写作时主题缺乏一致性和延续性，在调研中对什么问题有兴趣便着手研究这一问题，下次遇到新的问题便又转移了写作主题。写作的风格大体上有两种，一种是偏重法律现象和社会现象的描述和解释，一种是看起来更有厚度的理论阐释和制度建构。显然，只有第二种写作才可能契合《法学研究》的偏好。而且，谢海定老师对理论贡献的要求比较高。因此，我会把一个阶段符合这种风格，自认为是最高水平的稿子投给他。投稿首先要过自己这一关，而由于自己在常态化交流中不断提高了水平，所以投稿的成功率就自然提高了。逐渐就进入了良性循环，内在的学术成长就通过论文发表的形式外在地表现了出来。

良好的互动和信任关系

常态化交流带来的不仅是实质意义上学术水平的提高，而且制造了一种对杂志和作者来说都友好的氛围。这种氛围下建立良好的互动和信任关系，有利于作者的成长，也有利于杂志办刊水平的提高。

在年轻学者的想象中，《法学研究》这样的顶级杂志每天都被好稿子包围，编辑面临的只是选择困难。而事实上，《法学研究》、《中国法学》乃至《中国社会科学》的编辑们，时常在发愁没有好稿子。原因也很简单，眼界、标准不一样，认识就会不一样。顶刊编辑的眼界高，自然显得挑剔，而这种挑剔正是办刊水平提高的促进力量，也是敦促作者尽最大能力的"压迫性"力量。而有没有机会接受"挑剔",对作者或潜在作者来说就至关重要。不需要接受"挑剔"的作者,一步到位就写出顶刊可以直接刊用的论文,不能说没有,一定是凤毛麟角吧。有机会接受"挑剔",文章就有机会得到"打磨",这样在编辑和作者的共同努力下,就可能最终被"改出来",达到可以刊用的水平。

编辑是否去"挑剔"一篇论文,取决于很多因素,论文自身的基础水平自然是第一位的,但除此之外还有别的因素。无论做什么事情,人与人之间的信任很重要,编辑与作者的关系毫不例外,甚至更加凸显。作者与编辑部的关系,最终还是落实为作者与编辑个人的互动,相互之间建立信任关系非常重要。

在编辑部,对论文的评价和刊用,并不是某一个编辑直接决定的,编辑部内部不同岗位也是互相制约的。主编、副主编、二审编辑、初审编辑、外审专家等不同岗位有不同的职责和权限,任何一个人都不可能对稿件给出绝对权威性的评价,也不可能完全决定稿件是否刊发。但是,从运行程序而言,每一个岗位上的编辑,都需要先将论文打造成他较为认可的状态,才会向上一级岗位的编辑提交。尤其是初审编辑,在向编辑会议提交论文讨论之前,需要做大量的工作,需要与作者积极互动尽量完善论文。在这一阶段,初审编辑会不断质疑作者,作者不断回应,两者在对立与合作并存的互动过程中,将论文打造成为初审编辑较为满意的状态。在论文提交之后,初审编辑某种意义上就与作者站到了同一条战线上,他面对编辑部领导和同事的评判和挑剔,需要努力去说服大家论文是有价值、有水平的。

初审编辑的推荐意见完全可能被否定。一旦被否定,初审编辑就进入了比较尴尬的境地。在自己方面意味着为这篇文章所做的工作打了水漂,在编辑部内部意味着工作没有做好。如果推荐的论文总是被否定,甚至可能被怀疑缺乏匹配岗位需求的能力。因此,初审编辑寻找好稿件还是有一定压力的,也有与作者一起改出好稿子的动力。稿子被否定,初审编辑还面临如何向作者交代的问题。有的作者不理解编辑部的工作流程,可能会迁怒于编辑:"我改了那么多遍,最后居然没有用,简直在甩我!"编辑也会感觉自己得罪人了,或者对作者感觉到歉意、不好交代。身处这样的处境中,如果没有良好的互动和信任关系,初审编辑是不太敢让作者去修改论文的。因为，帮助作者成长和提高的初衷，最后可能得到得罪作者的后果。而如果有信任关系，论文被编辑部否定了，编辑没有心理压力，作者不会责怪编辑，这样大家可以在宽松的环境中工作，共同努力提高论文水平。编辑的注意力会聚焦在如何让论文更好，作者也更能理解编辑的处境。

我曾在《法商研究》兼职做过编辑，所以对编辑的处境感同身受。做编辑的时候，为了提高作者的论文水平，在作者修改不能令人满意时，甚至不惜自己动手帮作者写上几段。这样做并不总能得到好的结果。有时作者会感激你，有时会埋怨你，觉得你"不懂又好事"。有信任关系，很多事情都不是事；没有信任关系，很多事情就很容易变成麻烦。

当然，要有机会与编辑建立良好的互动和信任关系，能有机会一起把论文"磨"得更好，在编辑部提供的平台上成长，论文首先得达到一定的水准。如果论文达不到顶刊平台的水准，编辑是不可能有时间有兴趣去陪你"磨"的。在学者数量庞大、期刊数量不多、顶刊尤为稀缺的法学学术环境中，编辑的时间、精力、兴趣都是稀缺的资源。年轻学者只有拿出水平不错的作品，引起编辑的兴趣，才有机会与他们建立良好的信任关系，从而进一步在互动中成长。因此，我们年轻的学者一定不能"玻璃心"，要坦然面对编辑"磨"的要求，把"挑剔"和"折磨"当作成长的礼物。

我们有一批青年学者在《法学研究》的平台上成长，与编辑部的办刊追求、运行思路密不可分，与编辑部同作者建立广泛的良好互动和信任关系密不可分。在一次学术会议的餐叙中，谢老师半开玩笑地说："你们几个都长江学者了……"我反应还挺快："《法学研究》是长江学者的孵化器！"这话是发自内心的！《法学研究》作为法学最高的学术发表平台，确实是一代代年轻学者成长的孵化器。任何时候翻开《法学研究》，都有职称不高的陌生名字，这就是明证。

《法学研究》编辑部的风格

青年学者之所以可以与编辑建立良好的互动关系，与《法学研究》编辑部的整体氛围和一贯风格有很大的关系。在长期的互动中，我发现《法学研究》有很多可圈可点的风格。

《法学研究》的编辑虽然多是专职的，但都是专家型的。这样，他们在论文的完善过程中能与作者进行实质性的探讨和交流。据我的观察，几乎所有编辑都与各自学科的顶尖青年学者建立了较为融洽和信任的关系。这些编辑自身著述并不多，但对学术前沿问题都有深入的思考，都会与作者进行推敲和探讨，在学术会议上的意见都很敏锐，因此在论文打磨过程中就不仅仅提形式性的意见，而且会直逼论点和论证等核心地带。

《法学研究》编辑部运用外审专家意见，并不形式性地完全依赖外审专家。在普遍没有外审制度的环境下，依赖外审专家是杂志审稿制度先进性的体现。然而，在外审制度普遍建立的情形下，过于依赖外审专家反而可能成为问题。《法学研究》编辑部在此方面我感觉处理得相当好，实现了原则性与灵活性相结合。编辑部审稿时参考外审专家意见，但并不唯专家意见是从，被外审专家否定的稿子并非就绝对不用。一篇论文，真正最下功夫去思考行文及其中逻辑关系的，应该是作者和编辑，这两个人应当是最清楚行文逻辑和论证过程的人。读者和审稿人对论文的掌握程度通常远不及他们。作者花一个月甚至一年写出来的论文，多数读者只是快速阅读，能花一个小时阅读一篇文章的都不多。

而在一篇文章从投稿到发表的过程中，编辑要阅读很多遍，会琢磨很多遍，对文章的把握和理解会超过几乎所有的读者，也会超过外审专家。外审专家通常很忙，事务繁多，审稿多数时候可能只是通读稿件，根据感受提出评价意见，提出几点完善建议。外审专家对论文的把握，通常不如专家型的编辑。编辑如果对论文有确信，对审稿专家的不同意见，就可以大胆否定。我感觉《法学研究》编辑部并不拘泥外审意见，我做外审专家否定的稿件，最后被编辑部采用的情形，也发生过。对此，我充分理解，因为我花在审稿上的时间有限。真正对作者负责，是编辑的确信，而不一定是外审专家意见。

初审编辑如果对稿件形成确信，敢于去坚持，去争取，这种确信和坚持，会传达到主编、副主编那里，从而可能形成积极的反馈。对此，我有切身体会。周汉华老师在编辑部做过几年副主编，我有两篇文章是他做的二审。2015年第1期发表的《城镇规划区违建执法困境及其解释——国家能力的视角》，据说二审时他特别欣赏。他的意见多少增强了谢老师的信心——之前他只是觉得这篇论文"还行"。而另外一篇文章，2017年第4期发表的《党政体制如何塑造基层执法》，起初是被周汉华老师二审否定了的。我当时对这篇文章很有信心，在交流沟通中谢海定老师对论文也比较认可。后来他特别帮我向主编、副主编据理力争,最后周汉华老师尊重了他的意见。

事后,谢老师再三强调,帮我争取确实基于他个人对论文的确信,与其他无关。我相信他说的是真的。因为在十多年的互动和交流中,我对他的性格和风格十分了解。第一次投稿确定可以刊用后,他说的话让我记忆极为深刻,在后来历次顺利投稿的互动过程中,我更确信了他的论文质量导向。当然,不同人可能对论文质量的判断有所不同,但谢老师的原则建立在自己对论文质量确信的基础上。因此,即使后来很熟悉了,但在学术上、投稿上我始终保持谨慎,生怕破坏了良好的互动和信任关系。

2015年《法学研究》春季论坛征文,主题是"依法治国与深化司法体制改革",我投了一篇稿件,很荣幸入了负责这次论坛的熊秋红老师的"法眼",她有将论文列入组稿的初步想法。我当时当然十分开心和憧憬。后来,编辑部的意见是,组稿论文还是要转作者所在学科的编辑看看。一听说这样,我赶紧主动向谢老师要求撤稿。因为我很清楚,这篇文章部门法编辑选用,觉得有不同于部门法的视野;而如果让法理编辑谢老师去评判,他会觉得理论基础和理论创新都不足。我对他的学术偏好、质量要求很清楚,撤稿可以保留自己的体面,体现我谨慎对待学术的态度,同时可以维护我们之间的学术信任关系。

《法学研究》的诸多风格,从谢老师身上可以感受到,从其他学科编辑的身上也能感受到,从加入编辑部不久的年轻法理学编辑王怡身上也逐渐可以感受到。我的理解,编辑的个人风格在《法学研究》这个平台上充分释放和发扬,才会有我们这些青年学者在平台上的快速成长。

我个人过去十多年的学术快速成长,与《法学研究》的深入互动和良好信任关系,是密不可分的。在此过程中,积累了一些体验和感悟,能够用语言顺利表达而分享出来的,只是一部分。这些体验,或多或少也存在于与其他杂志的互动过程中。学者的成长,总是与杂志提供的平台和帮助密不可分,而学者的努力也在让平台更有吸引力。当代中国正经历着我国历史上最为广泛而深刻的社会变革,也正进行着人类历史上最为宏大而独特的实践创新。这种前无古人的伟大实践,必将给理论创造、学术繁荣提供强大动力和广阔空间,我们这些社会科学学者应该抓住难得机遇,推动中国学术繁荣发展。

陈林林：以质取文，提携新人

陈林林，浙江工商大学教授、博士生导师。曾任浙江大学法理研究所所长、浙江工商大学法学院院长，入选教育部"长江学者奖励计划"，获"有突出贡献中青年专家"和享受国务院政府特殊津贴专家荣誉称号，兼任中国法学会理事、中国法学会法理学研究会常务理事、浙江省法学会法理法史学研究会会长。长期从事法学理论研究，主要研究方向为法治理论、法律方法与司法决策等。

冯友兰先生就学术研究有一个"照着讲"和"接着讲"的说法。在知识生产过程中，"照着别人讲"客观上是不可逾越的研究前提，尤其在法学这一舶来、后发的学科领域。每一篇法学论文的作者，大底都希望自己的文章在"照着讲"的基础上，能再"接着讲"点什么，但到底讲了些什么，以及讲得又如何，都只能由他人或外界来评说。幸运的是，在我踏入法学之门、开始学着讲点什么之际，就获得了《法学研究》等学术刊物的认可和扶持，也导引我走上了学术研究之路。

法学既是一门实践的知识，也是一门教义学理论或解释性科学。但从不同层次、视角审视规范与事实、理论和实践之关系，可以分化出不同类型的学术作业方式和法学知识类型。我个人的研究经历，一开始从部门法学习、写作开始，后来因为寻根究底和坐而论道的偏好，又进入了法学理论的研究领域。在法理学领域沉浸若干年后，感受到理论若能描述、解释实践，即在某个层次、某个领域若能"即物穷理"，就已经是功莫大焉，而所谓指导或对实践发号施令，实在是勉为其难。退而言之，理论在某种意义上只是一种智力游戏，尽管只要游戏做得好，于己于人仍然是有益的，也是有意义的。另一个感受是法理学并非典型的法学基础学科（例如民法学），而更像一门交叉学科。与此相应，我在某些主题上的写作视角、方法和素材，也追溯到了心理学等外部学科。

同样幸运的是，《法学研究》都接受过我在这三个阶段研究的不同主题论文。我在大学时热衷于刑事法，那时候文献少，把政法大学昌平图书馆相关的书都看了一遍，又把马克昌先生主编的《犯罪通论》和樊崇义、肖胜喜先生主编的《刑事诉讼法学研究综述和评价》抄写了一遍，然后开始了无知无畏式的写作。大三时在《法律科学》发了一篇关于无罪推定原则的论文，当时之所以投《法律科学》，仅仅是觉得它的刊名中有"科学"字样，看上去很不错的样子。大四时写了一篇论上诉不加刑的论文，但因毕业和就业耽搁了一段时间，后来发在《法学研究》上。当时没有三大刊的说法，自己也不晓得刊物等级，至于为什么投《法学研究》，原因已经想不起来了，但发表过程仍记忆犹新。那是1998年上半年的事情，编辑王敏远老师审稿之后，专门手写了2页审稿意见，指出我论文第三部分的观点和论证有问题，建议我修改。我没有采纳王老师的意见，而是回复了3页纸的内容，详加说明并坚持了自己的观点。王老师后来回信说我的观点也可以接受，然后就刊发了。当时我只是一个刚大学毕业的本科生，在杭州大学电子系（现在的浙江大学信电系）做学生辅导员，这种真诚的交流让我真切感受到了《法学研究》只看论文不看人的用稿风格。

之后，我仍依托大学工作环境之便利，自己看书并写作。1998–1999年，浙江大学、杭州大学、浙江医科大学和浙江农业大学四校合并，组建了新的浙江大学，并鼓励政工人员离岗读研。政策一发布，我就申请离岗并投入孙笑侠老师门下学习法理学。在攻读硕士、博士学位期间，也在《中外法学》《比较法研究》《法律科学》《法学》等刊物陆续发了一些文章，但在《法学研究》上的第二篇却迟至2005年博士毕业后才发表，因为当时已经知道那是一本权威刊物，故而一直没投稿。发在《法学研究》上的第二篇论文《基于法律原则的裁判》，是我转入法律方法论研究后发表的代表作。大约是2006年3月份寄出，审稿编辑是谢海定老师，他简单回复"准备刊用"，却详细核对了参考文献，然后很快就刊发了。海定老师寡言少语、动作麻利，很少著文但引证很高，有一种人狠话不多的气象。在后来的交往中，他未曾要求我修改过稿子，也基本不删改我的稿子，所以敝帚自珍的我对他特别有好感。当然有一次是例外，不知是排版还是别的原因，他直接删掉了我论文结语部分的一大段稿子，而我那篇论文的结语总共才两段话。当我看到刊出的论文时，着实心疼了五分钟。

除了提携年轻人的"只看论文不看人"外，《法学研究》给我另一个深刻印象无疑是编辑的严谨和认真。权威刊物的编辑，大底很少会像王敏远老师那样，与一个初出茅庐的辅导员在审稿过程中平等且耐心地探讨、交流专业问题，也很少会像谢海定老师那样细致和较真。海定老师估计习惯于晚上加班工作，他在编校我的《公众意见在裁判结构中的地位》时，某晚上11点多突然来电话，指出一个脚注的引证文献漏了页码。那篇文献是我国台湾地区学者王鹏翔发在《月旦民商法学》总第4期的《目的论限缩之论证结构》，我告诉他情况特殊，原文就是没有页码，而我会把原文献复印寄给他。他沉吟一下后，告诉我改天他会自己去核对。然后他真的去找文献核对了，回复我的确没页码。谢老师对学问的细致和较真，也体现在他自己的写作发表和日常言行中。《法学研究》2014年曾在厦门举办了一次以"国家治理法治化"为主题的青年论坛，他担任第一场报告的主持人。我清楚地记得几位报告人——都是国内知名的青年教授、博导——刚报告完毕，他就发言说：我看这些报告人的论文写得都不够认真。听到这话时我差点笑场，因为这是我第一次也是迄今唯一一次在学术会场上听到如此坦率、严厉的评议，而且是来自主持人的评议。

正因为有上述印象，凡是给学术刊物尤其是《法学研究》投稿，我都比较谨慎。首先是形式上一定认真，例如不能有语病、错别字之类的低级错误。我经常在各种场合提醒硕士生和博士生：你们的论文在内容上写得好坏，老师们不一定把握得住，因为我们可能并不熟悉具体某一研究领域的问题结构和研究进阶；但是，你们的论文写得是否认真，体例结构和行文用词考究与否，老师们翻几页就清楚了。其次是尽量言之有物，或曰有所新意，哪怕是新材料、新方法和新视角都可以，但这实际仍然是一个非常高的要求。就求新而言，跨学科研究貌似很有前景，但并不容易。我曾用裁判文书统计分析，考察了中国法院/法官在法律解释之际是如何对待词典释义（司法判决中的词典释义），也曾结合心理学理论和实验方法，分析公众意见在实然层面如何影响法官决策（公众意见影响法官决策的理论和实验分析）。尤其是后一项研究，前后大约花费了两年时间选题、设计实验、实施实验和数据分析，最后也发表在了《法学研究》上。那是我第一次运用实验方法开展的研究，所以很感谢编辑部对这种探索式研究的支持。

《法学研究》自2011年开始持续举办的青年（公法）论坛，对学界的年轻人包括曾经年轻的我提携良多。我很少参加学术会议，但持续参加了安徽黄山、重庆武隆、厦门海滨等地的青年论坛，并借由论坛主题的契机，对"法治""权利"等法学基本范畴进行了专门性学习和思考。尽管我在法理学、法律方法论的研究过程中，思考过这些作为背景性的底层概念，但真正触发系统性梳理并从与会前辈和青年同行中获得启发性观点，都是在相关的青年论坛上。这些论坛兼有引领学术和提携青年的宗旨及功能，在论坛上我获得了陈甦老师、张广兴老师、熊秋红老师、汪太贤老师、程燎原老师等前辈的指点，也结识了国内公法学界的年轻同行，这都极大地开阔了我的研究视界。我关于"法治"和"权利"的思考，都以几千字笔谈的形式发表在了《法学研究》上，其中也有一些框架性的想法，奈何笔力孱弱，始终未能扩写成正式的论文。数年后谢海定老师提及那两篇小文的引用率还可以，也让我继续保有扩成论文的念想。

随着各种科研评价指标和期刊评价体系的出现，编辑（部）和作者的关系在今日也发生了诸多变化。一方面是作者的急功近利，出于各种原因为了发表而发表；另一方面是期刊因为形势所迫，依据潜在转载率、引证数等来选稿，因而优先考虑高职称、高影响力作者的稿件，最终不自觉地将作者身份视同评价稿件的一个标准，从而放弃了对年轻学者的发现和扶持。但从我个人的经历和《法学研究》这些年发文的作者情况来看，杂志社和编辑们尽管也承受了维护顶流期刊之影响力的压力，但仍不从流俗，用心奖掖后进、提携新人。这既是学界年轻人的幸运，也是法学研究事业的幸事。

廖凡：乱云飞渡仍从容——我眼中的《法学研究》

廖凡，中国社会科学院国际合作局副局长、研究员，中国社会科学院大学法学院教授、博士生导师。学术兼职为中国法学会国际经济法学研究会常务理事等。主要研究领域为国际法基础理论、国际经济法和金融证券法。

迄今为止，我在《法学研究》一共发表了两篇文章，一篇是2010年第4期的《国际货币体制的困境与出路》，另一篇是2020年第5期的《全球金融治理的合法性困局及其应对》。当然算不上高产，自己也每每以"十年磨一剑"自嘲，但内心深处却始终将它们视为自身学术成长道路上里程碑式的见证和纪念，感恩《法学研究》的宽广平台和专业"助产"，更庆幸自己能够借此与这本卓越的刊物结缘。

《法学研究》是法学领域毋庸置疑的顶刊。这种地位固然可以经由纷繁复杂的评价指标和不一而足的排行榜来体现，但我一直比较固执地认为，相关人群近乎直觉的"第一反应"，也许更具持久的说服力。这就好比要是问中国最好的五所大学是哪五所，基于不同的评价指标、按照不同的统计标准，多半会有五花八门的答案。但要是被问及中国最好的两所大学是哪两所，恐怕绝大多数人都会不假思索地说出那两个名字，而无须借助或者不予考虑形形色色的指标和标准。《法学研究》在学术共同体的学术共识中，恰恰就具备这样一种"天生丽质难自弃"的传统地位和影响力。何以如此？一千个读者就有一千个哈姆莱特。以我个人的浅见，这至少缘自《法学研究》及其编辑团队的四个特点，那就是坚守品质、甘作嫁衣、扶持"冷门"、奖掖后进。

人们常说质量是企业的生命线，我觉得对于刊物而言同样如此。在对文章水准和品质的坚守上，《法学研究》是一以贯之的。如果说《法学研究》刊发的每篇文章都是精品力作，也许有人会认为过于绝对，但要说它刊发的绝大多数文章都代表了国内相关研究领域的顶尖水平，我想应该不会有异议。而高水准、高品质的文章，对刊物来说至少意味着两点。首先，这是刊物地位和影响力的终极来源。造成一本学术期刊的地位和影响力的，诚然有长期和短期、客观和主观、可控和不可控的多种因素，但我想文章的学术水准和品质才是"1"，其他的因素则都是"1"后面的"0"。其次，所谓"我见青山多妩媚，料青山见我应如是"，大面积、大概率的高水平文章能够使作者群和潜在的作者群产生惺惺相惜的认同感、与有荣焉的成就感和诚惶诚恐的敬畏感，从而甘于、勤于全力以赴，唯恐不能产出代表自己最高水准的作品，"配不上"这本刊物。

所刊发文章的长期、普遍的高水平、高质量，来自《法学研究》在选稿、用稿方面的"理论自觉"和"道路自信"，反过来又进一步夯实和支撑了这种自觉和自信。也许是所在机构的特质使然，也许是主编和编辑们的个性浸染，《法学研究》总给我一种"闲看庭前花开花落"的"贵族范"和从容感。在我一直以来的印象中，《法学研究》既不一味追逐"热点"，也不刻意回避热点，而是始终着眼于稿件本身的"是非曲直"，看其是否选择了有意义的主题、进行了有见地的分析、得出了有价值的结论。以此为基础，《法学研究》还适时开展"定向募集"，加强与学术界和作者群的互动交流。始于 2014 年的《法学研究》春季论坛和秋季论坛（后为"《法学研究》论坛"），业已成为法学界的一件盛事，推出了一系列优秀文章，充分体现了权威期刊作为"理论高地"应有的设置研究议题、引领研究风向、倡导研究范式的能力和担当，堪称刊学互动、编研相长的典范。

编辑们对待每篇稿件的一丝不苟和每位作者的一视同仁，是《法学研究》文章质量的根本保证。我在法学研究所、国际法研究所工作多年，同《法学研究》编辑部的同事们彼此熟悉、关系融洽，要说在发表文章方面完全没有"近水楼台先得月"的便利，那是矫情之语。但我可以负责任地说，这种便利，更多地体现在作者与编辑之间的相互信任，体现在得以更迅速、更直接地获得编辑部的反馈和指点，体现在可以有更多机会、进行更充分的互动交流，而绝不意味着刊物会因此而降低要求、牺牲质量。《全球金融治理的合法性困局及其应对》一文的刊发过程，我至今记忆犹新。我是在之前几篇关于国际货币体制、国际金融监管、全球金融治理的文章基础上，结合新的理论动向和实践发展，尽力撰写的这篇文章，个人还算比较满意，感觉代表了自己当时的研究眼界和水平，算是自己对该主题研究的一个阶段性总结。投给《法学研究》后，很快收到了责编冯珏老师转来的匿名评审意见，在总体肯定的基础上，对存在的问题提出了坦诚的批评意见和中肯的修改建议。我对此当然是高度重视并心存感激，但老实说，一开始还是有些畏难情绪的。一则修改涉及的工作量不小，有些地方还需要啃"硬骨头"；二则出于敝帚自珍的心理，不免觉得有些意见建议可能是见仁见智的问题。但冯珏老师郑重地提醒我，好文章是改出来的，一定要不避繁难，并且耐心地同我一起参详，帮助我理清修改思路。在提交修改稿并获匿名评审专家认可后，冯珏老师又对文章作了逐字逐句的细致审阅，数次就某些论断和表述的准确性和妥当性跟我当面或电话沟通，那种一丝不苟的态度和精益求精的追求，让我既受感动又觉惭愧。最终刊发的文章，相比起初的版本，不敢说是焕然一新，但理论性、系统性和严谨性都有了明显改进。这让我在阶段性研究总结上不留遗憾之余，更加深了对《法学研究》的认识，增添了对编辑同仁的敬意。

《法学研究》一直坚持学者办刊，这也是中国社会科学院很多期刊的传统。学者办刊的好处在于，从事编辑工作的学者们都有自己的学术领域和研究专长，对于学术界有长期关注和深入了解，对于学术本身有自己的见解和追求，能够更加精准地把握一篇稿件的学术价值、学术贡献和学术分量。这对于刊物、对于作者，都是幸事。但毋庸讳言，学者办刊也有其"痛点"，那就是当研究工作和编辑工作集于一身时，二者之间天然存在紧张关系。一来，人力有时而穷，一个人的时间和精力终归有限，在以编辑工作为主业的情况下，编辑们自己的学术研究就不得不成为"副业"，不可能全身心投入、全时段进行。而鉴于《法学研究》在选稿用稿、编辑校对等方面的高标准严要求，相应的工作量可以想见，编辑们自己的学术研究时间就更加成为"稀缺资源"。二来，研究和编辑这两种工作、学者和编辑这两种角色之间，多少有着一些内在差异。学者作研究、写论文，主要是对自己负责，是在自己营造的一个自洽的"小宇宙"里遨游，对待学术文献和资料往往是一种"为我所用"的态度，批判性较强；而编辑选稿、用稿、编稿，更多地是对作者、对读者、对刊物、对学界负责，是要在坚持原则、坚守品质的基础上，尽可能发现、发掘一篇稿件已有的"闪光点"和潜在的"增长点"，这就要求编辑在对待稿件和作者时，更富同理心、更具建设性。要在这两个"频道"之间不时切换，殊非易事。

"苦恨年年压金线，为他人作嫁衣裳。"在很大程度上，编辑工作就是一件为人作嫁的事。还是那句话，好文章是改出来的，而这里的改，既包括作者的改，也包括编辑的改。一篇发表的文章，从初稿到成品，编辑在结构、内容乃至文字上的修改调整，需要大量时间和精力的投入。越是高质量的刊物，越是负责任的编辑，就越是如此。我本人曾经长期担任法学期刊的兼职责编，坦率地说，不少稿件在表达和文字方面是不过关的，是需要编辑硬着头皮去改出来的。特别是，考虑到上面提到的学者办刊情况下的两对紧张关系，甘作嫁衣就更为难能可贵。因为，要解决这种紧张关系，只能靠编辑们主动挤压自己本已有限的研究时间、努力克服作为学术同行的"批判"心理，为作者、为刊物去投入和奉献。我曾听《法学研究》一位编辑私下抱怨，每逢出刊那段时间，对其都是一种煎熬，一些稿件的表达之糟糕、文字之粗疏，令其几至忍无可忍。但这并未影响这位编辑兢兢业业地做好每一天工作，扎扎实实地编好每一篇稿件，以及在这之余,去写出自己的堪称精彩的文章。我想,这种甘作嫁衣的无私精神,正是《法学研究》保持旺盛生机与活力的不竭源泉。

我本人的专业是国际法,"国际法的文章不好发"是圈里人常常挂在嘴边的一句话。在2018年发表的《从"繁荣"到规范:中国国际经济法学研究的反思与展望》这篇文章中,我曾尝试对此现象加以解说。我提供的解释是(当然只是部分原因):"对论文引证率和刊物影响因子的关注和追求导致相对小众的国际法学发表成果相对困难。当前的学术评价机制是一种'文以刊贵,刊以文贵'的颇为有趣的辩证状态,即一方面倾向于以发表载体的层次(核心期刊)来评价学术成果的水平,另一方面对发表载体自身的评价又高度依赖所发表的学术成果的影响力(引证率)。这就导致众多研究者纷纷争抢为数不多的核心期刊的有限发文空间,而刊物在决定发表与否时往往会考虑甚至主要考虑相关论文的潜在引证率。如此一来,受众范围相对较小、引证率普遍不高的国际法学论文,就往往难以获得优先考虑。"[①] 近年来,随着国际形势的变化和中美博弈的深入,以及对于统筹国际国内两个大局的强调,特别是"坚持统筹推进国内法治和涉外法治"这一论断的提出,国际法研究迎来难得的发展机遇期,"发表难"问题有所缓解,但相比一些成熟的国内法学科仍有很长的路要走。

即便是在这样的大环境下,《法学研究》自始至终为国际法稿件留有其应有的一席之地。我没有作过精确的统计,但以我有限的认知而言,在法学核心期刊里,《法学研究》发表国际法文章的数量绝对不算少。2010年我首次在《法学研究》发表文章时是如此,现在同样是如此。即便法学研究所主办的另外一本法学核心期刊《环球法律评论》以国际法为其三大特色方向之一(另外两个特色方向是外国法和比较法),即便国际法研究所2014年正式创办的《国际法研究》双月刊专门刊发国际法稿件,《法学研究》也并未因此就心安理得地"放弃"国际法,仍然时有佳作刊发。这一方面当然缘自《法学研究》不唯评价指标、不唯影响因子的底气和从容,另一方面也反映出其对于学科建设的重视和支持。尤其值得一提的是,据我所知,自从张少瑜老师退休后,由于各种原因,《法学研究》其

[①] 廖凡:《从"繁荣"到规范:中国国际经济法学研究的反思与展望》,《比较法研究》2018年第5期,第64页。

实一直没有专门负责国际法方向的编辑，现有的国际法稿件编辑工作，是由两位其他方向的责编在其主责之外，分工负责。坦率地说，这种模式对于这两位编辑而言多少是有些"吃力不讨好"的，承担这一任务是需要担当和情怀的。但我想，这也正是顶刊所应有的担当和情怀吧。

《法学研究》的可贵，还体现在它对于青年研究人员的奖掖和提携。尽管自己早已不再年轻，但"青椒"们的不易，依然能够感同身受。他们处在学术成长的关键时期，面对着证明自我的客观要求，乃至"非升即走"的现实压力，很大程度上是最需要发表成果的一个学术群体。但一来限于学术积累和写作经验，其研究成果相比成熟、资深学者存在差距是大概率事件；二来也是更重要的，他们的知名度和影响力相比资深学者、圈内名家远远不及，而这会在很大程度上影响文章的潜在阅读面和引证率。事实上，在指标体系的指挥棒下，多发教授的文章，少发副教授、讲师的文章，不发博士生的文章，已经是很多刊物的通行做法。而在这个问题上，《法学研究》再次展现出一以贯之的自信和从容：只要文章够水准，不管是副教授还是讲师，哪怕是博士生，《法学研究》都一视同仁地采用、刊发。"事非经过不知难"，要做到这一点，实在是需要相当的气魄和担当的。就在写作这篇小文时，我还在中国法学网上看到了2022年《法学研究》青年论坛征稿启事，主题是"推动数字经济高质量发展的法治保障"，专门注明"本次学术论坛主要面向45周岁以下的青年学者征文"。看到之后，倍感欣慰、倍加赞赏。

2010年在《法学研究》发表《国际货币体制的困境与出路》一文时，我33岁，虽然已经评上副研究员，但尚未完全脱出"青椒"的行列。《法学研究》于我，绝对是"梦中情刊"一般的存在，鼓足勇气才将稿件投给了编辑部。现在想来，初稿其实颇为青涩，被拒完全说得过去。但时任责编张少瑜老师表现出了极大的善意和耐心，不仅自己从责编的角度对稿件的结构和行文提出了很多建设性意见，还指点缺乏经验的我如何充分吸纳、妥善回应匿名评审专家的意见建议。那次修改完善稿件的过程，真的令我受益匪浅，而《法学研究》对于培养人才、提携后进的重视，更是让我铭记在心。文章发表后，在圈内受到广泛好评，还获得中国国际经济法学会2010年青年优秀论文奖一等奖。我一直将这篇文章看作我学术成长过程中的一个里程碑，是它确立了我在国际经济法学特别是国际金融法学领域的一席之地。回想起来,在那样一个关键的发展阶段,能够获得这样一份卓越刊物的"助攻",真的是幸何如之。

"桃李春风一杯酒,江湖夜雨十年灯。"不知不觉间,以作者的身份与《法学研究》结缘已有十多年。十多年里,见证了《法学研究》从胜利走向更大胜利、从辉煌走向更多辉煌,更体悟了她坚守品质、服务学者、支持学科、培养人才的一贯宗旨。不忘初心,方得始终。衷心希望《法学研究》秉持初心、开拓进取、踔厉奋发、勇毅前行,朝向办成法学期刊百年老店不断迈进!

马长山:论文发表背后的学者"生产"

马长山,华东政法大学教授、博士生导师。先后入选教育部"长江学者奖励计划"、中宣部"文化名家暨'四个一批'人才"、享受国务院特殊津贴专家。学术兼职为中国法学会法理学研究会副会长。长期从事法学理论、法社会学、法哲学研究,主要研究方向为法学基本原理、法治理论、数字法学、数字法治等。

大多学者都是在论文发表中获得磨炼和成长的,这并不只是一种经验,而且是一种规律。

回首20多年的学习和研究历程,我只做了两件事:一是阐释了"市民社会法治观",二是阐释了"数字法治观"。事实上,我也并没有经过太多正规的学术训练,而是在诸多期刊的鼓励和帮助下走上学术道路的,因此,可以称为"绿林军"或者"山野派"。这期间,既有青春激情、茫然彷徨和挫折忧伤,也有温暖相助、不懈坚持和小功窃喜,助推着我去探索"已知增加一寸、未知增加一尺"的学术天地。而《法学研究》先后刊发了我12篇论文,这无疑是一种重大鞭策和学术培养,对我学术道路的影响也是关键性的,令人难以忘怀。

无知无畏的"权威发表"

在大学期间,我的学习成绩很一般,但比较喜欢参加学校的征文比赛。大三时,入选征文还有幸刊发在《学习与探索》上。1990年7月,我大学毕业后就进入黑龙江省民政厅,工作之余依然会写几篇文章投稿,先后发表在《政治与法律》《探索与争鸣》《社会科学》等刊物上，稿费也刚好补贴家用。后来在整理大学的读书笔记时，重新唤起对马克思市民社会理论的兴趣，于是便结合当时中国的市场经济转型，着手做一个"长篇大论"，力图从市民社会理论视角来重新解读法律的本质。历时一年半的时间，反反复复地调整、修改，终于形成定稿。然后就去图书馆翻阅杂志，寻找投稿的"目标"期刊。当翻到《法学研究》时，就觉得这个杂志上的论文观点都很新颖，那我这个市民社会理论视角的论文，也想试一试，碰碰运气。

邮寄投稿一个多月后，收到了《法学研究》编辑部的回信，当时猜测大概率是退稿，这对我一个初学者来说属于"家常便饭"。打开一看，来信内容很简单，就是让我讲一下这篇论文是怎么写出来的，落款是"《法学研究》编辑部，张少瑜"。我那时并不认识张老师，但感觉好像有门儿，于是就连夜写回信，把我大学怎么做读书笔记、怎么琢磨构思、怎么写作修改的过程描述了一遍。大概两个月后，又收到了编辑部的回信，打开一看：发表了！这就是《法学研究》1995年第1期的《从市民社会理论出发对法本质的再认识》，作者标注的是"黑龙江省民政厅工作人员"。当时，读着已经变成"铅字"的论文，自然是非常欣慰和开心。

春节的时候，我去看望本科老师，老师很热情，就对我说："你发了《法学研究》啊！"

我回答："是的，就是思考很长时间的一篇文章。"

这时，老师马上瞪起眼睛来问我："那你知不知道那是什么样的杂志呀？"

我就愣住了："我感觉，应该是不错的刊物吧……"

老师随后笑了："傻孩子，那是法学界的权威期刊，是评教授水准的刊物。"

这对我来说太意外了。如果当时我知道这情况，可能就不敢去试了。现在看来，这真是一次无知无畏的"权威发表"，正是《法学研究》这种"认文不认人"的风格，大大增强了我走学术道路的信心和勇气。第二年，我就调回黑龙江大学法学院任教。后来，刘翠霄老师又审读、刊发了《市民社会与政治国家：法治的基础和界限》（《法学研究》2001年第3期）等几篇论文，我也从一名讲师成长为教授。

获奖感言后的"约稿"激励

作为一个"山野派"学者，好处是没有条条框框，可以"四海为师"——每本期刊、每篇论文都堪称我的老师，各路风格兼收并蓄；但一个严重的不足是，所有的学习经历都要"补课"，包括理论框架和学术规范。我获得博士学位时是40周岁，读的是哲学专业；获得法学博士后证书时已经45周岁，当时也是在合作导师信春鹰教授以及其他领导和老师的关怀下才得以"破格"进站，成为中国社会科学院法学研究所的正式学生。

2017年8月初，接到法学研究所老师的通知，告知我被评为中国社会科学院首届"十大杰出法学博士后"，并作为获奖代表，在8月26日举行的"第六届中国法学博士后论坛"上发表感言。当时我想，在这种"高大上"的学术场合不应仅是表达谢意，也要汇报一下自己的学术成果。但如果我汇报已经发表的成果，那这种"重复"又没什么太大意义，还不如思考研究一点新问题。于是，我就利用半个多月的时间，集中精力做了一个15分钟的PPT，讲"互联网时代的法律变革"，但基本是一些碎片化的粗略思考。会议当天，我发表完获奖感言后，就觉得完成了这个任务，倍感轻松。茶歇期间，遇到《法学研究》主编陈甦老师，问候之后聊了几句学习和工作情况，然后，陈老师对我说："长山，你的发言不错，能不能扩展、深化一下，写成一篇论文，就算是对你的约稿。"我一听，这可是太好的鼓舞和激励了！在我的印象中，《法学研究》一般是不约稿的。

会后我回沪，便开始大量搜集文献、批量购买书籍，进行深度研读。这时候才发现，作为一个文科生去研究互联网、大数据、人工智能领域的法学问题，会遭遇太多跨学科、跨领域的陌生概念和词汇了，还有那么多根本看不懂的公式，想弄清它们的内在机理更是难如登天。但我还是硬着头皮去学习、再学习，同时，也不断向计算机、数据科学、人工智能等领域的专家求教，终于在半年之后写成文稿。于是，我就联系陈老师，意思是问一下稿件该发给谁。陈老师回复，约稿归约稿，但需要把稿件投进系统，走正常审稿程序。我投稿后，结果很快就收到了"退修"通知。

谢海定老师很谦虚、平易包容。他对每一位作者都很尊重，也很热心，但对学术问题却一丝不苟、十分较真。他坦率地告诉我，稿件在选题、观点和逻辑架构上都是比较成熟的，但最大的问题就是技术与法律之间的"两张皮"，没有实现有机融合的学术论证。我回头再认真重读自己的文稿，还真是要害所在，这也可能是文科学者进入数字法学领域所常犯的毛病和最大障碍。为此，我又进行了3个多月的深入研究和细致修改，然后在系统中寄回。这次终于通过了，《智能互联网时代的法律变革》一文遂在2018年第4期刊出。

正是在各个期刊老师们的不断鞭策和支持下，后续我才又发表了《智慧社会建设中的"众创"式制度变革》（《中国社会科学》2019年第4期）、《智慧社会背景下的"第四代人权"及其保障》（《中国法学》2019年第5期）、《司法人工智能的重塑效应及其限度》（《法学研究》2020年第4期）、《数字法学的理论表达》（《中国法学》2022年第3期）等重要论文，开始从"市民社会"领域进入了"数字法治"领域，努力实现自己的学术转型。而这次获奖感言后的"约稿"，无疑发挥了重要的推动作用。

加工中发现"知网"信息有误

《法学研究》编校中有项重要的工作叫作"加工"。按我的体会和理解，"加工"就是编辑老师帮助作者从语法词句、逻辑表达到材料运用等全过程的修改和精炼过程，编辑老师们都是为人作嫁衣，编校精炼后的作品都归于作者，他们从"不带走一片云彩"。因此，作为作者，我常常为编辑老师们的奉献、敬业精神所感动。

2018年7月，我跟随学校团队在甘肃敦煌休假，当时海定老师来微信，告诉我当天需要对《智能互联网时代的法律变革》稿件做最后一次校对，然后就核红交印刷厂了。我觉得都校对好几遍了，且我平时也比较认真，应该没什么问题，很快就核对交稿了。稍后，海定老师来电，问我一个文献的作者名字是否准确。我马上登录中国知网，进行截图证明无误，再发给海定老师，他回复我："好的"。但大概一个小时后，海定老师来电，告诉我中国知网上的作者名字是错误的，因为他跟作者本人进行了通话核实。我听后顿时感慨良多，编辑老师们对学术有这种难得的敬畏之心，这也许正是学术的真谛所在、期刊的品质所在。

回想这些年来的学术成长过程，我的每一篇稿件，几乎都在期刊编辑老师和外审专家的指导下进行多次修改，有的甚至达到10次以上。如今，我既是一个作者，也是一个编辑，对两方面的想法与要求都比较了解。作者往往认为"自己写的都是最好的，不然写它干嘛？"编辑往往认为"好稿子都是改出来的"，就像重大科学发明都是反复实验出来的一样。就我自身而言，无论是自己不满意的"主动"修改，还是按外审要求的"被动"修改，每次都是一种写作修炼、一种学术进步。因此，对编辑老师和外审专家，我一直心存敬意和感谢！

上述这些文字，是基于《法学研究》创刊 45 周年的温情回忆。其实，在这些年来的学术研究中，我也深切地感受到《中国社会科学》《中国法学》，以及各个法学专业期刊和综合期刊对青年学者的鼓励和扶持。这表明，各大期刊都不仅仅是在聚焦选题，也在推动理论创新；都不只是在发表论文，而且在"生产"学者。这才是学术繁荣的核心动力所在，也是学术共同体的良好生态之基。

彭诚信：法学学术研究的引领与担当——《法学研究》作者感言

彭诚信，上海交通大学特聘教授、凯原法学院博士生导师、民商法学科带头人。上海交通大学凯原法学院数据法律研究中心主任。中国法学会民法学研究会常务理事，上海市法学会民法学研究会副会长，国家社科基金重大项目首席专家。著有《现代权利理论研究》，主编《民法典与日常生活》、"人工智能"法学译丛六辑（共18册）；在《法学研究》《中国法学》等核心期刊上发表论文近百篇。研究兴趣在民法原理、物权法、数据与个人信息保护等领域。

作为一本期刊的作者，如果对这本期刊充满感情与感恩，那恐怕并非仅仅因为该期刊发表过作者的作品，更为重要的是该期刊从心底触动过作者的学术情感与情怀。《法学研究》就是这样一本能够触动作者学术情怀、激发作者学术兴趣甚至激发学者学术灵感的期刊。《法学研究》对学术问题、学术规范、学术理论、学术旨趣的坚持，使她成为众多法律人的钟爱学术伴侣。《法学研究》编辑老师对作者尤其是年轻学者的鼓励、关心与爱护，更是赢得了众多作者发自内心的由衷尊重。本人作为《法学研究》20余年的作者，也谈几点切身感受。

从作者眼中的好作品到编辑老师眼中的好作品

一位倾心学术研究的学者，尤其是对学术充满理想与情怀的作者，往往会对自己的作品投入全部的创作灵感与激情，还有那无须多说的勤奋与辛苦，甚至煎熬与思索无解的痛苦。作品出来后，好似自己的亲生儿女，疼爱有加，从而不愿再作任何增删变动。

但作者创作时往往也有误区。经常存在的问题是，针对文章所要解决的问题，作者不但想把这个问题产生的来龙去脉理清，而且也要把解决该问题既有路径的优缺点写清楚，这也常常是文献综述的内容。尽管这是写作理想论文的基本要求，但是对于要在期刊上发表的论文来说，最为重要的是问题意识，即表明文章所要研究的问题是真问题，且既有研究尚未解决或没有完全解决即可，而没有必要把论文研究的背景资料、研究过程或者文献综述内容都发表出来。正如一个武林高手，在武术比赛或跟人交手时，没有必要再把平时站桩、蹲马步等基本功训练过程再展示一遍一样。

本人在《法学研究》2014年第4期上发表的《从法律原则到个案规范》一文初稿便存在这样的弊病。文章初稿刚完成时有近6万字，内在的野心是试图把法律原则针对具体个案的适用，从如何识别适用于具体个案的原则、所适用原则到个案规范的如何具体化以及原则适用的法律后果等都有所展现，而且每部分背景资料也都尽可能丰富，这就使得文章平铺直叙、面面俱到且过于臃杂。

将什么样的文章登载在期刊上，将怎样的内容展示给读者，没有比编辑老师更清楚的了，因为审读投稿文章无数的老师更能准确辨别一篇文章的学术价值与理论贡献。我还清楚记得冯珏老师审读《原则理论的实践适用——以民事案例的适用为例》一文初稿后，跟我提出的修改意见。冯老师指出，在涉及原则理论的法律适用中，最核心的便是文章第四部分针对个案将法律原则论证到个案规范的方法与过程，至于文章第三部分"具体个案所适用原则的选择"完全可作为另外一篇文章予以单独论证，而文章第五部分"适用原则的法律效力"则可以不在拟发表文章中呈现，因为原则针对具体个案的适用本来就会存在多元的法律后果。文章第三、五两部分除了具有体系化归纳的意义，并不具有太多的学术创新价值。冯老师的建议确实令我深受启发，因为这篇论文的核心确实在于提供了将法律原则论证到个案规范的一种论证方法。第三、第五两部分无非是为了试图实现本人体系化解决法律原则适用的雄心而放入一篇文章之中，从而使得文章初稿内容体量过于庞大。依照冯老师的建议，我不但果断删除了原文的两大部分，重新组织了篇章结构，而且也将论文题目从《原则理论的实践适用——

以民事案例的适用为例》修改为《从法律原则到个案规范——阿列克西原则理论的民法应用》，这也就是发表在《法学研究》2014 年第 4 期上的小文。这篇论文的修改过程，对我而言更为重要的意义在于，让我清楚了今后如何做好论文内容的安排与取舍。

在跟编辑老师的交流互动中提升与成长

一篇文章写成并完成投稿，作者最为期待的是文章能够尽快发表。而一本好的期刊收到稿件后，除了从众多稿件中挑选出适合本刊发表的优秀论文之外，更为重要的是，若编辑老师还能告诉作者其作品不能发表的理由或原因，尤其是指出论文尚需补充与提升的要点，那这样的期刊就是对作者负责的期刊，这样的编辑老师就是令作者尊重的老师。《法学研究》及其编辑老师，还有其匿名审稿老师便做到了此点。本人每每写出了自认为较为满意的稿子，经常发给冯珏老师请教。即便冯老师建议投稿《法学研究》，结果往往也是退稿比发稿多。但恰是那些没有得以发表的论文的修改完善过程，让我学到更多。仍记得，多年前本人将自认为很有创新的《占有的重新定性及其实践应用》一文投给了《法学研究》，投稿不久便收到了冯珏老师的反馈意见。大意是，本文确实有一定程度的创新，但感觉资料文献的运用还不够丰富与扎实，尤其是从罗马法到现代德国法中一些重要的相关文献没有得以体现。冯老师的意见非常中肯，但苦于自己仅懂英文，而不通拉丁文、意大利语、德语等国外语言，要弥补文章文献上的这一短板绝非一日之功。正是因为外语短板给我学术研究带来的某些限制，使得我对自己的博士生非常强调语言的重要性，并建议致力于学术研究的同学，最好能学好第二外语，甚至能掌握更多的外国语言。

从跟编辑老师交流以及匿名审稿老师的反馈意见中，还能发现文章中具体理论知识的短板，甚至是作者知识结构的短板。以《论不当得利返还范围的确定——以德、美"得利丧失"抗辩的考察为背景》一文为例，我至今仍保留着跟冯珏老师的多封交流邮件，她就返还法领域中确定不当得利范围的因果关系、主观过错在其中的作用，甚至两者之间的相互关系，都提出了令我深思的核心问题。这些问题的提出，不仅让我看到了论文中存在的基础知识不扎实，而且更令我看到自己在侵权法以及返还法等领域中知识结构的短板。尽管这篇文章最终没有被采用，但我从心底佩服冯老师及所有匿名审稿老师对稿件认真、负责的态度，也钦佩《法学研究》唯论文质量至上的原则坚守。而让作为作者的我深感教益的是，写文章还是不能浮躁：若没有真的理清论文所涉及的问题机理、比较法上的相关制度背景、理论基础及运行逻辑等，还是不要轻易着手论文撰写，否则修改就是拆了东墙补西墙，缝缝补补永远都修改不出理想的文章。

反过来，如果《法学研究》的编辑老师认为某篇论文有理论原创性或较高的实践价值，那论文发表就很迅速。记得我把跟李贝博士合作的《现代监护理念下监护与行为能力关系的重构》一文投稿给《法学研究》不久，冯珏老师便来信表达了对该文试图解决的核心问题的肯定。具体说就是，该文所讨论的行为能力与监护两种制度的初设功能与本旨不同，而我国司法实践却把确定监护人的标准建立在被监护人的行为能力之上，尤其是行为能力的类型三分与当时的监护制度，对于意志能力相对薄弱之人的保护的确不够全面且过于僵硬，这些问题均值得深入研究讨论。这篇文章很快就在《法学研究》2019年第4期发表出来了。由此我也深刻感受到，所谓文章的发表周期，还是取决于文章的质量。《法学研究》及其编辑老师以文章质量为取文标准的理念的确指引着法学学术研究的方向。

对法学核心问题与作者核心关注的引领

一本好的期刊，不仅是挑选出一篇篇优秀的文章，更为重要的是，看它能否引领学界关注我国基础理论发展以及司法实践所亟须的法学核心问题，并以此推动学术与实践的良性互动，《法学研究》就做到了此点。在我印象里，《法学研究》从近10年前便开始向学界发布征稿主题，而且每年大多举办春秋两季论坛。如2014年的"全面深化改革与不动产法律制度的完善""城市化与法治化：城市化的法律治理"，2015年的"依法治国与深化司法体制改革""民法典编纂的前瞻性、本土性与体系性""如何理解'国家所有'""法治视野下的城市治理"，2016年的"刑事法治体系与刑法修正"。近几年的征稿主题有："多元纠纷解决机制的体系协调与功效衔接"（2022年6月）、"推动数字经济高质量发展的法治保障"（2022年4月）、"人口老龄化的法治应对"（2021年11月）、"创新驱动与国际博弈下的知识产权法"（2020年11月）等。这些主题都是我国立法、司法以及社会发展中遇到的重大现实及理论难题，由此亦可看出《法学研究》对国家在社会及经济发展中遇到的重大法律问题一直保持着很高的灵敏度与关注度，对法学学术研究起到了前瞻与引领作用。尤其是这些征稿启事，虽只是千字左右的文案，绝大多数都可称得上一篇短小精悍的优秀文章，让读者从中可体会并学习到论文写作中的行文与布局等规范性要求。文案所提到的相关征稿主题中关切的具体法律问题，都给读者撰写论文提供了很好的问题切入点。

对年轻学人的真切关心与提携

如果说青年人是祖国的未来，是人类的未来，那青年人也是学术的未来。提升年轻学者学术兴趣、树立年轻学者学术信心、关心与爱护年轻学者成长，也是一本有学术担当与学术追求的期刊所应该做到的。尽管当下的学术环境对年轻学人难谓友好，看看青年学者的论文发表之难便可清楚，但《法学研究》无疑是对年轻学者关心与关爱的典范。

以论文质量取文，而非将资历、名望等作为选文的主要考量因素，这是对年轻学人最好的鼓励。尤其是近些年的年轻学者，他们多有良好的学历背景、留学经历、优越的外语能力等，若能潜心为学，可以写出非常优秀的论文，只不过在中国的核心期刊尤其是法学类核心期刊上发表很难。而《法学研究》几乎每一期都有数篇年轻学者的文章，甚至还有博士生的优秀论文。此举意义重大，在我国像《法学研究》这样的法学核心期刊与顶级期刊，能发表年轻学人的文章，其重大意义是让年轻学者树立了对学术的信心，看到了追求学术研究的希望。每每听到年轻的学者说，论文还是要好好写，写出精品可冲击一下《法学研究》，我都为年轻学者的上进心所感动，更为《法学研究》对年轻人的提携而由衷致敬。

更难能可贵的是，《法学研究》还有意识地培养年轻人，为年轻学者提供交流平台与论文发表机会。《法学研究》除了每年举办春秋两季论坛外，有时还专门为年轻人搭建展示其学术成果的"青年论坛"，如2022年论坛的主题为"推动数字经济高质量发展的法治保障"，2017年青年公法论坛的主题为"马克思主义法学：经典与解释"，2014年青年公法论坛的主题为"城市化的法律治理"和"国家治理法治化"，等等。专门为年轻学者搭建舞台，为青年一代学者提供能表达其学术观点的平台与机会，在我国当下特有的高校考评制度、论文期刊评价制度等背景下，充分体现了一本顶级期刊对年轻学人的人文关怀与学术担当。也正是这种对年轻学人的刻意提携与培养，《法学研究》为我国法学界持续不断地推出一批又一批的学术新人，其对中国法学学术研究及法治发展的贡献可谓居功至伟。

法学学术研究的引领与导向

一个国家的未来最为依靠的是教育，一个国家的进步最为依靠的是科技进步尤其是基础科学的进步，基础知识、基础科学的教育对一个国家的发展极其重要。正如麻省理工学院校长 L. Rafael Reif 教授于 2016 年在给其学校参与引力波发现的科学家团队的贺信中指出的，"只有随着基础科学的进步，社会也才能进步"。法学作为教育的一部分，法治作为社会进步最重要的制度保障，有关法学、法治等基本原理、基础知识的教学与研究，也会愈加重要。如果说在科技上我国在芯片、发动机、生物制药等方面正遭遇"卡脖子"问题，在法律上我国也在涉外法律、国际法、知识产权、数据与人工智能乃至人权等领域面临众多"卡脖子"难题。这些基本法律问题及其所涉基本法律原理都需要法学研究者认真探索与研究。这些问题的解决并非一日之功，甚至也并非一人所能为。这就需要一大批真正能够坐得住冷板凳且充满公益精神、理想精神甚至奉献精神的学者去钻研。然而，当下整个学术领域（包括法学）的浮躁现象却不得不令我们心生疑虑。当学者们力拼论文发表数量及期刊等级时，甚至为数不少的期刊也在拼等级及各种荣誉时，我们是否有能力、有精力去解决法学中的"卡脖子"问题？

法学研究的繁荣，在根本上应体现为对重要及重大基本法学理论问题的研究突破。即便是对于社会和经济发展面临的重要实践及热点问题，比如数据、个人信息、人工智能及元宇宙等，学术研究也应聚焦于这些热点问题背后所反映出的基础法学理论，尤其是对其所提出的理论挑战的学术关切。一句话，法学研究也要为当下数字经济中所面临的"卡脖子"问题作出理论应对，比如个人信息之财产外化的理论证成、个人信息中财产权益归属及利益分配等问题。《法学研究》一直以基础理论为选稿重点，她关注热点，但又不唯热点，甚至还为一些所谓热点问题正本清源。如《法学研究》2017 年第 2 期发表的由解亘教授和班天可教授合作的评论性文章《被误解和被高估的动态体系论》，便是刻意引导国内学者对动态体系理论的基本内容、运用前提、适用范围、适用局限等方面进行有益反思。《法学研究》对基础理论等核心法学问题的关注，尤其是其一直以来致力于引导更多的学者投入法律基础理论的攻坚与研究之中，使其成为我国法学者在学术研究正途之上行走的引路人。

《法学研究》唯论文质量至上、对于核心法学基础理论的引领与坚守，对法律学人的倾力支持，尤其是对年轻学者的关爱与扶持，使她成为我国法学学术期刊的楷模。《法学研究》还在一定程度上指引着我国法学学术研究的方向，为学术研究者提供了重要的论文发表与学习平台，亦为我国学术界对学术研究的应然坚持提供了标杆。最重要的，《法学研究》对纯粹学术的秉持、坚守与引领，让学术研究者看到了我国法学学术研究的希望，看到了法学学术发展的希望，也让法学研究者找到了坚守学问且为中国法治发展贡献力量的榜样。在此，我谨对《法学研究》创刊以来所有编辑老师、审稿老师及所有为这本卓越的良心期刊作出贡献与奉献的人，献上我作为一名作者的由衷敬意与谢意！

钱玉林：学术也是一种态度——印象中的《法学研究》

钱玉林，法学博士，现任华东政法大学经济法学院院长、教授、博士生导师。兼任中国法学会商法学研究会常务理事、上海市法学会商法学研究会副会长、上海市法学会学术委员会委员。在《中国社会科学》《法学研究》《中国法学》等刊物发表数十篇学术论文。入选教育部"新世纪优秀人才支持计划"、上海市领军人才和2018年中国商法年度人物。

在学界，《法学研究》因致力于反映我国法学研究的最新成果和最高学术水平，被认同为法学类三大权威期刊之一。这样的评价并不为过。然而在我心目中，她则是一本好的学术期刊。"好"与"坏"，这是我们从小就学会的对人和事物的一种最直接、最简单，也最真挚的表白。我一直是《法学研究》的读者，自2009年开始，又有幸成了《法学研究》的作者。作为读者，通过阅读《法学研究》的文章，感受了她对学术性、理论性的坚持和对学术批评、学术规范的坚守；作为作者，通过投稿，体会到了《法学研究》的编辑认真踏实的工作作风和秉持端正的学术态度。正是这种坚持和执着的态度，使《法学研究》具有了深刻的思想沉淀和浓厚的学术品味。所以，我更愿意用"好"字表达我对《法学研究》的评价。在与《法学研究》打交道的过程中，无论是对投稿文章的处理，还是与编辑的交流，无不让我深刻体会到学术其实也是一种态度。

选题与命题

写论文，首要的问题是写什么。这就是所谓的选题。选题来源有好多种渠道，比如课题、教学中遇到的问题，阅读思考中发现的问题，以及参加调研或学术研讨过程中发现的问题等。选题具有理论意义和实践价值，是对一篇学术论文的基本要求。我本人主要从事商法学的教学和研究，商法学是一门实践性很强的学科，我认为对商法问题的研究更应倾向于从商事实践中寻找理论问题和实践难点。中国商法学起步于市场经济体制的确立，经过商法学者三十多年的共同努力，商法学已经形成了一些较为成熟的理论和学说，商事审判实践中法官的商事法律思维也不曾停留在观念层面，早已转化为具体的实践，落实在个案的审理和判决当中，并积累了一些经验和较为成熟的裁判规则。但不容忽视的是，商法学的研究仍面临诸多重大的理论和实践问题。在商法学领域，我把更多的精力放在了公司法的研究上，在《法学研究》发表的几篇拙文也都集中在公司法领域。这几篇文章的选题，大都来自公司纠纷案件审理中存在争议的问题。

公司是直接投资的工具，公司法无疑是营商环境中基础性的法律制度。在全球竞争一体化的背景下，各国的竞争本质上是法律制度的竞争，21世纪以来各国频繁修改公司法，目的就是吸引投资，营造良好的制度环境，以便在竞争中胜出。中国公司法同样面临不断制度优化的问题，因此，存在很多值得研究的课题。在参加公司法立法研讨、公司法司法解释研讨以及公司法理论问题研讨等学术活动中，我观察到公司纠纷案件审理过程中之所以对有关问题产生重大分歧，原因在于理论上对裁判中的争议问题没有给出清晰的答案，立法规范方面也存在较大的解释空间。而司法裁判具有验证法律正当性的功能，对于公司法而言，公司纠纷案件的裁判同样也是促进公司法发展的一种重要机制。因此，公司纠纷案件裁判中的种种争议，事实上为学术研究提供了最为鲜活的选题。例如，违反公司法第16条规定订立的公司对外担保合同的效力、侵害股东优先购买权的股权转让合同的效力、非破产情形下股东出资能否加速到期等，都属于从理论上需要对司法裁判实践作出回应的问题。这样的选题，大致是不会缺失理论意义和实践价值的。

有了好的选题，不等于研究成果就具有了学术价值，命题才是论文的灵魂。何谓命题，它是贯穿于论文的中心论点，是你试图在论文中探讨或论证的一个基本问题或基本观点。① 围绕一个基本观点展开，这就是论证。论据充分，论证严密，是基本观点是否可靠、能否令人信服的重要依据。论证也是有章法的，这个章法包含两层意义。一是逻辑体系。论文提纲作为文章的体系，初步能呈现文章的内在逻辑。从问题的提出，到形成自己的观点，再对观点进行充分的论证，最后得出一个基本的结论，这是论文逻辑体系的基本要求。二是研究方法。很多文章在选题上看起来相似甚至相同，但采取不同的研究方法，可能会得到不同的结论。所谓角度改变观点，不同的方法对相同命题会带来不同的论证效果。《法学研究》非常重视论文的论证方法和论证深度，从论证中可以看出作者对与选题相关文献的掌握程度、理论思想的深度，以及研究水平和能力的状况。观点自圆其说，仅是论证的基本要求，观点在相应研究领域具有创新性，才是对论证方法和论证深度提出的更高要求。总之，论文核心在于观点，重点在于论证；没有观点的文章缺少灵魂，没有论证的文章不是论文。

谈到选题，不得不额外地说说《法学研究》的风格。每个期刊都有自己的风格，体现在对选题、文风，甚至是否为独著的要求上。同样地，作为读者或者作者，对每个期刊的风格也有自己的评价。有的期刊关注热点问题、前沿问题，如同时装一样，追逐潮流，选题的时效性很强。而《法学研究》，在我看来，如同正装，看起来端庄、稳重，"重视基本理论的研究"②，但也不拒绝讨论热点问题；只要体现"学术性、理论性"③，选题无问新旧，老问题新观点的论文同样可以接受。这体现了《法学研究》对学术的包容性和开放性，或许这也是《法学研究》对选题、命题与创新性的最好注解。

作者与编辑

不少期刊的编辑与作者几乎不存在交流，以致作者在论文发表时都不知道文章的编辑是谁。有的期刊的编辑充当着二传手的角色，比如通知作者按照审稿专家提出的意见作适当的修改，或者给作者寄送样刊等，对于

---

① 参见刘南平《法学博士论文的"骨髓"和"皮囊"——兼论我国法学研究之流弊》，《中外法学》2000年第1期。
② 《法学研究》办刊宗旨，http://www.faxueyanjiu.com/CommonBlock/GetSiteDescribeDetail/11927?channelID=11927，2022年10月6日访问。
③ 《法学研究》办刊宗旨，http://www.faxueyanjiu.com/CommonBlock/GetSiteDescribeDetail/11927?channelID=11927，2022年10月6日访问。

论文缺少实质性的交流。《法学研究》则不这样，编辑与作者的交流是积极的、建设性的。

某种意义上，编辑是文章的第一个读者，论文研究的对象究竟是什么，基本观点是否表达清楚，论证是否充分，文章的理论性是否有待加强等，编辑要通过与作者的交流，才能够进一步了解。编辑与作者的交流并不能取代专家的审稿，一篇稿件通常会有两个及以上的匿名审稿专家，审稿专家的意见不一定是一致的。由于审稿专家是匿名的，作者缺乏与审稿专家进一步交流的机会，而编辑不同，他同时知道专家和作者，信息是对称的，他通过对论文的审读，再参酌审稿专家的意见，能够了解到文章的学术价值，对于文章下一步的处理会有一个基本的抉择。如果文章符合发表的条件，就需要对文章进行进一步修改、加工，使文章符合期刊的要求，这时编辑与作者的交流不可或缺。

和同事们谈起《法学研究》的投稿体会，我会用"敬畏"两字概括对编辑的感受。这种敬畏源于编辑对于稿件处理的敬业精神和对学术认真执着的态度，可以说，《法学研究》编辑对于稿件的要求是很严苛的。从观点的提炼是否缜密，文字的表述是否严谨，引用是否规范，甚至标点符号的运用是否恰当等等，编辑都会一一指出来，不认真修改绝对是过不了关的。我发表的几篇拙文的责任编辑包括冯珏和张辉两位老师，每篇稿件从投稿到发表，她们和我往来的信件次数和内容俨然成了文章所涉主题的一场学术沙龙。我从内心感佩她们对文章精益求精的要求和认真负责的态度。

《法学研究》的编辑在某一学科领域自身就具有很高的理论水平和专业素质，加上多年从事编辑工作，看文章非常具有专业性。我认为，编辑就像一位精通病理学的医生，可以对稿件进行专业的诊断和开出修改的处方，因此，编辑与作者的交流是专业的，是建设性的。每次向《法学研究》投稿，都是学术精进的一次机会。某种意义上，与其说是投稿，毋宁说更像一次学术的讨论。我在想，为什么《法学研究》能代表法学研究的最高水平，一定是与编辑尊崇学术创作、严守质量标准、秉守奉献精神的职业操守有关。冯珏老师曾经告诉我，《法学研究》编辑部在历代主编的坚守下，已经养成了一个非常好的氛围，主编会尊重编辑对稿件给出的意见。这大概是编辑与作者之所以能形成良好交流机制的一个重要原因，当然,也是《法学研究》能成为一本好的期刊,得到读者和作者尊重和青睐的重要理由。

对学术的一点领悟

关于学术,梁启超、严复等先贤多有论述①,窃以为,学术就是做学问。《礼记·中庸》对于学问论道:"博学之,审问之,慎思之,明辨之,笃行之。"也就是要广泛地加以学习,详细地加以求教,谨慎地加以思考,踏实地加以实践。我觉得《礼记·中庸》讲得不可谓不深刻,受益良多,言犹在耳。我从在《法学研究》发表论文的经验中体会到,学术是一种思想的沉淀,做好学问应当抛开功利,并静下心来多一些思考。

学问一开始就与功利无关。做学问的地方(Academy)起源于古希腊雅典一片神话般的橄榄林(Akademeia),柏拉图在那里创建了他的哲学院,和一群与世无争的人在一起搞纯粹的思想碰撞,不计功利地做学问,探究未知。这是做学问者的初心。受各种因素的干扰,学者很难坐到板凳十年冷,心无旁骛地去研究学问。功利,极大地影响了学者做学问的心态,影响了研究成果应有的学术价值。客观地说,内卷成了当下社会各人群焦虑的一个重要因素,真正能抛开功利做学问是多么难能可贵的一件事。但我仍然坚持认为,选择学术这条路,就必须要抛开功利。

静下心来多一些思考,也是学问者应有的心态。思考的深度,决定了思想的深度。举一个事例,一次参加法院的专家咨询会,讨论一个股东会决议效力的案件。案涉公司有两个股东,其中一个绝对控股的股东自行召集了股东会议,但其并未出席,而是委托了一个律师来出席并主持会议,作出决议后,另一股东以主持人存在瑕疵为由向法院起诉撤销该决议。法院有意见认为,即便自行召集股东会议的股东出席并主持会议,仍然会作出相同的股东会决议,可以认定决议瑕疵显著轻微并对决议不产生实质影响,裁量驳回诉讼。的确,公司法对团体行为规定了多数决原则,但当一股独大时,多数决已经失去发挥作用的空间,这时候还有必要去强调股东会议召集程序的意义吗?至少对本案而言,我并不赞同裁量驳回的做法,

---

① 梁启超在1911年写的文章《学与术》中认为:"学也者,观察事物而发明其真理者也;术也者,取所发明之真理而致诸用者也。"严复在其翻译的亚当·斯密《原富》(《国富论》))的按语中认为:"盖学与术异。学者考自然之理,立必然之例。术者据既知之理,求可成之功。学主知,术主行。"

理由是公司法之所以对股东会议主持人规定如此详尽，是因为主持人具有身份性，不可代理。更重要的是，在法理念上，如英美公司法一再强调股东会议如同一个论坛，强调透过股东会议提出质询、参与讨论的重要性，只有这样才有可能缩短信息不对称的距离。这就是程序正义所具有的不可替代的法治意义。如果仅从表象观察，本案似乎正是公司法司法解释所规定的典型的裁量驳回的情形，但从程序正义的深度思考，股东会议的主持人恰恰是实现程序正义的一个非常重要的角色。这一实例说明了多一些思考的意义。学术是产出思想的，没有深入思考的学问，很难有深入的思想。

石静霞：以作者为本的编辑理念——与《法学研究》编辑部的结缘与互动

石静霞，中国人民大学法学院二级教授、博士生导师。曾任对外经济贸易大学法学院院长、《经贸法律评论》创始主编。学术兼职包括中国国际经济法学会副会长、中国法学会世界贸易组织法研究会副会长兼秘书长、世界银行投资争端解决中心调解员、罗马国际统一私法协会理事会成员、最高人民法院国际商事法庭首批专家委员等。主要研究方向为国际投资法、国际贸易法、跨境破产与重整、国际争端解决等。

《法学研究》作为中国法学界公认的顶级期刊之一，自创刊至今逾40载，始终致力于反映我国法学研究的最新成果和最高水平。对于一名法学研究者而言，我感触颇深的是《法学研究》编辑部长期以来以作者为本的编辑理念，特别是在发现和培养年轻学者、严谨认真的编校工作以及尊重作者、扶持国际法学科发展等方面所秉持的优秀传统和所作出的卓越努力。

初次互动：简单而美好

我的学术研究生涯始自20世纪90年代初在武汉大学法学院攻读国际经济法专业硕士研究生时。我参与了导师余劲松教授承担的国家社科青年基金"跨国破产的法律问题研究"项目。即使中国目前早已发展为世界第二大经济体，跨境破产案件的国际合作近年来逐步得到重视，但国内法学界对该领域的研究仍远不足适应现实需要，更遑论20世纪90年代初的情形。当时在立法层面仅有 1986 年的国有企业破产法（试行），国内法学界对破产法的研究和讨论尚在起步，更缺乏对跨境破产问题的关注。但从国际上看，破产法作为市场经济成熟国家的标志性法律之一，历来广受重视。自 20 世纪七八十年代开始，由一些大型跨国公司和银行破产引发的跨境破产日渐成为理论界和实务界关注的热点问题。

初入这一领域，固然有研究任务在身，但我也发现自己对相关问题有研究兴趣。在消化吸收了一些英文材料后，我尝试练笔完成了《论破产的域外效力》一文。破产域外效力是讨论跨境破产的基本出发点，也是该领域的核心法律问题。这篇文章是我完成的第一篇学术研究论文。虽然那个年代的研究生并无论文发表要求或压力，但在花数月时间完稿后，我觉得似乎应该找个刊物发表这篇论文。记得那时站在法学院资料室的刊物架前，对着学院订阅的十多份刊物盯了半天后，冥冥中似有一种力量的指引，我决定将这篇论文投给《法学研究》。当时尚没有法学三大刊之称，否则我大概不敢对自己有如此"自信"。那时候仍是手写稿件，也没有现在的电子投稿系统。于是我将稿件书写端正后装进一个信封，寄给了《法学研究》编辑部。

大概过了两个月时间，我收到一封来自《法学研究》编辑部时任学科编辑张新宝老师的回信。张老师在信中说，他看了这篇论文后，觉得选题、写作及资料引用等方面均有可取之处，但不足之处在于缺乏针对我国破产法在域外效力问题上的研究和建议。张老师在信中问我能否补充下这部分的内容。如果我有不清楚的地方，可以按照他留下的编辑部电话，在他上班时间打电话和他进行交流。收到张老师的这封手写信件时，也许因为年轻，也许因为当初对法学刊物和学术发表缺乏了解或认知，我其实并没有以后多次想起这件事儿的感觉和感动。当时通讯不发达，武汉大学校园里能打长途电话的地方还不多。我记得自己找了个时间（大概是一个周二），从枫园宿舍跑到武汉大学校医院前面的一个书报电话亭，拨通了《法学研究》编辑部的电话，很幸运地和张老师就论文进行了讨论。他再次肯定了文章的可取之处，并告诉我只有比较研究和国际经验是不够的，要结合我国破产法的情况进行针对性分析，这样的学术研究才有价值。当提起我国破产法当时并没有这方面的规定时，张老师说道，你既然认为这个问题很重要，那么我国立法迟早需要面对这一问题，因此可以做些前瞻性研究并提出相关建议。

短短十几分钟通话，我明白了从事国际法学研究的重要使命，即始终考虑和聚焦国家需求，讨论分析和解决前沿性问题。我按照张老师的指点，在对破产域外效力这一基础理论问题进行比较研究的基础上，结合我国改革开放后的法制建设需要，分析了我国破产法在未来修改完善时需要考虑的跨境破产问题，充实了论文的内容和结构，亦体现了从事国际法研究的现实意义。这篇文章发表于《法学研究》1995年第3期。1995年暑假我在北京期间，通过电话和张老师约好去编辑部拿样刊，但只有匆匆的几分钟交谈和会面。

回忆起来，我的第一篇学术论文在《法学研究》发表的整个过程简单而单纯。除了长途电话中对论文的讨论外，我和张老师只有大约几分钟的一面之缘。但每次忆及这个简单的互动过程却是非常美好。当时的我只是一个硕士生，虽然是认真地完成了一篇论文，但我何其有幸，能够得到张新宝老师对文章的垂青和宝贵的指点。甚至在多年间我都未曾意识到我在走上学术道路之初，有这份经历是多么幸运。随着年龄的增长和阅历的增加，特别是历经学术界时事和环境变迁后，我开始经常想起自己始于90年代中期的学术之路如何一步步走到今天。张新宝老师作为我第一篇学术论文的责任编辑，他对论文写作的智识、对编辑工作的热忱以及对我当时这个无名小作者的无私帮助，确实在很大程度上鼓励了我继续从事学术研究和写作的兴趣。之后有很多年虽同在京城，但因研究领域不同，和张老师亦无过多交集。未曾想多年以后，我居然和张老师成为人大法学院的同事，且我们的办公室仅有一墙之隔，时有电话之声相闻和相见问候之欢。感谢结自《法学研究》的这份缘。

体会严谨认真的编校工作

在《法学研究》的第二次学术发表已时隔11年。随着国际经济法的学科发展，日渐需要公法与私法并重的思维面向和问题关怀。从自己的学术兴趣和研究领域而言，我既关注私法问题，也关注公法问题，学术写作则主要围绕跨境破产和世界贸易组织法而展开。自世界贸易组织于1995年1月1日成立后，服务贸易成为多边贸易体系的规制新领域。到了2005年底，自2000年开始的新一轮多边服务贸易谈判已届5年。根据谈判中的焦点问题并结合自己的观察分析，我完成了论文《新一轮服务贸易谈判的若干问题》，由张少瑜老师做责任编辑，发表于《法学研究》2006年第3期。张少瑜老师作为比较法和国际法学科的资深编辑，对该文的发表付出了很多辛勤劳动。从这篇论文的发表中我也学到很多，包括对文章的观点论证和结论提炼等多方面的完善和提高。

近年来随着国际形势的日趋复杂和变化，特别是中国作为最大的发展中国家的崛起，全球化和多边主义遭遇严重危机。美国特朗普政府自2017年开始一意孤行地阻挠世界贸易组织上诉机构成员的任命，直至2019年底使上诉机构彻底陷入瘫痪状态。"皇冠上的明珠"蒙尘，世界贸易组织面临前所未有的危机。在此背景下，长期受益于全球化和多边贸易体制的我国作为负责任大国，联合欧盟等部分成员，创造性地设立了"临时上诉仲裁机制"，将争端方的合意仲裁作为上诉的替代途径。在此背景下，基于对世贸组织法的长期学术积累和跟踪研究，我完成了《WTO〈多边临时上诉仲裁安排〉：基于仲裁的上诉替代》一文，发表于《法学研究》2020年第6期。该文的发表历程再次让我与《法学研究》编辑部有了非常难忘的互动。

这篇论文完稿于2020年暑期，在几经选择和比较后，我通过网上投稿系统将其发给了《法学研究》编辑部。虽然经过了二十多年的学术历练，但与当初刚踏上学术之路时相比，我并不清楚这篇论文在多大程度上能够得到编辑老师的认可。两个多月后文章通过初审，之后在吸收外审专家意见对文章进行相应修改后，论文被接受并进入编校阶段，冯珏老师担任该文的责任编辑。冯老师并非国际法专业出身，但该文能够通过她的初审进入后续流程，充分体现了她作为学科编辑对所负责学科领域的前沿重大问题有高度的敏感和很好的把握。

我与冯老师素未谋面，但冯老师在编校该文中所展现出的认真严谨的专业素养令我印象非常深刻。首先，冯老师逐字逐句逐个标点地阅读了数遍文章的正文和脚注，对文字的反复和精心雕琢反映出她作为资深编辑的扎实功底。其次，她极为认真和负责，对论文的每个细节包括英文脚注在内进行了严格细致的编辑核查，对每个可能存在问题需要进一步核对的地方进行了逐一的清晰批注。我一直保留着她对论文的原始批注，如"此处为何将'和'与'或'并列"，"这里是附件一还是附件二"，"注3请您再核对"，"注5、9、10请按铅笔标志的内容核对"，"注31、32请核对期号","注50中的《上诉审议工作程序》和第2页的《上诉审议程序规则》是同一份文件吗","注54请标注具体页码","注59请核对字母m是否需要大写","注70 Tariffs需要斜体","注74我们没查到原文,请您核对","注75请核对文献日期",等等。从这些批注中不难看出,冯老师不但有一双真正的"火眼金睛",而且她将文章的编校工作做到了极致程度,包括对文中引用的大量英文文献进行了逐一核查。在这篇文章的编校过程中,我每次收到她的意见时都情不自禁地想,冯老师如此认真对待烦琐的学术论文编辑工作,真是太不容易了。

在冯老师的编辑工作深深触动我之外,这篇文章的编发还让我认识到,《法学研究》对作者的高度负责和对文章的高水平编校除了保持该刊长期的优良传统外,应该还离不开历任主编的辛苦把关。出于以前不充分的认知,在我印象中主编的作用大体在于宏观上负责刊物的发展方向,微观上负责签发稿件,应该不会涉及对文章的具体建议。但这次我发现自己的认知并不全面。在该文编发中,主编陈甦老师对文章的标题乃至关键词的选用均提出了他的宝贵看法。更难能可贵的是,我们就相关建议的讨论和采纳充分体现了《法学研究》编辑部对作者意见的尊重。我理解这是真正以作者和学术为本的编辑理念。

互动中的触动和思考

我属于相对低产的作者。在近三十年的学术生涯中,共发表过数十篇的中英文学术论文。幸运的是,在《法学研究》上发表的三篇论文,每次回忆起来均有很深的感触。作为一名作者,不仅能够从与责编老师的互动沟通中直接学习,而且多年来也从编辑部其他老师关于论文写作的学术讲座中间接获益,例如张广兴老师谈到,论文写作中要注意道德规范、创作规范、形式规范和引注规范。这听起来似乎简单,但真正贯彻到每篇学术论文的写作中却并非易事。每篇文章的编发,除了与作者直接沟通的责任编辑外,编辑部其他老师也都付出了各种程度的辛苦。这个编辑部集体是成就《法学研究》创刊至今始终在法学界享有顶级期刊美誉的根本所在。

在目前的学术体制和各种导向的评价机制下,国内外法学期刊竞争日益激烈,法学论文的发表环境在三十年间也发生了很大变化。法学三大刊的发文难度非常高,《法学研究》也不例外。各类评价指标和引用数据是任何法学期刊均无法回避的问题,而国际法学科作为相对小众的学科,作者在权威法学刊物上发文更为困难。且从编辑角度看，国际法文章因所涉选题、行文风格特别是引注资料等方面与国内法文章有较大差异，编发一篇国际法文章的工作量堪称巨大。但《法学研究》始终保持了创刊时的学术初心，一直重视平衡各学科基础理论和前沿问题的学术成果。《法学研究》每年均刊发若干篇国际法方面的研究论文，是为数不多的扶持和支持国际法学科发展的核心期刊之一。

从我近三十年的亲历看，《法学研究》以作者为本的编辑工作，特别表现在发现、培养和尊重作者。编辑部各位老师凭借独特的专业素养与精深的编辑能力，从众多法学研究者中发掘出优秀作者，并将他们的毕生精力贡献给了这份事业。而从传承和发展的角度看，青年学者无疑是学术研究和发表的未来。《法学研究》每年都会刊用一定数量的青年学者文章。我自己的发文经历亦体现了《法学研究》长期以来注重指导和扶持青年作者、促进法学研究梯队建设的良好传统。这在法学权威学术刊物中也是难能可贵的。

编辑工作本身具有很强的事务性特点，学科编辑大部分时间所从事的是烦琐细碎的日常工作，包括接收稿件、文章初审、约请外审专家审稿、根据审稿专家意见联系作者改稿，以及一遍遍加工修改文稿直至最后刊发。好的学科编辑需要在大量来稿中敏锐地发现好的稿件和作者，而编校时对字、词、句、标点、修辞、逻辑运用是否得当的反复斟酌和校改的重复性劳作，也许是天下最单调、最辛苦却是最有价值的工作。《法学研究》编辑部老师多年来既慧眼识珠，担当着其所负责学科领域的优秀作品发现者，同时又甘为人梯、甘为他人作嫁，这在日渐浮躁的社会中尤为难得。

作为一名国际法学者，我所能做的，除了做好自己的学术研究和写作之外，力所能及地承担编辑部所分配的论文外审工作，为帮助刊物更好地遴选国际法学科优秀论文尽自己的绵薄之力。我衷心祝愿《法学研究》越来越好，也期待与编辑部各位老师在不同层面有更多的交流和互动。

翟国强：《法学研究》作者和编者的故事

翟国强，中国社会科学院机关党委副书记、研究员，中国社会科学院大学教授、博士生导师。主要研究方向为宪法学。

大多数学者第一次给权威期刊投稿的经历是令自己很难忘的。某年冬天，刚刚参加工作不久的我把自己反复修改的一篇论文抹去姓名，留下联系方式后递交给《法学研究》编辑部的工作人员。然后就和大多数初次投稿给权威期刊的青年学者一样，怀着忐忑不安的心情等待结果。那时候虽然已经在沙滩北街15号工作了一年多，但是和编辑部的同事们也只是"点头之交"。次年初，接到编辑部某位编辑打来的电话。第一句话就是："这篇稿子不行啊！"后来我才知道，这是他常用的"套路"。当时我的心情立刻就凉凉了。紧接着，他就提了许多修改意见，并且明确告诉我，改了也不一定能发表！毫无疑问，我是怀着无比沉重的心情听完了"判决"。但仔细体会这些评价和修改意见，感觉其中一些评价和意见颇有道理。因为一般作者在审视自己作品的时候，容易看不见自己作品的缺点，甚至会有意无意地掩饰。而好的编辑会一针见血地把这些缺陷指出来。如此一来，编辑就容易给人不近人情的感觉。

其实，这位曾经自称是"编辑部对作者态度最差的人"是一个对作者和期刊极其负责的编辑。编辑和作者在编稿过程中的交流沟通，虽然形式上"平等"，但内心里并不"平等"，有时候编辑"利用职务之便"给予作者的压力，可能恰恰是作者能够将文章修改得更加完美的动力。回忆后来给《法学研究》投稿的经历，基本上延续的流程是：投稿，然后怀着忐忑不安的心情等待判决结果，进一步修改完善，然后正式发表。我大胆猜测，在《法学研究》历年发表的文章中，编辑与论文作者之间"作斗争"的故事肯定也不少。如果编辑部认真总结这些"斗争"经验，说不定可以将各种"套路"进一步精细化、流程化，给作者施加"尚可忍受"的压力，使其把文章修改得更完美，让编和写的过程相得益彰。

《法学研究》是特别强调"问题意识"的期刊。学术研究要有问题意识，在今天已是不证自明的公理。所谓"学以聚之，问以辩之"。发现问题、筛选问题、研究问题、解决问题是学术研究的基本要素。也可以说，问题是学术研究的起点，也是理论创新的动力。比较来看，问题总是受到特定时空所限，不同国家、不同社会、不同时代，问题也各不相同。《法学研究》如何判断一篇文章是否具有问题意识？用一位副主编在会议论坛上常常说的一句话来讲，就是：你是否可以尝试用一句话来回答，这篇文章是要回答什么问题？现在这句话也成为我指导研究生写论文的一个基本方法和原则。今天，立足中国国情，聚焦中国问题，构建中国理论，已是法学界的主流共识。在此背景下，强调法学研究的"中国问题意识"已成为杂志的一个显著特征。

除了问题意识之外，给我印象深刻的就是《法学研究》对于论文表达方式的要求，以及编辑在文章修改过程中不断以读者视角给作者"发难"。好的学术期刊要考虑知识消费者的感受，必须要让文章具有一定的阅读快感。而学者要把自己的思考呈现给读者，也不能不考虑读者的感受。用《法学研究》编辑的话说，就是进行"读者友好型写作"。作者如果醉心在自己的理论体系中无法自拔，最终只是自己说服了自己。虽然学者的思考一定是以自我为中心，但作为思考主要产品的文章需要有消费者，需要有人阅读并产生共鸣，才能真正对学术有贡献。文以载道，道不远人。学术文章本质上是作者对思考所获道理的一种呈现，而不是自说自话，自己说服自己。因为你不是一个人在思考，而是要通过与学术同行的交流对话，引发学术同行的共鸣与思考，进而在既有的学术脉络中构建一套理论体系，甚至开创一个学派，对人类知识体系作出新的贡献。

学术论文作为"公共产品"，必须符合一定学术规范。《法学研究》是特别强调学术规范和学术标准的期刊。记得一位编辑在校对我的稿子时，将我论文引用的每一篇英文文献，从论文标题到期刊信息都自己去查找原文，一一核对，并找出了其中一个字母的错误。这种对学术认真的态度令人感动。学术期刊在当今中国的学术界能够真正坚持学术标准绝非易事，这一点担任过编辑的学者可能深有体会。《法学研究》来稿很多，但它毕竟版面有限，最终能被采用刊发的不多。据统计，被《法学研究》拒稿的作者有不少是法学界大咖。学者往往对自己的论文倾注了大量心血，不免会产生"敝帚自珍"情结。因此作者潜意识里都会对自己的作品进行"无罪推定"，觉得自己的文章之所以能在《法学研究》发表，主要是学术水平高。反之，被拒稿时往往会认为是期刊评价标准有问题，甚至会迁怒于编辑。诚然，对社会科学研究成果的评价往往见仁见智，很难有绝对量化的标准。学术成果是否有价值需要在思想的市场中去检验，任何期刊对论文的评价也都不是终极的学术评价。所以给《法学研究》投稿，要有以平常心对待拒稿的学术自信和学术雅量。如果是因为文章本身尚未达到发表标准,继续努力便是。如果觉得期刊编辑和外审"有眼不识金镶玉",或者只是因为风格与该期刊不相符,作者更要坚持自己的理论自信,将文章另投其他期刊便可。大可不必为此捶胸顿足,以至学术自尊心受挫。

毋庸讳言,《法学研究》之所以能够保持一流期刊的地位,主要还是因为始终坚持将学术标准作为最重要的评价指标。为保证学术评价能够客观公正,规范成熟的外审制度对于法学期刊而言就显得尤为重要。作为外审专家,给《法学研究》审稿也时常有如履薄冰的感觉。因为投稿作者将凝结了自己心血的作品投给《法学研究》,都希望得到编辑和外审专家的肯定,如果评价稍有闪失,会严重伤害作者的自尊心,同时也会影响期刊的学术声誉。将心比心,换位思考,对待这些投稿,任何负责任的学者都不应有一丝怠慢。学术乃天下之公器。作为《法学研究》的外审专家,审稿时更应秉持客观公正,本着对学术负责的态度,给出客观公正的评价意见。

学术需要守正创新,也需要薪火相传。提携青年后学,培养年轻作者是《法学研究》的优良传统。《法学研究》的作者很多是博士研究生,甚至硕士研究生、本科生,这些作者很多都成长为法学界资深学者或法律实务界优秀专家。今天,《法学研究》举办的青年论坛已经成为发现培养青年学者的一个重要学术平台。因为在两所分管青年工作,我也常常忍不住会呼吁《法学研究》作为权威期刊要多提携关照法学界的青年作者、培养青年作者。青年学者学术生涯起步阶段要在权威期刊发表研究成果面临重重困难,因此在"枪毙"青年学者的论文时,可以选择行使"枪口抬高一寸"的自由裁量权。同时,青年学者也要"爱惜羽毛",要以更高的学术标准严格要求自己,努力将代表自己最高水平的研究成果投给《法学研究》,共同营造风清气正的学术环境。《法学研究》自创刊以来,始终坚持学术性、理论性的办刊宗旨,这样的坚守殊为不易。无论是作为《法学研究》的作者,还是作为主办单位的一员,都衷心地希望《法学研究》能够越办越好,与法学界同仁一起努力,共同打造中国法学研究的高端学术平台,为繁荣和发展中国的法学研究事业不断作出新的贡献。

张明楷:《法学研究》与法学研究

张明楷,清华大学文科资深教授、博士生导师。曾为日本东京大学法学部客员研究员、东京都立大学法学部客员研究教授、德国波恩大学高级访问学者。学术兼职为中国法学会检察理论研究会副会长、中国法学会警察法学研究会副会长等。长期从事中外刑法学研究。

幼小时，认为报刊与书本上表达的内容都无比正确，特别敬佩和羡慕那些能够发表论文和出版著作的作者，也梦想着长大以后能够将自己的钢笔字变成铅字。年轻时，读了一点论著、想了一点问题，居然也觉得自己的观点是正确的，于是将自己的观点形成论文，期待刊物能够发表。年长后，发现自己的观点与他人的观点都可能是错误的，尽管如此，为了向学术的自由市场提供一种产品，还是觉得可以发表一些论文。因为一直在撰写论文，便一直与法学刊物有着各种各样的联系，其中的重要刊物之一便是《法学研究》。

上大学和读研究生时，法学刊物并不多，印象最深的就是《法学研究》。虽然当时家境贫寒，但还是订购了《法学研究》，对每一期的论文都会仔细阅读。独立撰写的第一篇论文《我国刑法没有规定结合犯》就发表在《法学研究》1984年第3期上。1985年7月硕士研究生毕业留校担任助教和讲师期间，《法学研究》为我发表了《教唆犯不是共犯人中的独立种类》（1986年第3期）、《关于类推的几个问题》（1987年第2期）、《犯罪概念探讨》（1989年第3期）等论文。1986年8月在北京参加中国法学会刑法学研究会的年会时，发现《法学研究》当时负责刑事法论文编辑的廖增昀老师与我在同一个小组，便主动向廖老师介绍自己，廖老师说"没有想到你这么年轻"，同时告诉我《法学研究》准备发表《关于类推的几个问题》一文。我很感动的是，廖老师并没有因为发现我年轻，就拒绝发表我的论文。众所周知，《法学研究》发表了许多年轻学者乃至本科生的论文，这既表明《法学研究》看重的是论文质量，也表明《法学研究》注重培养年轻学者。这一点难能可贵，在当下尤其值得称道。

法学研究的发展与繁荣离不开年轻学者（包括研究生）的参与和贡献，应当承认年轻学者是法学研究的生力军。年轻学者思维敏捷、思想活跃，不会缩手缩脚、患得患失，既敢于挑战通说与权威，也不会受制于自己先前的观点与立场，因而会形成拔新领异的见解，写出别具新意的论文。切萨雷·贝卡里亚26岁出版了《论犯罪与刑罚》这部对世界各国的刑事法理论和实践都产生了革命性影响的著作，类似的情形也不罕见。梁启超先生说"少年强则国强"，我们也可以说，年轻学者强则法学研究强，但年轻学者的成长需要法学刊物的培养与支持。

虽然我只是一名普通作者，但一直主张法学刊物要多发表、优先发表年轻学者的论文，因为法学刊物不只是展现年长学者研究成果的平台，也是培养年轻学者的场所，如果所有法学刊物都不发表年轻学者的论文，年轻学者就难以成长，法学研究就难以繁荣。再者，在大学与研究机构看重研究成果的当下，权威的核心刊物是否发表一位博士生的论文，完全可能决定这位博士生一生的前途与命运。可以认为，同样是在核心刊物发表一篇论文，其对于年轻学者的主观价值要比年长学者的主观价值高得多。从我了解的有限情况来看，日本各大学的法学刊物都普遍刊发年轻学者的论文，所以，日本的博士生和年轻学者撰写的论文，不存在不能发表的问题。让我深感不安的事实是，中国留学生在日本读书期间，能够在日本的刊物上发表几篇论文乃至出版专著，但回国后在大学当助教的几年，反而一篇论文都不能发表或者发表的特别少，这并不是因为他们回国后没有撰写论文或者写得太少，而是所撰写的不少论文"都被拒了"。这一现象或许值得人们反思。

虽然人微言轻，但从许多年前开始，遇到法学刊物的主编、副主编时，总是建议他们多发表年轻学者的论文。但有的主编、副主编说，如果多发表年轻学者尤其是博士生的论文，刊物就难以生存，因为评价刊物质量的一个重要指标是所发表论文的引用率，而很多作者只引用教授们的论文，一般不引用年轻学者的论文，所以，必须多发教授们尤其是名家的论文，否则，刊物发表的论文就没有人引用，刊物就不能保住核心刊物的地位，或者不能提升为核心刊物。

倘若果真如此，法学刊物不发表或者少发表年轻学者的论文这一结果，与多数作者没有平等、合理引用相关论文的写作行为之间就具有因果关系。在日本，如果一名博士生在论文中表述道"不少学者认为"，注释里却只列出了一两个作者，或者在列举持肯定说、否定说、折中说的学者时没有列全，可谓严重的学术不端，是会受到老师的强烈批评的。但在我国，这种现象似乎司空见惯（倒是一些论文会有与本文并无任何关联的注释）。于是，在日本所有年轻人发表的论文，会被作者平等地引用，但在我国却并非如此。由此看来，要使法学刊物多发表年轻学者的论文，不仅需要刊物改变观念，而且需要法学界全体作者的共同努力。与此同时，年长学者也可以给年轻学者多让出版面，让《法学研究》这样的刊物多发表年轻学者的论文。年轻学者成长得越快，法学研究就会越繁荣。

法学是一门没有标准答案的学科，法学研究是一项没有固定方法的活动，任何人都认为自己有足够的智慧与能力来判断合法与否、正确与否。如果说法学领域是一个观点或者学说的自由市场，研究人员就是市场主体，市场主体必须提供满足消费者需要的高质量产品。显然，产品不可能千篇一律，一定是千姿百态。所以，法学刊物应当包容各具特色的作品，而不应当只是刊发与编辑观点、想法、表述相同的论文，评审人也应当推荐与自己观点相左的论文。我亲身体会到并让我非常感动的是，《法学研究》十分包容和尊重作者的观点。将稿件投给《法学研究》后，《法学研究》责任编辑从来没有让我对论文做过修改。记忆犹新的是《关于类推的几个问题》一文。旧刑法第79条规定："对于本法分则没有明文规定的犯罪，可以比照本法分则最相类似的条文定罪判刑，但是应当报请最高人民法院核准。"当时的通说是，只有客观方面与刑法分则规定不相吻合时才可能类推。我的论文在讨论何谓"最相类似的"问题时提出，犯罪主体与刑法分则条文的规定不相吻合时，并不影响犯罪性质，因而可能类推。例如，旧刑法第114条规定的重大责任事故罪的主体是"工厂、矿山、林场、建筑企业或者其他企业、事业单位的职工"。但在改革开放的当时，有些农民在农闲时临时组织起来成立建筑队，这种建筑队还不具有企业的性质，其成员也不是企业的职工。其中，有的临时建筑队在承揽建筑工程时，发生了重大伤亡事故，造成了严重后果。我论文的观点是，对这种案件可以类推适用旧刑法第114条的规定，按重大责任事故罪处理。论文完成后，最高人民法院、最高人民检察院于1986年6月21日颁布的《关于刑法第114条规定的犯罪主体的适用范围的联合通知》指出："刑法第114条关于重大责任事故的犯罪主体，既包括国营和集体的工厂、矿山、林场、建筑企业或其他企业、事业单位的职工；也包括群众合作经营组织或个体经营户的从业人员。对于群众合作经营组织和个体经营户的主管负责人，在管理工作中玩忽职守，致使发生重大伤亡事故，造成严重后果的，也应按刑法第114条的规定，追究刑事责任。"于是，出现了一个重要问题：上述《通知》的内容对旧刑法第114条中的"工厂、矿山、林场、建筑企业或者其他企业、事业单位的职工"的解释是扩大解释还是类推解释？如果是扩大解释，我论文的观点就是错误的，因为既然可以扩大解释，就不需要也不应当类推适用；如果是类推解释，上述《通知》就是错误的，因为类推适用只能就个案报请最高人民法院核准，而不是最高人民法院、最高人民检察院可以进行类推解释，然后由下级司法机关普遍适用。但是，如若要将这一问题讨论清楚，需要花太多篇幅，我便回避了这一问题。《法学研究》编辑部的廖增昀老师发现了这一问题，但并没有让我修改论文，只是在论文的适当地方用括号加了一个编者注："1986年6月21日最高人民法院、最高人民检察院《关于刑法第114条规定的犯罪主体的适用范围的联合通知》指出，应按刑法第114条的规定，追究刑事责任。——编者"。

此后王敏远教授、熊秋红教授、李强博士等同仁在审查我的论文时，也都没有提出过让我修改论文，只是会反馈评审人的意见或者偶然要求我删减论文的字数。例如，发表在《法学研究》2008年第2期上的《死刑的废止不需要终身刑替代》一文，原本写了35000多字，其中引用了国外的大量文献，熊秋红教授希望我删减一些引文。说实话，任何刊物编辑要求我删减论文字数时，我都会删减，按照语言经济原则，原本应当删除不必要的表述；我也觉得编辑不宜直接删减作者的论文，而是应由作者删减。我赞成刊物"改错不改好"的编辑规则，其中可以改的"错"，并不是指观点与结论的"错"，只是错别字句、错误标点等不符合编辑规范的错误。不管是文字表述还是学术观点，都应当尽量展现作者的原貌与风格。《法学研究》对作者观点与表述的包容和尊重，是我的亲身体会。

每个刊物都有自己的特色，有的偏重理论，有的偏重实践，有的偏重本土理论，有的注重域外学说，这是十分正常的现象。而且，只有当不同法学刊物各具特色时，法学研究才能发展和繁荣。如果所有的法学刊物都只注重解决实践中的具体问题，法学研究便不可能得到真正发展。总的来说，《法学研究》注重彰显法学理论的价值，作者也是将自认为具有理论价值的论文投给《法学研究》。当然，具有理论价值的论文并非不能解决实践问题，注重本土性的论文也可能同时具有世界性。众所周知，我国刑法分则规定的许多犯罪究竟是故意犯罪还是过失犯罪，至今都还存在不少争议。2010 年和几位老师前往东京大学参加一项活动时，山口厚教授带领我们参观东京大学法学部图书馆，他特别告诉我们图书馆也订有中国的法学刊物，我一眼便看到了《法学研究》，而且顺手拿到的一本《法学研究》上发表了我撰写的《罪过形式的确定——刑法第 15 条第 2 款"法律有规定"的含义》一文，我向山口厚教授介绍了论文的主题与观点，山口厚教授说，日本的特别刑法中也存在同样的争论问题。

理论在什么时候会派上用场，谁也说不清楚；现在看似无用的理论，将来也许会产生积极影响。而且，一个学科的理论不是只在本学科产生作用，而是对其他学科也会产生作用；在这个学科中看似无用的理论，完全可能在其他学科中发挥作用。事实上，法学领域的理论不全是法学家提出来的。据说，德国民法所采用的相当因果关系理论，也并不是法学家提出来的，而是心理学家（有的说是逻辑学家、医学家、生理学家）v. Kries 最先提出来的。我自己作刑法学研究时，也常常在阅读历史、社会学、经济学、哲学等书籍时受到各种启发。所以，注重理论价值的刊物必然是能够产生深远影响的刊物。

《法学研究》从最初的每期 48 页到现在的每期 224 页，所发表的论文从没有注释到有注释，从较少的不规范注释到较多的规范注释，从两三千字到两三万字，从论题相对集中到全面铺开，展现出可喜可贺的学术成就。《法学研究》的变化见证了法学研究的发展，《法学研究》为法学研究的繁荣作出了重大贡献。

张卫平：凌晨写作并思及与《法学研究》的交往

张卫平，1979 年考入西南政法大学法律系，1993 年从讲师破格提拔为教授，1996 年担任博士生导师。现为烟台大学黄海学者特聘教授、清华大学教授、中国政法大学客座教授。原中国法学会民事诉讼法学研究会会长、中国法学会常务理事、中国法学会学术委员会委员、最高人民检察院咨询委员。享受国务院特殊津贴专家。至 2022 年，在《法学研究》《中国法学》等学术期刊发表学术论文 220 余篇。研究领域为民事诉讼法学、司法制度。

题记：写作是学者的一种基本生活方式，也是一种生活态度

写作是大多数学者的一种生活方式。学者总是要写学术论文的，有多有少，有快有慢，有长有短，各不相同。现在回头看，我以往发表的学术性文章应该不算少，两百篇是有的。当然，论文不在量，而在质，这一道理众所周知。有的学者虽然有水平，但讲究述而不作，不追求写，也不在意发表，更不在意刊物的级别高低，引用率、下载量都是浮云，俨然一种逍遥心态。不过，我很认同写作是学术研究的一种方式的说法。研究心得需要通过写作予以固化。写作过程本身也是深化研究、推动研究的一种基本方式，是学者存在的基本样态。

写作过程也是发现问题、缺陷、漏洞的过程。完成一篇文章，如同登上了一座新的山峰，心境上有一种别样的放松。文章若是发表更是喜上心头。尤其文章发表在学术影响大、自己又很中意的学术刊物上，那种愉悦难以言说，重读文章的每一个字都是快乐音符的跳动。如有退稿，权当晨练，想想村上的"陪跑"即可释怀。

人们都有这样的体会，眼高手低。看他人的文章，觉得没啥，但要自己下笔却顿感笔重千斤，行文艰难，步履蹒跚。能够驾驭文章，做到行云流水，只有勤思勤写，无其他捷径可循。如长时间挂笔，思考也会停滞，再要提笔难上加难。没有写作的思考，不动笔的思考，势必浮光掠影，难免浅尝辄止。长期不动笔，不仅手生，行笔没有感觉，更不会思如泉涌、落笔有声。

我习惯于在凌晨写作。此时，没有任何干扰，一切思绪都落实在指尖，是观点展现和文字输出最有效的时段。

问题是文章的灵魂

文章的灵魂是问题。没有问题文章也就没有了灵魂。所以需要打开"学术雷达"24小时"搜索"问题。提出一个真正的学术问题，文章也即成就一半，此言在理。

正是基于此，"问题的提出"已经成了一篇学术论文开头的范式。首先要告诉人们，你研究的是什么，为什么这是一个学术问题，这个问题的价值几何，研究要达成什么样的目的。尽管人们提出问题的方式有所不同，但这几个设问总是要回答的。文章水平的高低就是看对这几个问题回答得好与坏。

比较研究是法学研究中的一个重要方法，从比较研究中可以发现问题。在民事诉讼方面，比较研究最主要的视角是中外制度的比较。从制度比较入手，进一步发现制度背后的观念和认识差异以及深藏的理论。

在这个方面，我的研究事例是关于民事诉讼法辩论原则的比较。在研究中我注意到，我国民事诉讼法中人们所说的辩论原则与一些大陆法系国家民事诉讼理论和实践中所议论的辩论原则（辩论主义）在基本含义、根据、功能等方面均有很大的不同。这就诱使我进一步追问这种差异的原因所在。最终触及两种辩论原则在基本意识和出发点上的差异。

我国民事诉讼法文本中的辩论原则，实际上更像民主权利的宣言，其目的是体现制度民主、政治民主，是人民当家作主这一政治理念在司法和诉讼上的反映。这与我国民事诉讼制度的政治性有密切的关联。早期的民事诉讼法主要借鉴苏联民事诉讼法，而苏联民事诉讼法又特别强调其阶级性（政治性），强调苏联民事诉讼法作为苏维埃的民事诉讼法与资本主义国家的资产阶级民事诉讼法的本质差异。苏联民事诉讼法被视为西方资产阶级民事诉讼法天然的对立面。其中的一个基本的对立面就反映在辩论原则上的"各自表述"以及立场方面的差异。苏联民事诉讼理论一再强调资产阶级民事诉讼法的虚伪性，认为它是为资产阶级服务的工具，而苏维埃的民事诉讼法则体现了对真实性的追求，对人民权利的维护和张扬。辩论原则就是宣扬人人有辩论权利，这一基本权利来自制度民主，是政治民主的体现。但是，这样的辩论原则对公正地解决民事纠纷并没有实际意义，不具有作为民事诉讼基本原则的功能。基本原则应当是处置民事诉讼基本关系的规范，对争议的问题民事诉讼当事人都有辩论的权利，它只是一种抽象的权利宣誓而已，是基于一种制度的政治涂装。这一问题的研究属于民事诉讼基本原则的范畴，探讨的是在应然层面民事诉讼法的基本原则和基本原则的体系。

我将对这一问题的研究心得写成了论文——《我国民事诉讼辩论原则重述》，发表于《法学研究》1996年第6期。文章试图澄清辩论原则的实质，并初步阐明辩论原则应有的含义和约束。为了区分两种含义不同的辩论原则，我使用了对应的两个概念——"约束性辩论原则"和"非约束性辩论原则"。我国民事诉讼法上的辩论原则属于"非约束性辩论原则"，大陆法系国家的辩论原则属于"约束性辩论原则"，并阐述了两者在目的、性质、功能等方面的不同，也由此提出了我国民事诉讼法应当确立约束性辩论原则并将其制度化的主张。此文在民事诉讼学界有着较大的影响，至2022年10月该文引用316次，下载6613次（"中国知网"数据），由此也开启了我对传统民事诉讼体制的审视之路。

立足中国问题、现实问题

不少人认为学术研究和学术文章一定要提出解决问题的方案，不能只是提出问题，空谈一通而不解决问题。毋庸置疑，提出解决问题的方案是学术研究的实用功能之一，我的不少文章也是试图达到这一目的，实现这一功能。但通过学术文章澄清认识问题，从理论上解释现实中的现象，同样也是学术研究和学术文章的意义和价值所在。

在研究中，我注意到，对一些较为宏观、复杂的法律问题，提出解决问题的方案往往是十分困难的，即使提出了解决问题的所谓方案也都是口号式、原则式的空洞指向，没有多少实际意义。所以我在研究中比较注意对法律现象的理论解释，其方法也是综合性的，涉及法律、政治、经济、文化、伦理、大众心理、历史。我的研究路径大体上可以归为两类——规范分析与法律、政治、经济、社会、伦理、历史、心理等的多维分析。例如，对起诉难问题的研究就是后者中比较具有代表性的作品。

在民事诉讼实践中有几大难的问题，起诉难是其中之一，除此之外还有送达难、申诉难、执行难等。起诉难是一个典型的中国问题。所谓中国问题即只有在中国特有的社会环境才存在的社会性司法问题或法律问题。这里之所以对司法问题或法律问题加一个"社会性"予以限制，是因为这些问题未必一定是最难的司法问题或法律问题，有可能是因为社会的关注、社会的渲染而成为问题，相反有的问题虽然成为社会性问题但有可能是真正的、重要的司法问题或法律问题。通过研究分析，我发现起诉难问题既有法律制度方面的问题，也有政治等其他方面的问题，而且法律制度的问题也是受政治等因素的影响。如此问题与法治发展阶段有密切的关系。由于受法律制度之外诸多因素的影响，因此难以提出解决起诉难问题的措施，研究的意义就是指出这一问题的原因所在，对起诉难问题作出理论解释。该文发表于《法学研究》2009年第6期，是我诸多文章中比较满意的一篇文章。文章的行文方式也与一般的规范分析有所不同。《法学研究》是我国最权威的法律专业期刊，主要刊登以规范分析为主的文章。我的这篇文章能够刊载，充分体现了《法学研究》办刊的开放姿态。

实体与程序的双向审视

法学的分科在有利于学科发展的同时，也在一定程度上阻碍了学科的发展。阻碍学科发展的原因就在于学科的划分，这种划分有意无意地割裂了学科之间的联系和融合。民法与民事诉讼法就是如此，两个学科分离，导致各自独自前行，彼此之间越来越陌生，由于自我发展逐渐衍生出各自专有的话语概念体系，讲究自洽的同时也形成了封闭，然而实体法和程序法总是实在地彼此联系，甚至在诸多点上难以区分彼此。因此，不仅民事诉讼法的发展要求与民法的连接、观照，民法的发展也要求与民事诉讼法的连接、观照。民事诉讼法与民法的关系并非工具、手段与目的的关系，亦非助法与主法的关系，更应该从实体法与程序法一体化的视角或诉讼视域（诉讼场域）来看待两者的关系。虽然我过去研究具体制度时也会对实体与程序关联予以审视，例如共同诉讼、第三人诉讼、代表人诉讼、诉讼代理、判决效力等，但尚未比较系统地考虑过两者之间的关系。

终于在民法典制定并即将颁布之际，迎来了开启系统思考的契机。《法学研究》主编陈甦先生代表杂志社向我以及其他学科的一些学者发出了邀约（在我的印象中《法学研究》很少约稿，约稿风险相信做过刊物的人都有所知晓），希望各位学者从本学科的视角，阐述该学科与民法典的适配关系，以完善新中国的第一部民法典，其中包括宪法、刑法、行政法、民事诉讼法等学科。这是一个很有创意的想法，必将拓宽人们对民法典的认识。在接受稿约之后，我开始了对民法典与民事诉讼法两者关联的较为系统的思考，也再次按下了民法典的学习键。最终这种思考转化成了我的论文——《民法典与民事诉讼法的连接与统合——从民事诉讼法视角看民法典的编纂》。虽然此文的副标题是从民事诉讼法视角看民法典，但也使我开始了以实体法和程序法对诉讼问题的双向审视之路，也有了以后在民法典颁布之后的关联文章——《民法典的实施与民事诉讼法的协调和对接》（《中外法学》2020年第3期）以及2022年完成的文章——《民法典的诉讼分析》，进一步深化了对民事实体法与程序法相互关系的认识。的确，实体法与程序法的交叉研究无论是对实体法学者，还是对程序法学者，都是一个具有广阔前景的研究领域，特别是对程序法学者而言。

刑民诉讼的交错

在实体法方面,刑事法与民事法是性质完全不同的两个法律领域,刑事法为公法领域,民事法为私法领域,其规范的原则、制度和思维方式都有所不同。但是无论实体法的性质如何不同,作为生活事实本身并没有什么不同,只是根据人们的认识有着不同的价值和意义而已。

正因如此,相同的生活事件会关联到不同的法律,从而发生刑事与民事在实体与程序上的双重交叉。一旦发生刑事与民事案件的交叉,在民事诉讼程序中应当如何处置就成为实践和理论上一个真切的问题。在民事诉讼法中虽然没有就刑民诉讼交叉作出专门的规定,但对民事诉讼中与其他案件(包括刑事、民事、行政案件)交集时应当原则上如何处置有着原则的规定,我将其概括为"前提中止原则",即正在进行的民事诉讼一旦与其他案件关联时,如果另案的处理结果成为本案裁判的前提,本案应当中止,等待另案的处理结果。另案有处理结果之后,本案民事诉讼得以恢复,并以另案的处理结果为依据作出相应的裁决。尽管民事诉讼法的这一规定早在1982年的民事诉讼法(试行)中已有,1991年民事诉讼法也沿袭了这样的规定,但民事诉讼的实践却将"先刑后民"奉为原则,并没有顾忌民事诉讼法的相关规定。由于我一直没有注意到实践中刑民交叉诉讼的这一问题,因此也没有对其进行过研究,但该问题却一直"潜伏"在我们的身边。

在此,必须要感谢《法学研究》,是《法学研究》的编辑提示我关注刑民诉讼交叉中的制度与理论问题(至今我依然为我未能尽早发现本应该关注的问题而懊恼)。《法学研究》负责民法与民事诉讼法文稿的冯珏女士在2017年给我发来邮件,希望我能够关注一下刑民诉讼交叉的问题,并且提到刑事诉讼方面亦有学者在关注这一问题。收集资料之后,我才发现这一问题是一个制度和理论上都必须重视并应认真研究和处置的问题,也是一个具有中国特色、在中国语境中存在的特殊问题。对这一问题的处理竟然在最高人民法院的终审裁判中也不一致,令人惊异。在此,我自然想起了法国大艺术家罗丹的那句令人耳熟能详的名言:"生活中不缺少美,只是缺少发现美的眼睛。"将这句话的表达式代入现在议论的语境,就成为:实践中并不是没有可以研究的问题,而是缺乏发现问题的眼睛!

发现一个值得研究的学术问题,在一般情形下只要努力,其研究就会开花结果。其实文章从确定主题到完成并没有花多少时间，尽管有的问题至今也尚未完全理清，制度调整的建议还有诸多细节需要完善，但文章至少提出了处置这一问题的基本思路和理论框架。文章（《民刑交叉诉讼关系处理的规则与法理》）发表于《法学研究》2018年第1期。此文在刑民诉讼交叉研究方面也有一定影响（引用133、下载5334，中国知网数据）。文章在修改过程中也得到了冯珏老师的帮助。她帮助的方式就是不断追问。这种追问使得文章的阐述能够更加深入、细致和准确。

我很赞同这样的观点：一个好的编辑是你写作不断进步的推手；学术期刊是一个学者成长的摇篮和温床。

郑春燕：通往理解法治之路

郑春燕，浙江大学光华法学院教授、博士生导师，浙江立法研究院、浙江大学立法研究院执行院长，浙江大学本科生院教学研究处处长。入选第十届全国杰出青年法学家提名奖、第四届浙江省突出贡献中青年法学专家等。于 Law & Society Review 及《法学研究》、《中国法学》等权威、核心刊物发表论文数十篇，近年来的主攻方向为新行政法学，尤其关注现代行政中的裁量规制与合作行政，以及大数据时代的立法学与行政法学变革。

为立言而发表

学者的使命，是呈现对世界某一现象的理解。而学术发表，是"理解"最重要的"发声"渠道。每一位投稿作者，心中都有一张期刊谱系；每一位期刊编辑，亦有主题与风格的偏好。两者相契，才有作品的问世。

我与《法学研究》的第一次交集，发生于2007年10月。那时，我正在北京大学法学院宪法与行政法学研究基地从事博士后研究。在此之前，我的本科、硕士、博士学习都在浙江大学完成。相较于浙江大学的"中观行政法学"定位，北京大学对行政法学基础理论的变革倾注了更多的心力。入站后，我旁听了罗豪才教授的"行政法学基础理论"与姜明安教授的"公法学导论"两门博士生课程，对平衡论的生发、演变与争鸣有了更为系统的认识。时值新公共管理思潮在国内潮涌，不论学界还是实务界，对中国政府的职能定位都有了一些新的探索与认识。面对干预行政以外的给付行政发展,尤其是授权经营、委托外包等新公共管理运动倡导的公私合作活动在中国大地悄然兴起,行政法学是否应坚守"控权"价值为唯一圭臬,成为每一位关心中国行政法学发展方向的学者深植于心的追问。对中国行政改革实践的观察,提醒我反思奠基于高权行政根基之上的"控权"理论;"中观行政法学"的训练,又鞭策我在基础理论的宏大叙事中寻找实现公民权利与行政权力平衡的规范路径。最终,我将目光锁定在霍菲尔德的法律关系理论,尝试用分析法学的视角,将行政权界定为由羁束权(权力与义务)和裁量权(权力与特权)组合而成的复合型法律概念,并借助逻辑结构上的相依、互动,预示协商行政活动实现的可能。①

文章草成后,几经修改,投稿便成为关键环节。虽是初出茅庐,但早有耳闻《法学研究》"英雄不问出处"的编辑风格。记得浙江大学宪法与行政法学的硕士学长陈裕琨,就曾因在《法学研究》发表过作品,②成为无数学弟学妹津津乐道的"传奇人物"。前有来者,自然勇气倍增。抱着试试何妨的心态,我发出了人生第一封寄往《法学研究》编辑部的邮件。未曾想到,不足一月,编辑部就有回复:"此文可刊。"那是十月的午后,黄昏的阳光洒进北京大学畅春园的博士后宿舍,晕染得简易书桌上的笔记本电脑也闪耀着金色的光芒。15 年后的今天,回忆起彼时情景,内心的悸动与欢愉仿佛就在昨日。

以文立言,凭借《法学研究》的声誉加持,学界开始关注到我这个青年学者的存在;更为重要的是,《法学研究》的口碑,无形中增强了我的学术自信,助推将"以学术为业"的志趣,转化为现实的行动。

发现自我与挑战认知

"小试牛刀"的惊喜,激励我旋即投身第二篇论文的写作。2008 年 3 月,《法制日报》的一篇报道③引起了我的关注,温州梧田派出所以"万元抽奖"的方式吸引外来务工人员主动办理暂住证登记引发了社会质疑,特别是文末温州市公安局相关负责人有关"其做法值得鼓励,但不宜大张旗

---

① 郑春燕:《论现代行政过程中的行政法律关系——以分析法学为视角》,《法学研究》2008 年第 1 期。
② 陈裕琨:《分析法学对行为概念的重构》,《法学研究》2003 年第 3 期。
③ 陈东升:《温州办暂住证可抽万元大奖事件真相调查》,《法制日报》2008 年 3 月 25 日,第 8 版(《法制日报》现已更名为《法治日报》)。

鼓地宣传与推广"的评价,让人不免担忧致力于提升治理成效的探索终将消弭于批评之声。如果中国的依法行政,倡导的是狭义解释现行规范下的亦步亦趋执法,那中央号召的改革创新又如何能够发生并形成燎原之势?在这一拷问的追迫之下,论文基本框架呼之欲出:服务政府中的行政主体,运用程序裁量自主确定规范之外的程序形式与种类;对此类新型行政活动的分析,除了遵守法律已有的界限外,也应关照行政目的的引导作用,并将多个行政行为构成的整个行政过程视为一幅动态的行政法律关系图式。①

如果说,第一篇文章多少带有独辟蹊径、勇往直前的牛犊精神,第二篇文章则更平添了法治革新、舍我其谁的豪迈气概。而连续两篇作品被《法学研究》录用,似乎在以某种形式回应自己自博士后入站以来的内心彷徨。刚到北大的前期,旁听博士生课程、参加学术沙龙,在北大法学教育偏重于基础理论研究的倾向中,我曾为自己将来的学术研究定位迷茫。在那段徘徊的时间里,我选择和同仁共读卢梭的《社会契约论》,发现自己虽能做到达意却无法突破创新;也犹豫过追随德国式的教义学分析方法,终因不通德文难以超越二手资料而放弃。无数次,我自问:"什么才是自己独一无二的研究特质?"社会学家项飙曾在访谈中提及:"在学术研究中意识到个人性格问题。"② 他的童年经历、他的家庭环境、他的性格偏好,使他的社会学作品呈现特别的距离感与直接性,也使他在全球社会学界独树一帜。对学术风格的辨析与学术道路的探寻,让我意识到自己的研究虽然与思想家无缘,但从大三就跟随浙大法理的师长阅读大百科全书中的政治学、法学经典,像一只无形之手推动自己关注行政法学基础理论,与北大的结缘更强化了在此领域开拓的决心。与此同时,从本科毕业实习开始跟随宪行点导师深入行政复议、行政诉讼的实务经验,形塑了自己从个案的规范分析切入,探究社会秩序和法律制度的思考逻辑。

不经意间,个人的成长经历已经刻画在自己的作品之中:《法学研究》的两篇投稿文章,主题分为行政法律关系和程序裁量,但具体制度背后的关怀清晰地指向了行政法学基础理论的革新,只不过对原理的探讨既未采

---

① 郑春燕:《服务理念下的程序裁量及其规制》,《法学研究》2009年第3期。
② 项飙、吴琦:《把自己作为方法》,上海文艺出版社,2020,第46页。

用纯粹的学理分析方法，也未选择单纯的比较法进路，而是期待自己从中国行政改革的实践和现行有效的法律规范体系出发，在规范分析的基础上融入新的工具或者新的内涵。如果说浙大公法的学习，提升了我捕捉现实问题的敏锐度与研判问题的分析能力，那么北大公法的熏陶，则拓展了我观察问题的视域与透视问题的纵深。两者的结合，根源于个人对法学经典理论与行政处理实务的双重偏好，或许也是自己区别于其他行政法学者的特质所在。

理解中国法治

带着这份自我认知，我开启了新的学术探索之旅。幸运的是，一路都有志同道合者同行。

2011年8月，《法学研究》设立青年公法论坛，旨在"引导青年学者在公法研究的选题、方法、材料、思路等方面不断反思、创新，推动中国公法研究沿着严谨、务实、深入、学术的方向发展"。[1]首届论坛的主题为"公法发展与公法研究创新"，共有28位来自法理学、宪法学、行政法学领域的青年学者参加了论坛。对话的内容，既包括对公法概念随意移植与创设的反思、逻辑学方法与面向现实的理论研究、公法规范的解释规则及其运用、基于规范主义立场面对政治事实等整体方法，也涵盖行政案例研究方法、应急行政法的建构、国家任务社会化的行政法挑战、比较行政法学研究的误区与辨明、公私交融与解释衔接、以宪法文本为中心的宪法解释方法、历史主义的宪法学研究等具体领域中的方法。无论切入点为何，与会青年学者均抱持着"中国需要什么样的公法研究"的学术自觉，尝试"从特定时点、特定空间、特定背景出发思考自己所生活其中的世界"。[2]

也正是从那一次青年公法论坛开始，我迈出了系统性思考中国行政法学基础理论变革的步伐。立足中国的改革实践，可以看到大量基层的试点创新，由于欠缺实定法的依据，在强调"法无授权即禁止"的公法领域，遭遇着合法性危机。秉承历史主义与问题导向的比较法研究，不难发现行政任务变革与行政法学转型的内在呼应性。由此，中国的行政法学基础理论也应紧随国内行政改革的步伐，从西方传统的"控权论"走向"权利保

---

[1] 编者按：《公法发展与公法研究创新》，《法学研究》2012年第4期。同期《法学研究》刊载了12篇主题发言稿。

[2] 谢海定：《我们需要什么样的公法研究》，《法学研究》2012年第4期。

障与调控社会"并重的新型行政法学。① 只是强调作为工具的弹性行政法治,是否会侵蚀前辈学者呕血呵护的规则至上理念?

正当我困顿于前一篇作品遗留的问题时,《法学研究》编辑部发来了第二期青年公法论坛的邀请函。这次的主题是"反思法治:制度、实践与话语",旨在通过类型化诸种法治发展模式,反思不同法治话语形式的是非曲直,以期把握中国式法治的未来走向。② 未曾想到,正是返身回到法治的密林,让我对前述问题有了初步的答案。形式法治的理念,构筑了传统行政法学的理论基础。但中国并不具有自由主义的文化传统,欲建构的市场经济又具有中国特色,这两项背景决定了纯粹的形式法治并不适合中国道路。因此有必要承认法律与道德的不可分割性,以法律的开放性提升法律的适应性。③ 为避免实质法治观为"道德凌驾于法律"奠基,我选择以程序主义的进路获得暂时性的共识,并将其圈限于规范分析方法的射程范围。

一切似乎豁然开朗。此后,我应耶鲁大学法学院中国中心(现更名为"蔡中曾中国中心")的邀请,开始为期一年的访问学习。到访初期,美国联邦与州政府严格按照行政程序制定行政规则、作出行政决定的规范化流程让我叹为观止;随着访问的深入,过多程序设置导致的行政僵化引起了我的警惕。中国正处于转型发展的关键时期,各级政府能动地解决各种复杂情势既是经济增长、社会稳定的内在要求,也是民众对政府的合理预期。如果按照程序主义行政法治的进路最终将导致隐匿在程序规则背后的消极政府,那就需要谨慎对待自己的理论假设。幸运的是,《法学研究》第三期青年公法论坛再一次为我打开了思考的天窗,"作为方法的权利和权利的方法"④ 的主题,牵引我回到宪法基本权利理论寻求突破的可能。我国宪法基本权利功能体系的特别安排,根源于社会主义的根本制度,并在权力传统与现实因素的双重作用下形成了行政中心的权力格局。因此,行政法学回答问题的场域,应从司法中心拓展到行政过程,在关注个人请求权的传统行政行为概念之外,以行政决策为基本概念,借助行政决策的

---

① 郑春燕:《行政任务取向的行政法学变革》,《法学研究》2012年第4期。
② 编者按:《反思法治:制度、实践与话语》,《法学研究》2012年第6期。
③ 郑春燕:《程序主义行政法治》,《法学研究》2012年第6期。
④ 编者按:《作为方法的权利和权利的方法》,《法学研究》2014年第1期。

非正式程序建构，实现基本权利客观价值秩序功能保障。①

至此，我完成了个人的"行政法学基础理论三步曲"。从功能主义的行政法学研究方法，到程序主义行政法治的提出，再到以非正式程序主义修正程序主义可能导致的僵化弊端，这其中，既有自己对中国行政改革实践的观察与思考，更有青年公法论坛汇聚的同仁智慧的砥砺与鞭策。虽然我们对于中国法治图景的描绘并不相同，但只要从中国背景出发，从中国的历史、文化、社会、经济土壤中寻求法治繁盛根基的立场相通，那么我们这一代人的努力，就一定会以互补、共融的形式，推动中国法治的进步。

周江洪：民法学学术空间坐标中的《法学研究》

周江洪，法学博士，浙江大学社会科学研究院院长，浙江大学光华法学院教授、博士生导师。兼任 2018 – 2022 届教育部高等学校法学类专业教学指导委员会委员、中国法学会理事、中国法学会民法学研究会常务理事、中国法学会法学教育研究会理事、中国高等教育学会理事等。在《中国社会科学》《法学研究》等期刊发表论文多篇。独著《服务合同研究》《服务合同立法研究》《典型合同原理》等，主编《民法判例百选》《合同案例研习》等。曾获得司法部第三届全国法学教材与科研成果奖、浙江省哲学社会科学优秀成果奖等。入选国家重要人才支持计划。

感谢《法学研究》的信任，让我作为作者写一些感言。虽不善表达，但在自己的学术之路上，无论是作为读者还是作为作者，与《法学研究》交集甚多，亦有不少感触。如果用一句话来表达，那就是：《法学研究》是自己过去、当前和未来学术状态的流形几何空间中的关键实数所在，也是中国民法学学术生态系统中的关键要素之一。

作为读者，《法学研究》是我回国初期面对"文化逆冲击"时的重要参照系，为学术成长提供了压力和动力系统

2007 年回国后，我重新开始近距离关注国内民法学界的最新前沿，时

---

① 郑春燕：《基本权利的功能体系与行政法治的进路》，《法学研究》2015 年第 5 期。

不时会感受到压力。一方面，我在日本神户大学所受的学术训练，与国内的学术写作相异之处甚多。虽然出国也就三年半左右的时间，但当时《物权法》出台不久，实证法变化较大，且中国民法学快速发展，无论是问题意识、论文写作方法还是行文结构，对我来说已是完全陌生的状态。回国伊始，曾经写过类似规范抽取式的判例评释，因为这是留学时训练最多的一种案例写作方式，但多次碰壁后才发现，这并不是我们所需要的——只有到后来确立了案例指导制度以后，这种判例评释方式才被部分接受，但亦未能成为主流。当然，在投稿过程中，也有许多非常让人感动的细节，至今铭记在心。针对我的案例评释论文，好几位期刊编辑给我回复了非常详细的编辑意见，说明不采稿的原因以及详细的修改建议等。另一方面，回国之际正值高校量化考核管理如火如荼的时节，自己又刚到新单位，高校学术生态与出国前的岁月静好相比，已是如隔三秋之感。虽然当时"青椒"的称呼尚未流行，但"青椒"的焦虑则是同款。但无论如何，既然选择了这份职业，就总想着能为中国民法学的发展作些努力，更何况当年还有一个小小的"中国民法梦"，曾在一篇译后记中自问"什么时候我国民法也能够成为真正的中国民法"。

既然没有选择"躺平"，也无法选择"躺平"，就唯有认真学习。以《法学研究》为代表，法学类期刊以及代表性的综合性期刊，我当时几乎每期都沉下心来认真拜读，可以说那几年是看期刊论文最认真的时候。在认真阅读各民法学论文的基础上，我重新组织自己现有选题的问题意识和展开方式，并开始尝试写作和投稿。《法学研究》当时的诸多论文及其写作方式，对自己都深有启发。记得当时张新宝老师曾有篇论文讨论死亡赔偿问题，主张以物质生活水平维持说来修正既有的抚养丧失说、继承丧失说等，对我的论文写作就很有启发。常鹏翱以《法学研究》刊发的民法学论文为线索对民法学三十年来研究的梳理，亦是我当时印象非常深刻的文章。特别是通过对2000－2007年这一阶段述评的学习，补上了自己的不少知识疏漏，三年多的留学空白期得以填补。后来带学生以及从事学院管理工作时，我对年轻老师和学生都特别强调阅读期刊论文的重要性：期刊不仅仅是学术思想的传播，而且是学术思想的交流，写论文表达自己的观点和论证时，要尽可能从潜在读者的视角出发重新整理思路和展开逻辑。学术论文不是单向的传输，而是双向的沟通，也正是在这个阶段形成的基本观念。包括《法学研究》在内的诸多期刊上的民法学论文,对于我走出"文化逆冲击"带来的"学术懵懂"状态,对于我后来写作风格的形成和问题意识凝练方式的运用等,都起到了非常大的作用。

在学术成长的流形几何空间坐标中,成为《法学研究》的作者之一亦是激励自己学术成长的内生实数之一。记得刚到浙江大学不久,前辈同事就跟我说,虽然不能说只有在《法学研究》等重要刊物发表文章才算立足学界,但在《法学研究》发表文章至少能为你立足学界提供重要的支撑。自己埋头读了不少民法学论文以后,更是发现这一点所在。2007-2009年,《物权法》出台、《侵权责任法》起草,立法的活跃也带来了民法学学术的活跃。当时,一大批年轻民法学者在《法学研究》刊发论文,其中有不少都是以讲师或者副教授的身份发表论文,亦有博士生或博士后发表高水平论文。叶名怡关于重大过失理论、朱广新关于不动产善意取得制度、于飞关于基本权利与民事权利的区分、薛军关于私法立宪主义、王洪亮关于妨害排除与损害赔偿、常鹏翱关于民法中的物、尹飞关于为他人侵权行为承担责任、税兵关于非营利法人、吴国喆关于善意的认定等,各位作者在《法学研究》发表论文时多是讲师或副教授,《法学研究》构筑起了群星闪耀的青年民法学者群。同辈学者的优秀,也不断勉励着自己。《法学研究》对于年轻一代学者的看重,也让我深信在《法学研究》上发表论文并不是不可能实现的。自此,我就开始为成为《法学研究》的作者而努力。再后来,每每阅读《法学研究》刊登的民法学相关论文,就深深体会到,民法学同仁们的新作不仅丰富了自己的知识,拓展了自己的视野,也在某种程度上勉励自己持续地思考民法学前沿问题。

作为作者,《法学研究》提供了非常好的助力系统

给《法学研究》投稿之前,我虽然也陆续发表了一些论文,但给《法学研究》投稿,依然相当慎重。一直以来,我都要求自己投出去的每篇稿子,至少要自认为对得起拟投的期刊,这是对期刊和编辑的基本尊重。当然,这可能是作者的过于自信,因为文章总是存在各种各样的问题,即使最终被采用的文章,亦是如此。

给《法学研究》的多次投稿中,印象最深的一次是《风险负担规则与合同解除》一文的投稿经历。投稿时采用的是"风险负担规则的死亡"之类的标题,明显与文章的主旨不太一致,现在想来仍然汗颜。所幸的是,责编冯珏老师没有因此等哗众取宠的标题而直接忽略文稿，采稿后又多次与我沟通商量，换成了现在的题目。而且，这篇文章涉及不少细节问题，不仅债权人、债务人的称谓经常被颠倒误植，所思考的问题也非常细致和纠结，有时候甚至会把自己绕晕。即使现在回过头去看，仍发现还有不少问题没有考虑周全。另外，当时虽然在文风上已开始尽量改善，但仍然残留不少留学时代的痕迹，文句不通及文章布局不周全之处甚多。面对这么复杂啰唆的稿子，冯珏老师不断与我沟通探讨，确认相关信息和内容，研讨文章涉及的民法学理论是否妥适，不断修正相关表述。这个过程，对自己来说，是与文章第一位读者的对话，让自己更加深刻意识到文稿中存在的问题，也明确了修改的方向。不仅如此，这篇稿子是目前为止自己论文投稿中最快被确认拟采用的文章——投出去一个月不到，就被通知拟采用。编辑每天面对大量的来稿，又是不熟识的作者，如此快的处理速度，几乎难以想象。整个投稿过程，体会到的不仅是编辑的认真态度，更是编辑的学识素养。作者忽略的不少逻辑问题、学理问题，在专业编辑眼中无处可藏。编辑对民法学体系和学术前沿的把握能力，对作者来说是一个重大的考验。曾有一段时间，《法学研究》坚持不引入外审机制，也是源于中国社会科学院法学研究所对学术的自信。我的投稿经历也表明，这一学术自信确实有其坚实的基础。

事实上，文章是改出来的，不仅是作者多次修改，更有编辑的指正和修正。我回国初期的不少文章，都是几经编辑修改而定稿。记得有一篇小文章，编辑返修后的文稿甚至已无法用花脸稿来修订，不得不重新行文；虽然定稿的基本观点没有大的变化，但其中的行文布局已完全变了样。《法学研究》刊发的这篇《风险负担规则与合同解除》，若就修改分量而言，称得上是我修改第二多的稿件了。在这里，我要特别感谢一路相伴的各位编辑，正是编辑们的辛苦付出和学识，才使我陆续有了发表的若干文章，才使我得以较为顺利地渡过了当今所谓的"青椒"时代，至今仍然得以留在学术的道路上。后来，浙江大学民商法研究所的新同事越来越多，我也鼓励他们写"好"文章并积极投稿，而且经常一起讨论，目的也正是要让他们尽量淬炼出足以对得起拟投稿期刊的文章。而且，拿到编辑或外审的修改意见或建议时，我们也尽量一起讨论，对于难以修改或者观点不一致的审稿意见，我也会鼓励新同事认真撰写不予修改的详细说明。之所以如此，正是因为自己的投稿经历让我明白，每一篇优秀的学术论文，都是编辑与作者共同写就的；而且编辑是第一位与作者对话的读者。因此，无论采稿与否，作为作者，认真是必须的。再后来，我也开始作为外审审稿人，我一直记得当年投稿时编辑的认真态度，因此尽力认真地审稿，不仅提供是否采稿的建议，更重要的是认真做好作者的"对话人"。

作为中国法学学术的承载者之一，《法学研究》提供了重要的定力系统

学术期刊不仅仅是推动作者自我成长的重要平台，更重要的是，如果将中国法学学术看作一个连续动力系统，《法学研究》这一实数的微小变化，都必将引起中国法学学术"当下状态"的变化，进而影响"未来状态"的演化进程。《法学研究》民法学论文的选题和论证方式，虽然会随着中国民法学的发展而有所变化，但《法学研究》对于稿件质量的要求，一直以来都是相当高的，其风格也是相对稳定的，可以说是定力系统之所在。也正因为《法学研究》有如此严格的要求，才吸引了一大批优秀的稿件，进而为中国民法学呈现了一大批高含金量的学术论文，引领了中国民法学的发展。

关于《法学研究》，还有两件小事给我的印象也非常深刻。一件小事是关于《法学研究》主编的角色。梁慧星老师担任浙江大学光华法学院教授委员会委员期间，每年开会我与他都会有所交流。有一次，我们请教梁老师担任《法学研究》主编时的一些工作经验。梁老师说，主编的重要作用之一是拒稿，编辑部基本上都能处理得很好，但对于编辑部实在有压力又不符合《法学研究》要求的一些稿件，他会出面拒稿。经梁老师这么一说，我们对于《法学研究》稿件质量水准的要求，体会得更深了。另一件小事是关于论文引用率的问题。记得有一次，我和冯珏、李昊等几位民法学者朋友一起闲聊《民法典》之后中国民法学的未来走向问题，谈及《法学研究》等期刊引领学术的功能时，曾说到国内学术期刊亦面临引用率等各种评价指标问题。由于民法学论文有不少是制度研究，被批评为"精细的绣花针"研究，也有不少是偏艰深的基础理论研究，因而除非是热点制度或热点问题，有时引用率并不是很高。在我的印象中，《法学研究》并不十分看重引用率，有些高水平的民法学文章，恰恰是"终结"了某一话题，后来的学者要在此基础上继续推进会面临较大的困难，因此文章发表初期被引不多也是正常的。而经过若干年后，等学界实务界有了新的进展，或者关注点迁移等等，不少"终结性"文章的价值就会逐渐凸显。其实，《法学研究》的不少文章，发表十年以后仍然被持续关注，也表明了编辑部对于文稿选取的价值取向，并不是关注一时一地的引用等，而是更关注文稿的开拓价值和持续的生命力。这虽然只是我选取的两件小事，但亦足以表明《法学研究》这么多年来能够成为法学界重要的学术定力系统的原因所在。

作为曾经的年轻学人，《法学研究》提供了非常好的动力传递系统

我以为，中国民法学的学术状态乃至学术生态，是由流形几何空间坐标构成的。在这个坐标空间中，既有学者也有期刊等各种"实数"，此等"实数"共同构成了流形的几何空间坐标。《法学研究》在这一流形几何空间坐标中，是推动空间状态变化、耦合的重要枢纽之一。从回国后的经历来看，不少民法学好友同仁，我都是通过先读其在《法学研究》上发表的文章、先知其学术观点，然后才知其人的。估计有不少好友同仁也是先见了我的文章，后来才认识我本人的。从这个意义来说，《法学研究》为年轻学人们搭建起了传递、汇聚的学术纽带，是非常重要的动力传递系统所在。

感言的最后，我想说，一个人走，或许可以走得更快；但一群人一起走，一定可以走得更稳更远。《法学研究》正是聚集了一大批得以行稳致远的读者、作者、编者、审者，相信一路上会走得很好；相信中国法学学术亦将越来越好。衷心祝愿《法学研究》越办越好，为中国民法学各领域通说的形成、为中国民法学自主知识体系的建构作出更大的贡献。当然，期待并确信《法学研究》继续保持定力的同时，也可以考虑适当地优化。比如，在法学自主知识体系的建构过程中，如何将自主性与普遍性相结合，可以作适当探索。每个学科的学科体系通常都是由史、论、方法、应用构成，而构成学科体系内核的知识体系，则是支撑这四个方面的知识点的体系化，通常包括概念、范畴、观点、理论等知识点，此等知识点由统一的主线（如价值观等）来形成体系。在知识体系建构过程中，期刊是重要的平台之一，《法学研究》理应而且也能够为中国民法学的自主知识体系建构作出更大贡献。例如，在选题或组稿等方面，在考虑创新性的同时，是否可以考虑一些传承性，通过"守成"的方式，以累积性创新不断引领中国法学学术的发展。具体方式上，是否可以考虑每五年或者每十年以《法学研究》刊发的论文为主线作历史性梳理，通过历史梳理来展望未来的走向；或者凝练中国法学领域的关键争点，史论结合，留出若干版面作短小精悍（比如5000字以内）但不失准确的争点整理，为共识和通说的形成作重要的铺垫；或者就重大争议命题，有意识地组织相关领域的专家开展辩论，以便通过理性的学术论争形成有效的沟通，为解决争议做好铺垫。当然，因《法学研究》版面有限，就这些方式而言，不限于以《法学研究》刊发论文的方式来实现，也完全可以借助《法学研究》这一重大平台的号召力，以论坛、系列丛书、数据库平台等诸多方式予以实现。

第四章　薪火相传续辉煌

一　编制沿革

《法学研究》的主体存在实质上并不只是一个名为《法学研究》的期刊，而是以多种观念形式和实体形式存在的法学知识形成机制中的特定主体。

《法学研究》的编制性存在，是《法学研究》编辑部的现有人员以及曾经在《法学研究》编辑部工作过的人员，他们每一点与编辑有关的努力都物化为《法学研究》的各期刊物，他们决定了《法学研究》的性格与风格。如果将《法学研究》工作的机制性存在析出，构成《法学研究》编辑工作机制的还有编委会和评审专家，他们的工作实效是一篇稿子得以刊发的形成过程因子和内容构成要素。

《法学研究》的知识共同体存在，是《法学研究》编辑人员与作者群经过相互选择而构成的以《法学研究》为载体的法学知识形成机制，所有作者为《法学研究》提供的可以析出新知识的学思结晶，他们共构了《法学研究》的整体内容与存在价值。还有每一个读过《法学研究》的读者，只要有一粒法学知识因子进入读者的记忆结构或知识体系，便成为《法学研究》传播机制上的信息记忆共同体，他们决定了《法学研究》的存续期限及增值空间。

自我在于记忆。每一个形成《法学研究》记忆的人，每一个拥有《法学研究》记忆的人，都是《法学研究》的建构者或塑造者，他们有关《法学研究》记忆的总和，就是《法学研究》在观念体系中的现实存在。我们努力的目标是,让《法学研究》得以成为不断增值的学术平台;我们的期待就是,《法学研究》永远与法学研究同在。

(一) 编委会

《法学研究》设有编委会,作为《法学研究》政治方向、学术导向、价值取向和专业动向的把关者和建议者,是《法学研究》最高的学术咨询机构。《法学研究》编委会的具体职责包括:(1)协同提高《法学研究》的政治能力、学术能力和专业能力,特别是提高《法学研究》政治性、学术性与专业性的内在有机协调性和相互转化效能;(2)研判《法学研究》办刊理念、编辑政策的实施效果,评估《法学研究》近期的办刊水准和发稿质量,分析《法学研究》学术影响力和期刊竞争力的实态与变化原因;(3)根据党和国家的大政方针、中国特色社会主义法治实践与法学发展需要,建议《法学研究》的办刊方针指向和重点选题方向以至具体的选题方案;(4)发现《法学研究》编辑工作的不足及原因,在编辑政策、编辑流程、编辑作风和编辑技术等方面,提出意见和建议。

《法学研究》编委会成员由法学不同学科的学术造诣高、学术影响力大的学者组成,以确保来自编委会高水平判断与高质量建议的专业性与综合性。《法学研究》编委会的主要工作方式是:(1)召开编委会常规会议或专题会议,对《法学研究》近期工作进行总结和建议;(2)召开编委会扩大会议,对《法学研究》一个时期的工作进行总结和建议;(3)编委以个别联系与《法学研究》交流,提出具体的意见或建议。

《法学研究》编委会是《法学研究》团队的重要构成,是《法学研究》工作机制的有机环节,《法学研究》的发展离不开编委会及其成员直接或间接的支持。但是,《法学研究》在其编委会的机制建构与效能实现上,也有需要进一步改进和加强之处。(1)在编委会组成的开放性上,《法学研究》目前的做法过于"内向",现有编委会成员都是中国社会科学院法学研究所和国际法研究所的学者。虽然有组织上的便利性,却限制了集思广益的范围。因此,《法学研究》打算在适当时机扩张编委会的开放性,通过编委会成员构成的丰富性来提高编委会的学术集约能力和编辑机制效能。(2)在编委会工作机制的制度性上,《法学研究》还处于"习惯法"状态,因而导致编委会效能的不稳定性。今后,《法学研究》将进一步完善编委会的制度建设,提高编委会工作的程序化安排和规则化处理。(3) 在与编委会成员的联系性上,《法学研究》编辑工作人员的主动性还有待加强。《法学研究》将进一步强化积极主动的学习态度并建立灵活可行的联系机制,把编委会及其成员与编辑工作更紧密更活跃地联系在一起。

(二) 编辑部

作为《法学研究》的编制性存在,是所有编辑前辈与现任编辑人员的学术共同体,在繁盛而历久的法学研究领域的学术时空里,其间或许因法学人才辈出而淡隐其中,或许因法治实践丰富而使人旁顾。但是《法学研究》编辑团队有机蕴含了共同创造并不断优化了可以传承传统、展示现在和塑造未来的学术基因,这是《法学研究》拥有学术自信和获得学术信任的主体性根据。

1978 年至 1979 年 (《法学研究》试刊及初期复刊阶段)
编辑人员:张忻、王昭仪、罗耀培、金默生、马荣杰 (说明:此时的编辑部人员并无具体的职务或职称任命)

1979 年底至 1980 年 11 月
负责人:金默生、张忻、张尚鹫、廖增昀
编辑人员:王昭仪、罗耀培、马荣杰、朱长立、张令杰、徐长龄、许诺、赵孟生、付彬、齐萌 (以来室时间先后为序,中间有流动,下同)

1980 年 12 月至 1982 年 12 月
主编:孙亚明　**副主编**:吴建璠
编辑部主任:张尚鹫　**副主任**:刘瀚
编辑人员:王昭仪、罗耀培、马荣杰、朱长立、张令杰、徐长龄、许诺、赵孟生、付彬、齐萌、苏尚智、刘翠霄、张永明、张广兴、史探径

1983 年 1 月至 1985 年 6 月
主编:张尚鹫　**副主编**:刘瀚

编辑部主任：廖增昀　　副主任：张令杰

编辑人员：王昭仪、罗耀培、朱长立、张令杰、徐长龄、苏尚智、刘翠霄、张永明、张广兴、史探径

1985 年 7 月至 1987 年 5 月

主编：张尚鹜　　副主编：刘瀚

编辑部主任：张令杰

编辑人员：廖增昀、王昭仪、罗耀培、朱长立、张令杰、徐长龄、苏尚智、刘翠霄、张永明、张广兴、史探径

1987 年 6 月至 1988 年 5 月

主编：吴大英　　副主编：刘瀚、梁慧星

编辑部主任：张令杰

编辑人员：廖增昀、王昭仪、罗耀培、朱长立、徐长龄、苏尚智、刘翠霄、张永明、张广兴、史探径、王敏远、张新宝、林炎炎

1988 年 6 月至 1992 年 12 月

主编：李步云　　副主编：张令杰

编辑部主任：张令杰

杂志社社长：张令杰（1991 年 9 月起兼任）

编辑人员：廖增昀、王昭仪、罗耀培、朱长立、徐长龄、苏尚智、刘翠霄、张永明、张广兴、史探径、王敏远、张新宝、林炎炎、张少瑜

1993 年 1 月至 1994 年 2 月

主编：李步云　　副主编：张令杰

编辑部主任：张广兴

杂志社社长：张令杰

编辑人员：朱长立、刘翠霄、王敏远、张新宝、林炎炎、张少瑜

1994 年 3 月至 1995 年 4 月

主编：王保树　　副主编：张广兴

编辑部主任：张广兴　副主任：张少瑜

杂志社社长：张令杰

编辑人员：朱长立、刘翠霄、王敏远、张新宝、林炎炎、张少瑜、蒋隽

1995 年 5 月至 1998 年 12 月

主编：王保树　副主编：张广兴

编辑部主任：张广兴　副主任：张少瑜

杂志社社长：张新宝

编辑人员：朱长立、刘翠霄、王敏远、张新宝、林炎炎、张少瑜

1999 年 1 月至 2001 年 12 月

主编：梁慧星　副主编：张广兴

编辑部主任：张广兴　副主任：张少瑜

杂志社社长：张新宝

编辑人员：朱长立、刘翠霄、王敏远、张新宝、张少瑜

2002 年 1 月至 2002 年 6 月

主编：梁慧星　副主编：张广兴

编辑部主任：张广兴　副主任：张少瑜

杂志社社长：张广兴

编辑人员：朱长立、刘翠霄、王敏远、张少瑜

2002 年 7 月至 2004 年 8 月

主编：梁慧星　副主编：张广兴、张志铭

编辑部主任：张广兴　副主任：张少瑜

杂志社社长：张广兴

编辑人员：朱长立、刘翠霄、王敏远、张少瑜、谢海定、熊秋红（兼）、冉昊、范亚峰

2004 年 9 月至 2012 年 12 月

主编：梁慧星　副主编：张广兴、冯军

编辑部主任：张广兴　副主任：张少瑜

杂志社社长：张广兴

编辑人员：朱长立、张少瑜、谢海定、熊秋红（兼）、冉昊、范亚峰、冯珏、樊彦芳、李强

2013 年 1 月至 2013 年 12 月

主编：梁慧星　副主编：张广兴、周汉华

编辑部主任：张广兴　副主任：谢海定

杂志社社长：张广兴

编辑人员：朱长立、张少瑜、谢海定、熊秋红（兼）、冯珏、李强

2014 年 1 月至 2014 年 3 月

主编：陈甦　副主编：张广兴、周汉华

编辑部主任：张广兴　副主任：谢海定

杂志社社长：张广兴

编辑人员：谢海定、熊秋红（兼）、冯珏、李强

2014 年 4 月至 2017 年 12 月

主编：陈甦　副主编：张广兴、周汉华

编辑部主任：谢海定　副主任：冯珏

杂志社社长：张广兴

编辑人员：谢海定、熊秋红（兼）、冯珏、李强、张辉、王帅一（兼）

2018 年 1 月至 2022 年 8 月

主编：陈甦　副主编：张广兴、谢海定

编辑部主任：谢海定　副主任：冯珏

杂志社社长：张广兴

编辑人员：谢海定、熊秋红（兼）、冯珏、李强、张辉、王帅一（兼）、李曼、王怡、孙远（兼）

2022 年 9 月至今

主编：陈甦　　**副主编**：谢海定、冯珏

编辑部主任：谢海定　　**副主任**：冯珏

杂志社社长：谢海定

编辑人员：张广兴、冯珏、李强、张辉、王帅一（兼）、李曼、王怡、孙远（兼）

二　编辑寄语

陈甦：我与《法学研究》

陈甦，中国社会科学院学部委员（一级研究员），法学研究所研究员、博士生导师。曾任中国社会科学院法学研究所、国际法研究所联合党委书记，法学研究所所长；自 2014 年 1 月起，担任《法学研究》主编。学术兼职为中国法学会副会长、中国商法学研究会副会长等。长期从事民商法研究，主要研究方向为公司法、证券法、票据法、物权法等。

我出生于 1957 年，上大学却是很晚。直至 1981 年，我才从部队复员后当工人所在的大连搪瓷总工厂考进了辽宁大学法律系。说实在的，当时的我对法律一无所知，选定就读法律系，并不是像许多人那样怀着与法有关的理想或梦想，而只是因为当时辽宁大学法律系拟招生 80 人，我为了录取保底，就把辽宁大学法律系定为第二志愿。当时的招生方式是第一志愿和第二志愿可各报五个大学，每个大学可报一个专业。不用说，第一志愿所报的中文系、历史系都拒绝了我，于是我就被第二志愿的第一个所报专业辽宁大学法律系录取了。从此，我与法律法学结缘，于今已逾 40 年。

上大学时，系里念我工作四年半而未能带工资入学有点亏，因为当时的政策是工作五年以上的可以带工资上学，于是给我每月 19 元人民币的一等助学金。每念及此，对辽宁大学法律系感恩之情便浮上心头。当年的每月 19 元可真不少，使我能在每顿吃个炒菜之余，还能买些书报资料。记得我当时订阅的期刊有三份，《法学研究》、《法学译丛》（《环球法律评论》

的前身）和《民主与法制》。可以说，我是我们宿舍中的期刊大王，这使我颇有认真学习法律且看起来学习得很不错的样子。

现在得承认，虽然大学期间一直坚持订阅这三份期刊，但从一开始我的阅读质量就不高，对于《民主与法制》，我倒是做到了每期通读；而对于《法学研究》和《法学译丛》，则只是勉强做到了每期选读，而且选读比例不高，基本上是选篇文章泛泛而读，读完就放下。现在回想起来，还是能够找出其中原因的。一是，我当时还处于前途懵懂无规划之情形中，对于自己学了法律后在将来做什么，并无既定方针或确切方向。在大学期间，我从未立定将来做法学研究之志向，因此就没有带着学术信念阅读《法学研究》和《法学译丛》。二是，我当时还缺乏有效阅读法学专业期刊的知识基础，对当时的法律实务亦缺乏深刻了解，而且当时社会的信息传播环境，更难以使我受到法学领域学术动向的信息刺激甚或信息轰炸。因此，对于在手的《法学研究》上的文章，缺乏深入阅读的迫切感或亲和感。特别是对于当时的我来说，由于法学知识基础的浅弱，我感到《法学研究》属于重刊物，拿起来的心理感觉都是沉甸甸的，读起来没有阅读轻刊物的轻松愉悦感。三是，我当时缺乏法学论文写作的常规训练，也没有像样的法学文章习作。而且当时写法学文章，也不要求什么必须有注释。因此，也没有为了摘录或引用而深度研读《法学研究》。但是无论如何，我还是连续四年订阅了《法学研究》，这在当时经济社会条件下，也算是较为奢侈而有效的学术支出了。我想，这一笔有效的学术支出中最为有效的回报体现在，我1985年报考法学硕士研究生时，就报了《法学研究》的主办单位——中国社会科学院法学研究所。

说起来，尽管现在还想不起来究竟《法学研究》上哪篇文章曾经给了我强烈的思维冲击或观念震撼，但是《法学研究》肯定是给了我潜移默化的长期形塑效应，不然我也不会在没有任何背景加持或理念执着的情况下，选择到法学研究所来攻读硕士研究生。进所学习后，读《法学研究》方便了，于是就不再订阅《法学研究》，倒是省下了一笔学习支出。但其导致的后果是，我读《法学研究》的频率反倒不如大学期间。我跟着谢怀栻老师学习民法经济法，研究生毕业后又留在法学研究所民法经济法室工作。后来在谢老师的指导下，我在《法学研究》1990年第5期发表了我的论文《论建筑物区分所有权》。这是大陆法学期刊上第一篇以建筑物区分所有权为题的论文，当时许多人还没听说过"建筑物区分所有权"这个词，当时的《法学研究》编辑认可我的论文选题与内容，并为我修正论文结构与体例后使之发表，这真是我学术经历中一件非常值得庆幸的事。其后不久有一天，我遇到个外单位的法学同行。她说，你就是陈甦啊，那篇建筑物区分所有权就是你写的啊，我还以为是哪个老先生写的呢。我听了她的话，颇有些自得。再一想，谢老师和《法学研究》编辑老师可不就是老先生。虽然能在《法学研究》上发文章赋予我继续做法学研究的底气，但现在看来，这篇《论建筑物区分所有权》还是很单薄的，内容上是制度介绍加简要分析以及我国采行这一制度的必要性论述，至于在理论创新与表达充分上还有待加强。例如，这篇8千字的论文，居然没有一个注释。虽然当时学术环境中对论文的技术要求并不高，但也表明我对学术规范的领悟还是有些迟钝。

我在法学研究所从事法学科研工作以来，《法学研究》一直是我最为重要的学术伙伴。虽然与《法学研究》同在一个单位，但向《法学研究》投稿却是十分慎重的事，尤其每每遇到退稿之后，更强化了我的审慎状态。在向《法学研究》投稿后，最怕在法学研究所楼道上遇到《法学研究》编辑部的同事，更怕他多少有点儿严肃地对我说，陈甦啊，你的稿子还不能用。后来我也想开了，用我稿，那是给我以激励；拒我稿，那是给我以鞭策。在每篇得以在《法学研究》上刊发的稿子磨稿过程中，编辑的意见和建议都使我有所获益。当然，获益的不仅仅是学识，还有编辑认稿不认人的职业道德与学术品格。现今统计了一下，我居然在《法学研究》上发表了11篇论文，这些真是我法学研究经历中的学术珍藏。

直到2014年，我此前从未想过，有一天我会成为《法学研究》的主编，实现了在《法学研究》平台上的读者、作者向编者的角色转换。因当时我担任法学研究所和国际法研究所联合党委书记，组织上决定让我担任《法学研究》主编，并不是因为我有编辑素养或编辑能力，而是要我充任《法学研究》的纪律把关人和责任承担者。因研究所管理事务繁忙，难以分身深入编辑实务而完全履行主编职责，所以在挺长一段时间里，《法学研究》整个编辑事务管理基本由张广兴老师具体负责，他实际上相当于承担执行主编的职责。我们两人的权限分配是，张广兴老师有用稿的决定权，我有撤稿的决定权。由于《法学研究》一直按既定规则运行有序，确保了选稿用稿的高质量标准,以至从2014年到如今,我的撤稿权大概只行使了5次。所撤者,大抵缘由稿件的取向判断问题,而非编辑质量问题。

我担任《法学研究》主编以来,主要做了以下几件事:其一,做好底线守门员。我采取了一个简单然而有效的办法,就是通读经过二校后的当期所有待刊发的稿子。如果时间上实在不允许,我的通读职责大概按照以下学科次序履行:首先是必须且一定要通读法理学、宪法学、行政法学这几个学科的稿子,若有时间再通读诉讼法学、刑法学、法制史等学科的稿子,若还有时间再继续通读民商法学、知识产权法学、生态法学、社会法学等学科的稿子。在通读稿子的过程中,将所发现的问题予以解决。这些问题大多是因编辑社会阅历或学术经验不足造成的,大概分三类:一是用语不当问题,诸如,稿子中有些词语表达不符合要求或存在一定风险,对经济社会法治的事实表述或效果评价有失衡不妥之处,对于个别历史事实表述不准确等等;二是引文不妥问题,诸如,个别引文是不宜引用的港台地区作者的著述,还有一些引文是因腐败而被追究刑事责任的作者的前期著述;三是涉及法学以外学科的术语使用或方法运用问题,诸如,有的文章示例不符合其他学科原理或社会生活经验,有的法经济学或实证研究论文中的模型或数据并不合理等。其二,适当调整编辑政策。《法学研究》的立刊理念和办刊作风值得继续坚持,但法学领域的学术环境变化也促使《法学研究》的编辑政策必须做适当调整。例如,面对法学期刊界愈加激烈的学术竞争,《法学研究》必须强化策划力,提升办刊选稿的主动性,由基本上是坐等来稿变为主动寻稿。再如,对于引用率、影响因子等期刊评价压力,既不能我行我素完全不当回事,也不能失去自我把持而被动跟着跑。因为以引用率、影响因子等进行期刊排队的评价方式有"循环论证效应",当因这种评价方式导致期刊排队次序下降时,就会导致一定的稿源流失;而稿源流失将会导致期刊质量真的有所下降,进而导致期刊排队次序再继续下降。所以,《法学研究》对此采取的编辑政策是,正视期刊评价的作用力,既要通过编辑策划和编用优质稿件来保持和提升期刊竞争力,如提高选题的吸引力和竞争力,将自然选稿与主动约稿有机结合且权重适度调配;也要坚持《法学研究》的学术平台责任,不以引用率预期作为选稿用稿的决定因素,如法学期刊界通常认为法制史学科的稿子引用率较低,但《法学研究》坚持为法制史学科预留固定的版面,因为支持法学各学科的均衡发展是法学期刊作为学术平台的应有责任。其三，加强编辑规范化管理。一是提高编辑工作、编辑流程的规范化水平，不断完善编辑流程管理。二是根据《法学研究》编辑团队结构和编辑工作需要，进一步明确责编、副主编和主编的职责。三是加强规章制度建设，根据办刊发展需要建立和完善相关制度，如将编稿流程制度、会议制度、评审制度、签发制度、注释规则等，都予以规则化、成文化和体系化。其四，促进提高编辑能力。《法学研究》编辑团队极为团结，工作作风稳重踏实，在法学研究所各个团队中有鲜明特色。我担任《法学研究》主编以来，在维持和强化《法学研究》编辑团队独有特质的基础上，也鼓励编辑人员积极主动地进一步提高专业素养和编辑能力。诸如，明确编辑职业伦理，维护编辑人员学术廉洁；提倡开门办刊，鼓励编辑人员加强与作者的学术联系，提高寻稿编稿能力；督促新进编辑参与编辑专业学习，积极参加编辑技能考核或考试；在不影响编辑工作的前提下，鼓励编辑人员编研结合，通过科研能力的提高来辐射编辑能力的提高。

恐怕每一个法学核心期刊的编辑人员都曾面临如何应对荐稿的问题，并且问题的烈度与所在期刊是否为核心期刊甚至权威期刊而呈正相关关系。在《法学研究》工作同样如此。我担任《法学研究》主编以来，常遇到各种来源、各种方式、各种强度的荐稿。很多荐稿者并不清楚我在《法学研究》的用稿决定权限，常以为我作为主编有绝对的用稿决定权，所以面临的荐稿烈度则更为强烈一些。在我看来，有人向我荐稿，是对《法学研究》的认可看重，对此须得先行感谢为要。只要在符合学术规范和编辑职业伦理的范围内，凡是向我荐稿，我都予以欢迎，但是，所有荐稿的稿件处理，都必须走《法学研究》既定的编稿流程，其是否刊发则完全按照普通稿件同样的标准与程序决定。说实在的，这样一来，是否向我荐稿其实没有额外效益，反倒是耽误功夫。可道理是这个道理，但荐稿而不用，肯定是个得罪人的事。没有办法，这是担任《法学研究》主编所必然付出的人际关系建构中的沉没成本。

2021年7月，我卸任法学研究所的所长职务，但组织上让我继续担任《法学研究》主编。于是，我有更多的时间和精力进行《法学研究》的期刊建设，希望能够把《法学研究》办得更好。当然，这并不意味着我要更多地亲力亲为，并不意味着我还要把持着更多的决定力。我现今把更多的期刊事务交给两个优秀的副主编谢海定和冯珏来办,有些什么想法也是和他们商量,由他们设定方案、组织实施、评估改进。因为我深知,《法学研究》终究是属于这些年富力强的青年一代。

我曾经收集了《法学研究》几十年中历次变更的封面,一直放在我的书柜中。我曾暗藏着一个艺术性冲动,就是把《法学研究》历次使用的封面集中起来,按照现代结构主义的艺术原理,剪裁排列,制作成一两幅画作。我要把用《法学研究》封面制成的画作挂在我的书房,伴我退休之后的读书写作时光。

谢海定:把平淡的日子过得心安理得

谢海定,中国社会科学院法学研究所研究员、《法学研究》编审。1999年7月入职法学研究所法理学研究室,2002年10月调入《法学研究》编辑部任责任编辑。现为《法学研究》副主编、编辑部主任,《法学研究》杂志社社长,中国法学会法学期刊研究会副会长。主要从事法理学、宪法学研究。

(一)

2002年10月,我的工作从研究室调整到了编辑部。虽然只是单位内部不同部门间的调整,但算是开始了一个新职业。年底回家的时候,并不识字的爸妈问我,"编辑是干什么的"。爸妈想听到的,显然不是我所做的具体工作,而是让街坊邻居们一听就能明白的一个职业名号。那时候的我,回答不上来。直到今天,我依旧没有准备好能让自己觉得满意的答案。

我所在的《法学研究》,是一本法律类学术期刊,在法学圈内很有名气。虽然杂志有名,但是由于对编辑工作完全不了解,领导刚提出让我去编辑部的时候,我内心是拒绝的。当时心想,科研工作刚刚起步,却唤我去做编辑,是认为我科研能力不行么?那会儿,包括我在内,不少人都认为编辑是门槛很低的活计,从科研岗调整到编辑岗,多意味着科研能力欠缺、潜力不大。记得张志铭老师第一天带我去编辑部的时候,看到大家都各自在做自己的事情,没有任何人抬头看一眼。新兵进门,没被任何人注意到，于是心虚地想到，或许是自己被窥见了"科研不行"，内心的困窘便更添了一层。

后来知道，专心忙自己的，其实是编辑工作的常态。做科研和当编辑都需要付出大量的个人时间。不过，科研人员的时间安排通常比较自主，而编辑的时间安排比较固定。我们是双月刊，比起月刊、周刊、日报之类，出刊周期已经算得上挺长，但即使如此，审读稿件、派发外审、作者沟通、编辑校对等围绕稿件采选加工的日常工作，也基本上把每日的时间填得满满当当。尤其在编辑加工环节，《法学研究》要求责任编辑对稿件进行深度加工，逐字逐句核查修改。且不说中外文引注的核查校对会耗费掉大把时光，仅努力把各种翻译式表达、口语化表达和个性化色彩过强的表达修改得尽可能简洁流畅，就是特别绞尽脑汁的事情。而在这些日常工作之外，还有参加编辑培训、政治学习、策划选题、举办会议论坛等职业范围内的事情。跟科研相比，每期杂志在固定时间出版发行，各个环节的稿件审读及编辑校对，都对应着基本固定的日期，编辑的各项具体工作绕不开，更逃不掉，差不多就是"终于忙完这一期，只待接着再忙下一期"的状态。

对于这样的工作节奏，在做编辑的前两年，我感觉相当不适应。那两年，也是我在职攻读博士学位的后两年。除了做编辑，还要写博士论文，而无论时间还是精力，编辑与科研并举共进，对我当时来说都几乎是不可能的。2004年元旦后，我决定申请博士延期毕业。在提交申请前，导师和师兄弟们都劝我坚持。确实，在当时能看得见的未来时间段里，不可能有更充裕的时间和更好的解决办法，除了拼命，就只能放弃博士学位。编完2004年第1期稿件后，我短期内减少了用在编辑方面的时间，每天晚上天黑开始，接着之前的进度，撰写博士论文到天亮，然后出门跑步、吃早饭、洗漱、睡上三四个小时。如此坚持了四十多天，终于完成博士论文初稿。

（二）

编辑工作的节奏，时间久了就可以适应，并渐渐变成习惯。相对更具有挑战性的，是与各种各样的作者打交道。给我们投稿的作者，绝大多数是高校和科研机构的专业研究人员，然后是一些博士研究生、硕士研究生，少数从事立法、司法、行政的公职人员。不管所投稿件在选题、论证、篇幅、规范等方面有多么大的悬殊，他们差不多有一个共同点：觉得自己的稿子质量最高，至少也是写得非常好。

认为自己的论文写得好，对绝大多数作者来说，包括我自己，都是很正常的事情。毕竟，阅读者领会到的只是文字所表达的一部分，而文字所表达出来的也只是作者思考的一部分。阅读者对论文的印象，是其领会了的那部分；而作者对自己论文的印象，则是其相关思考的所有部分之和。加上阅读者和作者在相关知识的储备上总是存在差异，对特定论文的认知判断存在不同自然也就不足为怪。不过，一旦有了自己写得好这个先念，有些作者便再难听进去不同意见。

做编辑工作这些年，与绝大多数作者都能够彼此很好地沟通交流，他们表现出了研究工作的严谨，对学术的虔敬，对编辑工作的尊重。也有极少数作者，他们的做法虽然在某种程度上可以理解，但是确实容易给编辑带来程度不同的困扰。

曾有一位知名学者给我们投了一篇稿件。综合考虑论文选题、论证逻辑性、引注规范性等多方面因素，我认为稿件非常确定地不适合本刊发表，因而未将稿件外派匿名专家审读，直接作了退稿处理。退稿通知发出后，作者给我打了一晚上电话。第二天继续，不接电话一直打、接了电话挂不掉。

其实，这位作者是一个非常可爱也可敬的法学家，除了上面说的小插曲外，我们之间总体上也一直保持了相互尊重的关系。与之相比，有作者的做法，更容易直接影响到具体的编辑工作。曾有一位实务部门的领导在遭遇退稿之后，先后通过院里、所里以及其他途径，来疏通关系。这种做法既耽误了很多人的时间，也让我因这篇文章"得罪"了很多本无必要"得罪"的人，心里很不安。

"得罪"人多了，可能会招致一些人在背后的议论。有次参加一个学术会议，中午吃饭的时候，我无意中听到桌上有人提起我的名字，并夹带了不少脏话。仔细一听，大概是这位年轻人曾经投稿《法学研究》，并花不少精力托了不少关系，但连我的面都未能见到，觉得我实在太傲慢了。

学术期刊的作者也是期刊的主要读者，既是论文生产者也是主要消费者，本是编辑不愿得罪也得罪不起的群体。理想状态是，作者和编辑之间相互信任、密切合作。相互信任才能密切合作，才能降低沟通交流的成本，共同繁荣学术。然而，目前的学术大环境中，学术期刊是非常稀缺的资源，期刊资源在学科、地域、作者群体等方面的分布并不均衡，期刊选稿标准很难做到清晰明确具体，即使我们常说的学术标准，也有极强的主观性。如此，作者对期刊及期刊编辑存在不信任的现象，也就很好理解。而在相互竞争期刊资源的过程中，少数编辑未能坚持期刊定下的选稿标准，少数作者设法找门路、拉关系，这也使得作者和编辑间的关系复杂化，彼此间的普遍性信任很难建立。

建立作者和编辑间的相互信任，我以为，主观方面的基础是，大家应该共同"为了学术"，把学术作为内心的信仰；客观方面的基础是，要建立尽可能透明公开的稿件采选制度，让稀缺的期刊资源在阳光下分配。不过，这两方面，都不是编辑个人或者作者个人的问题，牵涉整体学术环境的改善，短期内并不容易解决。

（三）

编辑工作做久了之后，经常会遇到熟人、朋友的，或者经过熟人、朋友转托过来的"求助"：帮忙给论文提建议。经常听到的话是：知道你们刊要求高，我并不是要给你们刊投稿，只是想让你帮忙提一些修改完善的建议。或者，被邀请去做关于"如何写好学术论文"的讲座或者座谈。话都很客气，透着对自己的尊重和信任。可是，做久了编辑之后，在工作之外对别人论文说三道四，以及就怎么写出好论文"指点迷津"，都真的属于心里最不愿做的事情。

虽然由于职业原因对学术写作规范、学术鉴赏方法相对熟悉，但这并不意味着编辑都有很高的学术能力。编辑有其相对熟悉的学术领域，超出这个领域之外，就是外行。即使在其熟悉的领域内，编辑通常也不会比精研具体问题的作者有更深的领悟、更准确的把握。而关于什么是好论文，本就没有非常具体确定的标准，不同领域、不同类型的文章，"好"的标准也不一样。最重要的是，编辑不能把自己个人的判断标准，作为普遍性标准兜销给作者。在各学术期刊都采用双向匿名外审的制度后，对特定论文"说三道四"，有可能不但没帮上作者，反而会给作者带来不必要的困扰。

不过，在自己工作范围内，编辑却应该坚持学术规范性、学术创新性、学术严谨性等方面的判断。工作之外的拒绝，是基于对自己局限的认知；工作之内的坚持，则是基于编辑职责的要求。坚持自己的判断，可能会因为自身存在的知识局限而漏掉了好稿子、选择了不够好的稿子，但这是期刊必须要付出的代价，而且通过外审制度、编辑自身不断的努力，还可以将这个代价控制在较小范围内。而如果编辑经常放弃自己的判断，则很容易使学术标准之外的其他因素对稿件的采选发挥决定性作用。

当然，有些邀请和求助或许并不真的出于对编辑能力的信任，而可能主要因为编辑被认为掌握了期刊采选稿件的权力。其实，像我所在的《法学研究》，编辑个体，包括主编，都没有直接决定稿件采用的权力。我们实行的三审制度，是一审、二审和终审，都只有否决权，而没有决定权。虽然分散的权力仍然是权力，但它并不具有决定性，属于关在审稿制度笼子里的权力。

（四）

很多人以为，编辑工作无非就是看稿子、编校稿子而已，虽然需要规范、细致和耐心，但熟悉之后应该是比较轻松的。从实际感受来说，这话差不多说对了一半：要应付基础的稿件编辑工作，做到规范、细致和耐心就差不多了，而要真正做好编辑职业，这些还只是一个开始。尽管审读和编校稿件是编辑的核心工作，但是在期刊运营的整个流程中，同样重要的，前有选题策划，后有学术传播。

选题策划是发挥期刊学术引领功能的重要途径之一。选题策划，需要立足期刊定位和宗旨，关注国际国内发展大局，研究学科和行业发展趋势，梳理相关领域的理论发展脉络和实践待解难题，结合特定时段内理论和实务热点。除了对自身期刊定位有明确的意识，对所在学科的知识脉络有比较清晰的整体感，日常广泛关注国内、国际尤其是行业内的大事之外，每个选题策划还需要集中地做功课，既包括选题本身可能存在的理论突破的难题和角度，也包括哪些人可能对此选题感兴趣、哪些人可能做出突破性的成果。2011年8月，我和同事尝试设立"《法学研究》青年公法论坛"。论坛定位于国内青年学者的公法学术交流平台，主旨在于引导青年学者在公法研究的选题、方法、材料、思路等方面不断反思、创新，推动中国公法研究沿着严谨、务实、深入、学术的方向发展。自2011年起，青年公法论坛陆续组织了"公法发展与公法研究创新""反思法治：制度、实践与话语""作为方法的权利和权利的方法""国家治理法治化""法治视野下的城市治理""马克思主义法学：经典与解释"等选题的征文和研讨。2014年起，编辑部正式设立"《法学研究》论坛"，迄今组织了"城市化与法治化：城市化的法律治理""依法治国与深化司法体制改革""民法典编纂的前瞻性、本土性与体系性""刑事法治体系与刑法修正""个人信息使用与保护的法律机制""新时期金融稳定发展与法治保障""政府、市场与法律：营商环境的法治化""创新驱动与国际博弈下的知识产权法"等十多个选题的征文和研讨。

学术传播是学术发表功能的自然延伸，一定程度上也是学术发表的目的所在。对于大型出版机构而言，编辑部往往只负责内容出版，其后的传播则由专门的部门负责。而对于一般的期刊编辑部来说，内容出版和传播是一体化的，期刊编校印刷完毕，其实只完成了一半工作。受非市场化运营体制的影响，国内学术期刊过去一直只重视内容出版，在传播方面最多也就是关注一下纸刊的发行。近些年，随着电子化、数字化传播技术的发展，微信公众号、期刊论文数据库、期刊开放获取网站、电子期刊等学术传播方式，逐渐得到运用。《法学研究》也于2014年开始建设自己的独立网站，实现了本刊论文的开放获取，并开通微信公众号，及时发布与本刊有关的动态信息。实际上，从传播学的角度来看，目前这些传播方式都只体现了"学术发表的自然延伸"。真正主动的、具有独立价值的学术传播，需要对学术作品内容、学术作品价值、学术作品受众进行类型化，建立不同的传播机制、传播渠道，针对性地采用不同的传播方式。例如，具有决策性参考价值的学术论文，可以将论文中最核心的决策性思考改写成简洁明晰的要报，递交相关决策部门；具有知识普及或观念更新价值的学术论文，可以被改写成通俗易懂的大众报道、知识通讯，通过大众媒体传播；具有理论突破性的学术论文，可以组织作者和同领域专家持续研讨。学术传播不只是学术发表的延伸，它具有独立的价值，但目前的期刊编辑部体制很难应对学术传播的要求，只能是编辑个人尽力而已。

（五）

与专职科研人员以作品呈现自己成果不同的是，编辑工作的成果很难被看见。除了每期出版的期刊，编辑工作的努力似乎都处于"白忙"状态。在量化考核的评价体制中，很多编辑工作都"不是工作"，比如学术传播。而且，将编辑论文数量、编校字数作为指标，并不能真正衡量编辑工作量，不同期刊、不同编辑、不同论文在审读、修改和编校方面的工作量差异极大。将编校成果的引用频次、转载获奖与否作为评价指标，亦未必能够反映编校的实际效果——它们要能作为编校效果衡量指标的前提是，学术引用整体上是规范的，转载和获奖是以学术质量为第一位的，但后者在实践中都存在较大争议。由于编辑成果不易被看见，编辑工作就成了真正的良心活儿。如果你比较看重那些评价，看重可见成果的多少，你对编辑工作的投入就会缺乏持续的动力。

最基础的编辑工作安排，就像钟表的指针"一圈一圈"走过，就像春夏秋冬循环往复。编辑工作的基调是平淡的，虽然编完一期稿件时，也有瞬间些许的轻松愉快，但远不如经过了艰辛研究、熬夜敲完最后一个标点时，那般兴奋和精彩。近几年编辑部招聘时，我都会跟应聘者说，编辑需要某种程度的"不求上进""不思进取"，需要一种沉静的心理态度，有太多学术野心的话，不容易做好编辑工作。不断追求上进无疑可使我们进步，但泛滥的不甘心也正是我们痛苦或走错路的根源。甘心做好分内事情，甘心做一个平凡的普通的人，把平淡的日子过得心安理得，这或许是编辑要具备的基础素养之一。

一直有人说，编辑类似于裁缝。其实，编辑也类似于年复一年默默耕种的农民、日复一日守在生产线上的工人。下次回家告诉爸妈，儿子的工作跟他们种地差不多，希望他们不会太失望。

冯珏：审稿是一门比较的艺术

冯珏，中国社会科学院法学研究所研究员、《法学研究》编审，现任《法学研究》副主编、编辑部副主任。学术兼职为中国法学会法学期刊研究会常务理事、中国法学会民法学研究会常务理事、中国法学会网络与信息法学研究会理事。长期从事民商法学编辑和研究工作，主要研究方向为民法总论、侵权法等。

文章的好坏，是比出来的。

初任《法学研究》责编，不知如何选稿。尝求教于时任《法学研究》主编、恩师梁慧星研究员。老师问："你去市场买过黄瓜吗？"答曰："当然。"老师于是说:"那你就把最好的黄瓜买回来。"原来,选文章就如挑黄瓜。

可是,总有来稿看尽但仍挑不出好文章的时候。能称得上"好黄瓜",除了要优于当前市场上的其他黄瓜,还要符合"好黄瓜"的标准。我们常说"符合"或"不符合"某标准,这种判断其实就是通过将待评对象与标准模板进行比较而得出来的,就好比用尺子量长短一样。好黄瓜的标准或许可以用一系列具体营养或成分指标来设定,相较而言,好文章的标准就要抽象得多,对好文章的判断某种意义上乃一门艺术。

所以,《法学研究》选稿标准的传承,采取的是经验式的"师傅带徒弟"的模式。初任责编,1982年就开始编辑生涯的张广兴老师要求我每期多给他推荐几篇稿子,对于他决定不用的稿子,有时他会说明理由,但更多时候需要我自己用心揣摩。通过将近一年的磨合,我的选稿结果逐渐接近《法学研究》的用稿标准。后来,长期担任刑事法责编的熊秋红老师带李强责编、我带李曼责编,用的都是这个办法。

但是要说好文章的标准究竟是什么,似乎仍然不易说清。责编审读文章后,给出文章符合还是不符合用稿标准的结论,并最终在杂志上反映出来。虽然读者可以通过阅读来体会杂志的用稿标准,但这一标准仍然是通过人格化来实现具象化的。这与民法学中的"善良家父"标准如出一辙。欲判断某行为是否有过失,需将之与"善良家父"在同样情景下会采取的行为进行比较。"善良家父"是民法学构建出来的虚拟人像,而编辑则是活生生的具体的人。

标准的"黑箱"状态,当然不符合学界对客观、公平、公正用稿的期待。近些年来,围绕法学论文的写作,已有不少专著或论文尝试将好文章的标准表达出来,涉及论文的选题、结构、观点、论证、文献、文字等各个方面,但是效果有限。例如,抽象地说"好的选题是论文成功的一半",仅说明了选题的重要性,但仍无法回答某个特定的选题究竟好不好。即便给出某些成功或失败的示例,对于一个新提出的选题来说,还是需要作出具体的、个别的判断。这个判断的过程就是在作比较,同时也是将抽象的标准具体化的过程。对全篇论文的判断同样如此。

编辑或审稿专家审读一篇文章,在用眼睛接收、用头脑分析和处理文字传达的信息的同时,也需要依据自身的眼界、学识和素养,在头脑中构建出用以评价这篇文章的比较模板，以实现审稿标准面向特定文章的具体化。审读论文时，我时常琢磨，这个问题值不值得花时间精力研究、是否处于学科前沿，这个问题可以拆分成几个子问题、需要分几部分来讨论、论文是否存在冗余部分，论文的观点新不新、能否从论据和论证过程合乎逻辑地得出其观点，论文对所涉学科的基础理论和知识体系把握得是否到位、阐述得是否准确，论文是否遗漏了重要文献或者对重要文献存在误解误读，等等。除了对选题价值和意义的判断，对其他方面的考虑，似乎需要审稿者自己在头脑中完成一篇同主题的"命题作文"。这篇"命题作文"正是用以评价待审论文的比较模板。

可见，支持审稿者完成审稿工作的"后台"非常重要，所以编辑的培养时间相对较长。新入职的编辑，一般首先需要对其所负责学科按主题做学术梳理和综述工作，以便较快把握该学科的发展现状和前沿动态，并了解该学科的主要作者群和读者群。《法学研究》曾有一段时间在每年第1期总结上年各法学学科的发展情况，主办《法学研究》的中国社会科学院法学研究所曾在建所50周年之际发布总结各法学学科新发展的丛书，其实都是在做这方面的工作。这项工作无疑是非常有意义的，尤其是编辑一般要负责包括自己所学专业的多个法学学科。当然，有意义的事情需要去做，不代表一定能做好。学术综述本身也是很需要功力的，综述不是简单地列举，而是需要将学科发展状况与综述者头脑中的理想状态进行比较，才能既综又述，并通过综述发现学科发展的成就与不足，展望学科发展的未来。

审稿者不仅要通过"后台"建模支持审稿中的比较工作，还要通过抽取待审论文大纲提高接收和处理论文信息的能力和效率。我的硕士导师、已故中国政法大学张俊浩教授，在硕士期间着重训练我的就是论文大纲。老师要求，须胸有成竹，方能下笔，也就是说，必须在编写完论文大纲并经受住推敲和质疑之后，才能着手给论文添加"血肉"。老师遗留的手稿，多数都是这种大纲形式的。应该说，这项要求非常高，今日我撰写民法学论文时，仍然无法达到这一要求，而是需要在写作过程中不断调整论文结构。但是我发现，在审稿过程中不断地抽取论文大纲，对于快速把握文章架构、检验文章论证过程、发现文章缺失和不足，效果非常明显。而且，在大纲层面比较待审论文与审稿者构建的模型，在效率上也很有优势。曾任《法学研究》责编的王敏远老师曾经说,"文章好不好,闻一闻就知道了",可见其功力之深,这是我至今不能望其项背的。

由此,客观地说,审稿者的眼界、学识和素养会影响其运用的审稿标准。从这个角度出发,专家办刊至少是理想的办刊模式之一,这也是中国社会科学院坚持"编研合一"的编辑人才队伍建设方针的原因所在。

随着审稿者个人的学术成长,审稿标准也会相应发生变化。在一次关于期刊评价的交流会上,有位老师问《法学研究》的民法学编辑是否有变动。她问的那段时间,都是由我担任民法学编辑,所以我有些诧异为何有此一问。她解释道,她是从阅读中感受到选稿标准有所调整。我想了一下,答道,如果选稿标准真的有变化,那就是我本人发生了变化。起初我也怀疑过,这种变化是否合理,但是现在体会到,"变"得是否合理虽仍待检验,但"不变"肯定是不合理的。因为时代在变,学术在变,作者、编者和读者都在变,怎么可能以不变应万变呢?但"变"有快慢、有先后、有方向,审稿者的变化是否匹配学术发展的脚步,确实是需要思考和检验的。这种检验依赖于学术共同体,具有主体间性。

同行评审制度在学术期刊审稿中的引入、生根和开花,对于学术共同体的构建无疑具有积极意义。虽然学术期刊普遍实行"三审制",由责编、主管副主编和主编分别进行三次审读,但审稿者范围仍嫌狭窄。这种审稿模式虽然在一定程度上有利于保持学术期刊的特性与个性,但也可能存在思路僵化、视野固化和知识老化等问题,难以主动调适编者与作者、读者乃至整个学术发展的匹配度。在审稿过程中引入同行专家评审,有助于编者吸收借鉴相关领域专家的审稿意见,尤其是在选题价值、学科前沿、重要文献等方面,编辑确实需要借助专门研究相关领域的专家学者进一步提高自身的判断能力、丰富自己的知识储备。编辑通过比较自己的审读结果与外审专家的审读结果,可以不断修正自己的审稿标准,提升支持自身审稿工作的"后台"版本。同行专家评审扩大了审稿者范围,丰富了构建审稿标准的信息来源,也是学术期刊构建学术共同体的重要抓手。尤其需要在此表达的是,《法学研究》审稿专家的专业和敬业,令人感佩!有些审稿意见长达数千甚至上万字,本身就可以成为一篇优秀的商榷性文章。有的审稿专家根据评审文章所引外文文献的提示,对相关领域的域外研究情况作了较为完整的综述,极大地开阔了编辑的视野,丰富了编辑的知识库。

但这不是说，有了同行专家评审，编辑就可以放弃自身对稿件的审读和判断，完全采取美国法学期刊的同行评议制。首先，编辑选稿与专家评审，在出发点上就存在差异。张广兴老师在考察我是否适合做编辑时，就强调过做编辑与做研究的差别。他说，做研究是"批"字当头，一定要找出他人研究的薄弱甚至错误之处，才能为自己的研究找到突破口。做编辑则不同。编辑要善于做伯乐，要有一双能够发现文章亮点的眼睛，并且通过与作者交换修改意见以及编校过程中的加工润色，使文章的亮点得以凸显。因此，审稿专家的意见虽然非常有助于文章的修改完善，但也容易因"瑕"掩"瑜"。一个全新的选题，由于既往无人关注、无人研究，能够找到的资料十分有限，对这个问题的研究难免显得粗糙甚至不乏错误之处，但是提出这个问题本身可能就有价值。这样的文章究竟用不用，可能是一个见仁见智的问题。相较而言，由编辑根据其审稿经验来把握这样的问题，可能比审稿专家更为合适。

其次，编辑与评审专家在审稿"量"上的差异，会导致"质"的不同。评审专家不可能处理编辑部日常的全部来稿，他们看到的仅是编辑择取并提交给他们的特定论文，使得其审稿过程中的比较对象受限，从而更易受到自身眼界、学识和素养等的影响。而编辑由于职责所在，往往能够在同一或近似主题上"看尽长安花"。编辑不仅需要处理大量来稿，而且需要处理多个不同法学学科的来稿，可以说是被众多来稿形成的"大数据"训练而成的。编辑在工作中也可能自觉或不自觉地进行"数据挖掘"工作，从中形成一些显在的或者潜在的特殊技能或职业素养。如果说我刚从事编辑工作时与专事科研的同事们差别还不太大，那么在从事编辑工作五年甚至十多年之后，差别就相当大了，个人素养的"资产专用性"色彩明显。

最后，编辑选稿和专家评审，在对稿件细节的要求方面可能不同。打个可能不恰当的比方，编辑习惯于看"素颜"，而审稿专家则可能习惯于看"美颜"。审稿专家在为《法学研究》审稿时，可能也会参考《法学研究》已经发表的论文，从而使其审稿标准尽量接近《法学研究》的用稿标准。但是，已经发表的论文可能是编辑反复与作者商量修改并在编校过程中仔细润色打磨过的文章。这个过程持续的时间，少则数月，多则一两年。看惯了"美颜",再看"素颜"难免有些失望,这在专家审稿中时有体现。编辑则像一位化妆师,看到"素颜"时能够大致判断文章能"美化"到什么程度,因而对稿件细节的宽容度相对更高。

编辑选稿和专家评审之间的差别肯定不只上述三个方面。即便是均属于法律职业共同体,学术编辑作为专事法学研究成果交流、传播和评价的专门职业,在职业前景、评价指标、组织约束等诸多方面显然也与评审专家存在较大差异。

《法学研究》编辑是一个职业角色,我充任这一角色,最难处理的可能就是如何同时维持《法学研究》的同一性和我本人的同一性。审稿工作及其所依赖的标准,是这种同一性维持的重要方面。在我看来,这简直就是一门艺术。

初任责编,年龄、学识、职称微末,于作者对我的审稿结果提出异议时,我心里总在想,我坚持的标准到底是什么、好不好、够不够客观。今日回首,可能编辑生涯本就伴随着逐步把握标准、践行标准、发展标准,而从认知心理学角度来看,标准也不可避免地带有编辑的个人印记。标准的客观、公平、公正只能在学术共同体中求解,因而具有主体间性。正如作为长度单位的"米"虽然可以通过标准米尺加以物化,但"米"的长短是由国际度量衡会议商议确定的,同样具有主体间性。

从切身体验来说,首先是我将《法学研究》的职业要求内化,以此来改造和重建我本人的同一性,使我具有充任该职业角色的适格性。但另一方面,我的个体性尤其是学术个性,也会反过来影响这一职业角色,使之打上我本人的印记。杂志与编辑的这种互动关系,实际上是更为一般的组织体与其成员关系的一个缩影。正如组织体的决策虽然依赖于但又不同于其成员的个人决策,杂志的审稿标准与用稿决策也依赖于但又不同于编辑个人的审稿标准与用稿决策。编辑在把握、践行和发展杂志的审稿标准过程中,不断提高自己的学术判断力、鉴别力和鉴赏力,不断熟悉和掌握这门通过建模和比较达致的艺术。

李强:在《法学研究》研究法学

李强,中国社会科学院法学研究所副研究员、《法学研究》编辑部编辑，法学博士。从事刑法学研究。

中国社会科学院长期以来对院主管学术期刊的责任编辑有一项业务要求——编研结合。顾名思义，编辑不仅要做好本职的期刊编辑工作，如审阅编校稿件、策划选题、引导学术研究方向，了解熟悉学术研究队伍、跟踪把握学术和学界动态，积极参与学术活动、保持与读者作者和学界的密切联系，做"学术活动家"和"学术组织者"，还要成为一个合格乃至优秀的学者，有自己专长的研究领域。达到如此"一专多能"的业务要求，自然是要把两种角色集于一身。但同时也要看到，"编"与"研"之间更是一种互相促进的关系，可谓之"编研相长"。

虽然没有"编研相长"的明确提法，但在《法学研究》专业、规范、严谨的工作氛围和工作传统中，"编研相长"的实质精神一直是潜移默化贯彻始终的。编辑部的老前辈、老领导张广兴老师常说：学术期刊的编辑是"杂家"；编辑看似是为他人作嫁衣，但也能从期刊编辑工作中学到很多，增强自身的科研本领。这些朴素的话语，就包含着"编研相长"的道理。比如，我是刑法学专业出身，也拿到了博士学位，具备从事刑法学术研究的基本素质，但在《法学研究》编辑部刑法、刑事诉讼法、犯罪学三门刑事法学科统一由一名责任编辑负责的制度安排下，我就不得不尽力成为刑事诉讼法学、犯罪学方面的"杂家"。再者，即便是刑法学，我之前集中研究的也只是刑法分论中的财产犯罪，对于总论问题以及分论中其他个罪问题，我就难言是专家了。而且，我所接受的刑法学术训练是一套完整的、体系化的法教义学方法和知识训练，对于刑事法领域的实证研究，我就了解不多，更遑论运用了，但刑事法恰恰是当下实证研究方法运用较多的领域，我也必须妥善应对这方面的稿件。诚然，工作难度很大，但应对这些非我所长问题的过程，也拓宽了我的学术视野，增长了我的学术见识，在自己刑法学术研究的"深度"之外，拓展了刑事法学科层面的"广度"，而这"广度"在一定情况下就能启发、促进"深度"的学术研究。下面就以一个具体的事例来说明，《法学研究》的编辑工作如何启发和促进了我个人的学术研究。

在多年的审稿工作中，我处理过很多实证研究方面的文章。随着对这类文章审读经验的积累，我作为一个刑法教义学研究者难免会从刑法教义学的视角来审视刑法问题的实证研究。

先大致介绍一下刑法问题实证研究的基本情况。首先，从研究课题的分布状况看，量刑问题研究占了绝大多数，特别是量刑因素的实证考察。比如，考察影响普通盗窃罪、醉酒驾驶型危险驾驶罪等量刑的因素有哪些、各因素的作用大小，等等。形成如此局面的原因，自然是量刑问题更易应用定量的实证研究方法。其次，在实证研究方法上，定量方法运用得多、定性方法运用得少。这可能是因为中国裁判文书网等上线后，学者们获取刑事裁判文书日益便捷，从而大大充实了定量研究的实证材料和数据来源，而开展定性研究却要花费更多的时间、精力和成本。最后，就研究取向而言，以实证研究方法验证既有刑法教义学观点、命题和理论的居多，较少有质疑乃至证伪既有刑法教义学观点、命题和理论的实证研究。这或许是因为目前从事刑法问题实证研究的学者，更多地做到了"知己"，而尚未做到对刑法教义学的"知彼"，所以难有"底气"和"功底"去质疑乃至证伪。

从刑法教义学的视角审视这些实证研究，我发现存在如下两方面的重大问题。

首先，个别研究在设计变量时忽视了法律规定对其变量设计的影响和限制。比如，有作者以刑事速裁案件裁判文书为样本，考察了此类案件的量刑均衡问题。从研究方法、样本来源、因变量设计等方面看，作者是通过提取裁判文书中的相关关键词来设计变量和统计量刑分布状况的。例如，如果判决书载明被告人成立交通肇事罪，并判处3年有期徒刑，则可从中提取出"有期徒刑"这一"量刑结果"；通过统计相应量刑结果在不同犯罪案件类别中出现的次数，可以统计各量刑结果在各犯罪案件类别和全部犯罪案件类别中的分布情况，即有期徒刑、拘役和缓刑等各自的适用比例。基于上述方法和思路，在初稿中作者将"罚金"也列为考察量刑均衡的因变量之一，并统计分析了罚金刑的适用在全部犯罪案件类别和各犯罪案件类别中的适用情况。作者指出，通过考察罚金（因变量）与案件类别（自变量）之间的相关性发现，罚金与交通肇事类案件没有相关性，在该类案件中完全没有适用罚金刑。但是，这里的问题在于我国刑法第133条并未就交通肇事罪规定罚金刑，法官在交通肇事案件中自然不能判处罚金，而这在变量的统计分析上就呈现为"罚金"（因变量）与交通肇事案件（自变量）之间不存在相关性。经过我的提醒，作者在后来的修改稿中删除了相应内容。

其次，个别实证研究者欠缺对接实证研究与法教义学原理的理论能力。比如，有作者对醉酒驾驶型危险驾驶罪判决书样本进行研究，分析各量刑影响因素的相对重要性排序。作者在初稿中提出，进行这项实证研究也是为了考察司法实务在行为无价值论与结果无价值论之间的立场选择。也就是说，行为无价值和结果无价值作为法官持守的某种观念会影响法官的裁判行为，从而在一定程度上决定了裁判结果，通过实证发现的"回溯"可以揭示这一"动机机制"。然而，当把行为无价值和结果无价值作为裁判结果的动机性因素来对待，试图通过实证研究发现二者在司法实践中的实际作用时，在研究设计上就需要注意"危害结果"变量在犯罪成立评价中的作用。这是因为，行为无价值和结果无价值是有关违法性实质的争论，行为无价值是对与结果切断的行为本身的样态所作的否定性评价，结果无价值是对行为现实引起的法益侵害所作的否定性评价。换言之，行为无价值论在考虑违法性问题时，是以"行为"为中心的，结果无价值论则以"结果"为中心。然而，作者选择的研究对象却是不以实害结果为成立要件、属于抽象危险犯范畴的醉酒驾驶型危险驾驶罪。在该类犯罪的实证研究中，几乎没有"危害结果"变量存在的余地，也就无法通过该类犯罪的实证研究来发现法官是基于行为无价值论还是基于结果无价值论作出判决的。经过我的提示，在后来的修改稿中，作者删除了有关考察行为无价值论与结果无价值论的司法实务立场选择的问题意识阐述。

以上审稿过程中的学术"发现"，我已在近年参加的学术活动中有所阐述，并作为《面向刑法教义学的实证研究》一文的部分内容发表在《政治与法律》2021年第12期。这可以说是文题所言"在《法学研究》研究法学"的一个生动呈现。

张辉：让编辑工作更有意义

张辉，中国社会科学院法学研究所副研究员、《法学研究》编辑部编辑，主要从事商法学研究。

从 2004 年 8 月开始接触编辑工作至今，已经九年时间了。从最开始的摸索、适应，到后来的逐渐了解、熟悉，可以说一直在认认真真地学习着、积累着。这个学习和积累的过程是伴随着每一篇投稿、每一次发稿和每一项编辑工作的，其中既有新的收获、不同的感悟，也有很多焦虑的日子、很多疲惫的时候产生的困惑——编辑工作的意义是什么，不仅对于这份工作而言，也是对于我个人而言。

编辑工作很烦琐，从选题的策划、稿件整体质量的把控、论证的充分性和层次性、观点的准确性和说服力等内容方面，再到表述的流畅性、文字的规范性、文献资料的核对等形式方面，都需要投入大量的时间和精力。一篇稿子从初审到拟刊发，其间可能要经过多次比较大规模的修改。除了外审意见，作为编辑，我们通常也要从结构、研究方法、论证角度、观点等方面提出意见。经过这样几轮反复修改后，逐字逐句开始加工的时候，通常还会有一些遗留问题。当一篇稿子做了十几个甚至数十个批注，或者已经改得密密麻麻、凌乱不堪的时候，我常常因为增加排稿老师的工作量而愧疚，也担心作者不认可甚至误解。

每当这时候，我都会思考，这样的修改究竟有无意义，甚至会想象一下，收到这些批注意见或看到修改样稿时作者的感受，是否会觉得太苛刻了，过于"较真"，或者某些问题过于"幼稚"。确实，有些遗留问题仅是我认为有疑问的地方，或者还可能不成熟、不准确。但是，从作为编辑以来，无论是在编辑部的工作氛围中感受到的，还是从前辈们的言传身教中传承而来的，都是这种有疑问必须核实和确认的责任感。有时也是自己对自己的要求，只是从学术探究的角度，很单纯地希望能把某个问题讲得更透彻，使这篇论文更有深度，产生更大的影响力。有位作者收到修改意见后回复，这是"深度合作"。感谢作者的理解，这个过程对我而言是有收获的，希望对每位作者也是如此。

编辑工作不是单纯的文字处理，但是又必须作精细的文字加工和校对。对于作者而言，选题、结构、论证、观点等是一篇论文的重点，参考文献、法规出处、文字表述等常常被忽略了。然而，这些看似没有技术含量的工作却是编校过程中必须做的，也是绝对不能出错的地方。而且，在编校过程中，编辑经常要在内容、观点与文字、规范之间不断地穿梭，要求"一心二用"。有时，确实力有不逮。当最后一校才发现错别字、计算差错时，真是又庆幸又害怕。于是，这种担忧和小心谨慎就贯穿于整个三校期间，越到最后越严重。所以，有时我会请作者提供参考文献的全文，以减少校对过程中大量的检索工作，甚至会请其他老师帮忙检索，反复斟酌某句话是否不通顺或引起歧义、某个注释如何引证更规范，以尽可能地确保准确性和严谨性。不仅因为这是编辑工作的一部分，而且对于读者而言，一篇论文的价值不仅在于新的视角、思路、观点和方案，也要有资料性、引导性，提供准确的信息和链接是很重要的。我想，这是一篇论文所应当具有的延伸价值，也是编辑工作有意义的地方吧。

编辑工作需要客观性、开放性和包容性，但避免不了编辑个人专业、能力、习惯等的局限性。事实上，不管是主动的原因还是被动的原因，编辑工作确实拓宽了我的知识面，因为投稿系统里的每一篇稿子都要认真读过以后才能作出取舍。这就要求首先能够从整体上了解相关学科的发展动态，关注学者研究的热点问题和争议问题，然后考虑问题的提炼、结构的安排，再到论证的充分性、观点的妥当性等。但是，这需要长期的积累、持续的关注和静下心来的专业研究，这对于编辑来说常常又是奢侈的。于是，我常常首先以一个读者的身份来读一篇稿子，找到所讨论的问题，理清思路，整理观点，之后再把这个问题以及解决问题的方案放到这个学科中去检验，是否有新的视角、新的方法、新的观点，在现有研究中处于怎样的水平，是否有提升的空间。对于个人专业领域的稿子，可能会有更多观点方面的思考，本着深入研究、充分交流的初衷，与作者反复沟通和讨论，是一种学术态度和学术方法，也是一种学术能力上的提升。对于专业领域之外的稿子，可能需要耗费更多的时间在"读懂"的阶段。当然，如果经过一番努力之后仍然无法"读懂"，也只能暂时放弃。无论如何，都需要时间，至少留给我个人学习和进步的时间。

编辑工作不只是审读和加工稿子，还要与不同的作者接触，这个过程或长或短，有比较顺利的，也有费些周折的。近几年，随着刊发年轻作者，尤其是博士生、博士后研究人员的论文逐渐增加，与他们的接触逐渐增多。虽然基本上都没有见过面，也仅是就论文本身的交流，但依然能够感受到他们对待学术的严谨、对待修改意见的重视、对待"细枝末节"的认真态度。虽然这些年轻学者的稿子暂时在引用量、影响力、转载率等方面可能并不十分理想，但能够为他们提供一个展示的平台、一个适时的鼓励、一个积极的引导，可能是更重要的。我想，退修和编稿过程中那些或大或小的修改、观点的论辩，甚至文献资料的反复核实，也将是他们学术生涯中一段难忘的记忆。与学界前辈们的接触也是让我感触颇深的。有几位老师在收到修改意见后，甚至特意跟我详细解释了写作时的想法和思路、对某个问题的思考。我本以为可能不必如此，但他们都因为我也是学这个专业的，因而愿意与我探讨。当然，这种探讨对我而言不仅是作者与编辑的沟通，更多的是认可。这个本着学术交流且温暖的沟通过程，使得编辑工作有了另一层意义。

尽管如此，当我们把这个"作品"呈现出来的时候，如果能够得到作者和学界同仁的认可，确实是很大的欣慰，也算是对每一段焦虑且忙碌的编校工作的交代。感谢所有外审专家，给予我本人和审稿工作的无私帮助和指导。感谢所有合作过的作者，在发稿期间的配合和支持。感谢所有投稿的作者，能够一如既往地关注和关爱我们。编辑工作是"作嫁衣"，是"为人梯"，希望在这个过程中得到你们的理解、认可，从而使得这份看似轻松却沉重的工作更有意义。

王帅一："古之学者为己，今之学者为人"

王帅一，法学博士，中国社会科学院法学研究所副研究员、《法学研究》编辑部兼职编辑。主要社会兼职为中国法律史学会秘书长，中国法学会比较法学研究会理事，全国外国法制史研究会理事。主要研究领域为中国法律史、中国法文化。

当代中国法律史学在改革开放之初曾经有过一段短暂的繁荣，但随之而来的却是长久的"萧条"与"危机"。在当前法学学术研究越来越"内卷"的情形下，这种"萧条"与"危机"甚至引发了不少法史学者内心深深的"焦虑"。作为由法律史学研习者兼任的责任编辑，面临来自发表与编校两方面的压力，似乎让我对此种学者的"焦虑"感受更加强烈。造成这种情况的原因比较复杂，简单来说，可以分为学科内外等方面来阐述。

（一）

外部原因相对简单。总体而言，目前法学界的研究旨趣还处于一个学术研究的初级阶段，以急切的心情来解决现实问题的研究导向似乎可以得到理解，这与我国处于并将长期处于社会主义初级阶段的论断也是吻合的。"研究是否有用"的问题，成为法学同行经常关心法史学者的理由。法国历史学家马克·布洛赫曾写过一个小册子《为历史学辩护》，一门学科到了要为自己辩护的地步，可谓情形不妙。与之类似，法史学人有意无意间也常常要为自己及自己作品的存在而辩护，也说明这门学科事实上存在着某种外部环境的压力。

与研究旨趣初级阶段相适应的问题，便是"无用"作品发表时面临的困境。法学核心期刊能够在众多法学刊物中脱颖而出，往往都是其引证率居高不下的原因使然。法律史学和其他个别学科因为研究领域过于宽泛，很难形成几个相对集中的研究热点，在发表数量受限的情况下，自然无法为刊物的引证率作出多大的贡献。所以，能够像《法学研究》一样出手阔绰，豪掷固定版面来给法史作品提供发表机会的法学刊物并不多。在这种情形之下，我们得盼着引证率高高在上的法学期刊豪门，可以良心发现给予代表中华优秀传统文化的中国法律史学一定的支持。甚至可以认为，发表法律史学论文数量的多寡代表着某种法学刊物到底有多豪的底气所在。

当然，说这些并不是推卸责任，毕竟外因并非决定性因素。相比外因，内部原因就复杂多了。

（二）

内因当然是起决定性作用的因素，法律史学科及学者自身的问题自然是更主要的原因。由于是法学与史学的交叉学科，法律史学既有优势也存在着某种先天不足。对于一个普通人来说，在一个学科领域达到较高研究水平已经不是一件容易的事。而从两个学科交叉的角度来看，高水平的法律史学研究，无论从法学或者史学的角度来评判，都应该是质量上乘之作，这对法律史学研究者的学术训练与学术素养都提出了极高的要求。

然而，现实情况却是，法律史学的研究在历史学界看来，存在视野过于狭窄，材料的运用不够得心应手甚至力不从心，观点或结论与所处时代背景脱节甚至相悖等等问题；在法学界看来，亦不能抽象总结所研究历史问题的法学特性，研究内容与当下法学学术与法律实践关系甚微。总之，法律史学的研究在法学与史学之间，颇有进退失据之感。但从中国法律史学科的源头检视，情况并非一直如此。

以梁启超的《论中国成文法编制之沿革得失》、杨鸿烈的法律史研究"三部曲"(《中国法律发达史》《中国法律思想史》《中国法律在东亚诸国之影响》)、陈顾远的《中国法制史》、瞿同祖的《中国法律与中国社会》等著作为代表的早期中国法律史研究，其深度与广度在起点上即有不俗的表现。起点较高却不能延续的原因可谓众所周知，即法学整体学术传统没有得到延续。

在相当长的时段内，法学式微，而法律史学作为为数不多得以幸存的法学学科不得不彻底倒向历史学的研究范式。这种片面向史学靠拢的研究，忽视了法律史学本身应该具有的法学专业属性，造成了长久的影响。虽然"时代研究法"与"问题研究法"（陈顾远语）都可以为法律史学研究所用，但"问题研究法"在提高法律史学科法学专业性上更具有积极意义。法律史的研究不应是为历史而历史，更要努力为现实的和未来的学术研究与法治实践提供养料。

（三）

近代中国的法学启蒙于日本，实质上来自欧陆，无论是法律术语、法典编纂还是法学教材，都深深地烙上西方法学的印记，即便是中华人民共和国成立后盛极一时的苏联法学，从概念到体系仍然无法跳脱西方法学的藩篱。至于改革开放之后，随着大量西方法学著作的译介引进，中国法学学术研究呈现出一派繁荣景象，实质上进一步说明了中国法学受西方影响之深。而这种受西方强烈影响的学科背景，是中国法律史学研究先天不足的另一个原因，让真正的研究者常常感到无所适从。

因为现有的学术概念术语、法律制度体系，都无法从中国历史文献中找到准确的对应物，盲目地剪裁史料，削足适履，炮制出种种现代法律制度古已有之的假象，并不是真正意义上学术脉络的赓续，不仅背离学术研究的初衷，无法理解中国传统，也无法证明法律史学科存在的意义。如果再加上受不认真梳理学术发展脉络、不重视相关的研究成果、不予以严肃的学术批评等不良学风的影响，研究者将最终难以找到自身学术研究的意义与价值，也不会有学术史上的位置。由此而言，目前所谓学术研究的繁荣，实际上可能是一种虚假的繁荣。

随着人们对待中国传统资源与西学知识体系的态度变得越来越复杂，如果不能直接从已有法律制度中为有争议的问题找到答案，那么寻求新的解决方案势必会成为一项不太容易的工作。功利一点来说，中国法律史学有着与既有法律制度不同的知识传统，可以成为寻找新方案的资源。但我更觉得，在中国土地上如何更好地理解中国问题，才是研究中国法律史的意义所在。

（四）

总之，既有发表与考核外部环境的要求，又有学者个人能力与素养的差别，还有法学这一西学背景的影响，同时存在着同行与大众对法律史研究成果的关心与期待，"焦虑"自然而然地产生了。《论语·宪问》有云："古之学者为己，今之学者为人"。为己为人，见仁见智。希望每个真正的研究者都可以重归宁静，不再"焦虑"。

李曼：关于我与编辑工作的一些话

李曼，法学博士，中国社会科学院法学研究所助理研究员、《法学研究》编辑部编辑。研究领域为民事诉讼法学、司法制度。

我是机缘巧合才从事这项工作的，加之年限尚短，所以职业感受谈不上深刻，与从刚认识某个人到比较熟悉再到成为朋友的感觉类似，过程中大概有懵、苦、甜、平几点可以聊聊。

懵。博士毕业时在各种招聘信息中看见了所里招编辑的启事。虽然博士时做过编校助理，但都是核对等初级工作，所以对编辑、编事并不是多了解。可当时不能放弃任何优质的面试机会，于是先报名再说。懵懵懂懂去面试，被海定老师问及对这个职业的理解，答的都是从网上能查到的话——给他人作嫁衣。其实完全不知道这几个字的含义及成本，也来不及考虑自己的资质是否与这几个字适配。而这个"懵"字也体现在我最初编辑工作的方方面面，比如不懂审稿系统的使用技巧、不懂如何与作者和审稿专家沟通、不懂如何分析稿件的刊发价值、不懂编校时应当把握的分寸等等。幸得前辈同事极有耐心的辅导、帮助，才逐渐脱离"小白"的状态。可以说，加入这个行业有些像忽然认识了一个人而后才开始互相了解的过程。

苦。根据这个职业的工作内容以及我的个人能力，涉及这个字的情节比比皆是。期刊编辑工作主要包括审稿和编校两部分。审稿是指责任编辑根据选题价值、论证质量、写作风格等择取稿件。判断稿件质量的前提是知道何为好稿件，这很考验编辑的眼光。而眼光通常是长期积累所得，看得多方可想得全，才能避免把一片树木当成森林，或者把一块宝玉当成石头。这可真是撞到了我短板的枪口上。与成熟的编辑相比，我积累实在不够，审稿时常常要围绕一篇稿件查阅海量资料。这就好像虽然已经相识，但双方无法顺畅地对话，有些相处甚至如坐针毡。所幸，双方都给了彼此时间调整。通过有强度的以来稿及作者为中心的学习，我逐渐构建起审稿知识储备库，在此基础上摸索出如何根据刊物风格判断稿件适配度。在这个过程中我获得了大量宝贵的资源，包括但不限于同事帮助、参会机会、专题训练。这是一个很漫长艰苦但收获满满的过程。

甜。大概在掌握一定的工作技巧后，职业愉悦性带来的"甜"逐渐显现了。比如编校环节，虽然这是一个形式上颇为枯燥的环节，但其实很容易从中体会到成就感。一般来说，"一编三校"既"虐"编辑也"虐"作者。"一编"是指将录用稿件按照刊物规范、语言规范等标准进行调整，同时在不改变文意的前提下美化。"三校"是指对已经编好的稿子进行三次校对，反复核对错误与否、通顺与否、连贯与否、严密与否等，需要与作者确认文意、文献出处及法律条文等。实际上，法条和脚注出现错误的情况极为常见，这就非常考验编辑的职业素养。可堪欣慰的是，几乎所有作者在被告知存在错误需要修改时都十分配合。在论文美化方面，首要原则是不变文意，也就是说编辑要对论文文意和作者文风十分熟悉，然后采取删繁就简、调整表述、推敲用语等方式，令论文表意更加精准、阅读体验更加流畅。对此，绝大多数作者都持欢迎态度，乐意与编辑讨论哪种修改方案更为适宜。如此，在编辑和作者的通力合作下，一篇更具质感的论文将很容易产出，无论表意抑或信息都经得住"高清镜头近距离拍摄"。能够产出这样的论文，固然是作者和论文足够优秀，编校工作亦不可或缺。这是编辑工作的重要功能，也是"工作甜度"的重要来源。

平。就像是人与人之间的关系，尤其是老朋友之间的关系，会从认识到熟悉再到平淡一样，从最开始对编辑工作不熟悉而引发压力，到感受到这个工作带来的成就感和愉悦感，再到现在双方关系趋于成熟，可以不再通过情感上的苦与甜而为之付出努力，而是将深度思考、技巧提高作为日常事宜，我与编辑工作之间的关系也发展到了自然的阶段。责任感在此阶段固然重要，但更有效的是把该做的事内化为习惯，平平常常间就完成它们。虽然这么说并不代表现在我对工作驾轻就熟，事实上我的业务还有极大的提升空间，但是我已经习惯在看到一篇稿件时自动思考选题挖掘空间、作者修改能力、专题组稿潜力等问题。

以上心路历程是我近年来的感受，此间怀疑过自己是否适合这个职业，也因为做出过有价值的事而欣喜。虽然这是一项极为理性的工作，但此处喜怒哀乐、酸甜苦辣等词亦可适用。资历尚浅而不敢谈初心，成绩不多而不企有理想。但可以肯定的是，在深度了解后，我喜欢这个职业，愿意与之细水长流地相携相伴。

王怡：聊聊初学编辑那些事儿

王怡，中国社会科学院法学研究所助理研究员、《法学研究》编辑部编辑。先后于烟台大学（2008 年）、北京大学（2011 年）、北京大学（2015 年）、美国哥伦比亚大学（2016 年）获法学学士、硕士、博士、LLM 学位。主要研究领域为法理学、立法学。

我 2018 年进入《法学研究》编辑部从事博士后研究工作，协助谢海定老师完成公法学科的审稿和编校工作，2020 年出站后留任《法学研究》编辑部。不知不觉之间，已经在这个集体中度过了五年时光。

坦白地讲，入行之后，发现编辑工作同自己之前想象的很不一样。尽管早些年我也有过兼职从事编辑工作的经历，但专职编辑的工作难度和强度仍然是我始料不及的。就拿稿件加工来说，语句通顺、没有错别字、标点符号使用正确都是最基本的要求，它们看似简单，真要完全做到，也不是那么容易。即便是查找错别字这种看似没什么技术含量的任务，要想做到百分之百地没有纰漏，也需要付出大量的时间和精力。只要进入编校状态，注意力就必须高度集中，一不留神就可能让一个错误从眼前溜走。文字不通顺是稿件常有的弊病，也是必须尽力消除的问题。如今大多数作者都有国外留学背景，且语言风格受译著影响颇深，行文不符合中文表达习惯的现象在所难免。对于表达问题较多的稿件，逐字逐句细细捋顺下来，几页内容就要耗费一整天的时间。

编辑工作的挑战性，在于体力，更在于心力。编辑工作需要"较真儿"，不单要同文字较真，也要同知识较真，同思想较真，同逻辑较真；不单要同作者较真，更要同自己较真。冯珏老师曾经说过的一句话，令我记忆深刻，她说："凡事（不论写作、改稿还是编校）要讲一个理字。"审稿和编校过程中的核对查验，需要的不只是好眼力，更是敏锐的洞察力和反思力。从某种意义上讲，"讲理"的过程就是"反思"的过程，离不开大胆质疑、小心求证和反复推敲。编辑肩负着为稿件内容把关定向的使命，质疑和反思必不可少，否则就会因疏忽大意造成漏错。当然，任何编辑的知识面和阅历都是有限的，即便面对的是自认为很了解的事物，也不能过于自信，而是要在调查研究的基础上对修改的必要性和限度反复斟酌。这意味着，反思性思维不仅要用于审读稿件，也要用于编辑自省，而自我否定和自我超越，无疑是需要一些勇气和魄力的。

多数论文在发表之前，都需进行不同程度的修改，小到遣词造句、逻辑衔接，大到谋篇布局，这个过程我们谓之"打磨"。问题在于，被"挑剔"和打磨的对象毕竟不是编辑自己的文章，而是作者的心血之作。如何与作者有效沟通，就成为编辑必修的功课，除了在沟通前进行充分研究，做到心中有理有据外，编辑还得懂点交流的艺术，才能达到事半功倍的效果。有人说编辑是妻子般的职业，这多少带些性别刻板印象，但细想一下，其实不无道理。编辑首先要"善解人意"，不论来稿的主题多么生僻，表达多么晦涩难懂，编辑都要耐心阅读并虚心学习，用谢老师的话讲，就是要努力"看到别人的好"和"发现别人的潜力"。在此基础上，编辑要客观公正地评判稿件，对于稿件的优点，编辑完全可以真诚地赞美，对于稿件的缺点，编辑当然也要指出，只不过，好的方式方法可以提高沟通的效率，尖刻地批评则容易失去作者的信任。在与作者沟通的过程中，倾听的重要性不言而喻。编辑或许见识广博，但在特定的专业领域则往往不如作者精深，当编辑与作者就某项修改建议存在分歧时，编辑耐心询问并认真听取作者的反馈，可能会给双方带来更多启发和灵感，进而激发出作者更多的潜力，帮助作者实现自我超越。总之，好的沟通会使作者和编辑共同受益，最终将臻于理想的作品呈现给读者。

在许多人看来，成为一名编辑，意味着不再需要为完成科研任务而苦恼，这或许与编辑的真实处境不太相符，至少我个人的体验并非如此。从进入编辑部的第一天起,"编研结合"四个字就一直沉甸甸地挂在心头,也会把"不发表论文的编辑不是好编辑"当作对自己的鞭策。然而,办刊有固定的日程安排,在审稿、改稿、加工编校、选题策划、后期宣传、举办论坛的"流水线"上,往往只能寻到一些碎片化的时间去思考自己想要研究的问题。工作的头两年,我会时不时地因学术产出不足而深深忧虑,也曾怀疑自己不是一名称职的编辑。不过,随着对编辑工作的认识不断加深,对于"编研结合"四个字,我也慢慢有了一些不同的理解。对于学术期刊的编辑来说,保质保量地完成出刊任务,是其工作的基本要求,设置学术议题、引领学术创新、培育学术新人,亦是其重要职责所在。编辑从出版的角度把正确的政治方向和学术导向统一起来,需要研究;为论文提出修改意见,帮助作者拓宽思路、增加深度、弥补不足,使论文更具学术价值和现实意义,更需要研究。从这一意义上讲,"编研结合"中的"研"不能简单地用编辑自己在什么级别刊物上发表了多少文章来定性和量化。编辑如能兼顾编辑产出和科研产出自然最好,如若不能,也没有必要妄自菲薄。

正如美国出版业研究者艾伯特·格雷科所言:"没有人天生就具备编辑技能;只有勤勤恳恳,才有可能精益求精。做编辑既要审慎严谨,又要幽默风趣,否则无法保持恒久的清醒。这就是编辑的生活。"作为学术期刊的编辑,我们的判断不仅决定着一篇篇稿件的去留,有时也会影响到作者的前途与命运。我们之所以能够如此,绝不是因为自己的学术水平有多高,或者自己多会写文章,而仅仅是因为我们在这个岗位上,就得尽心尽力地满足这个岗位所提出的种种要求,要对作者和读者负责,对期刊和社会负责。编辑亦凡人,凡人的能力总有局限。对于编辑而言,最好的尊重,莫过于将心比心地将他视作一个普通人,他渴望理解甚于渴望感谢。如果说编辑生活真有什么与众不同的地方,那可能是更容易体验到"日月如梭""光阴似箭",白头发也比同龄人长得快些。《法学研究》是双月刊,我因此感到自己的一年是六等分的,再加上出刊前总有将近一个月的时间处于"忘我"状态,说我的一年有六个月,似乎也不夸张。我还会经常开玩笑式地说,于我而言,春节是最有意义的假期,至少在除夕夜和大年初一,不会有心急的作者来"催促"我工作。

讲了这么多编辑生活的不容易,如果让我重新选择一次,我还是愿意踏上编辑的职业道路。就像《小王子》中说的那样："正是你花费在玫瑰上的时间，才使得你的玫瑰花珍贵无比。"正是我倾注在字里行间中的岁月光阴，让我实现了自己的价值，这份平凡的荣耀，令我倍感珍惜。

孙远：一名新任兼职编辑的工作感悟

孙远，北京大学法学博士，中国社会科学院大学法学院教授、博士生导师，兼任《法学研究》编辑部编辑，中国刑事诉讼法学研究会常务理事。主要研究方向为刑事诉讼法学、证据法学。在《法学研究》《中国法学》等专业刊物发表学术论文40余篇，出版个人专著2部，参与多部学术著作的编写工作。

2021年4月，我开始兼职担任《法学研究》编辑部的责任编辑，主要负责刑事法学科稿件的二审工作。与编辑部的其他同仁相比，目前我在编辑岗位上还是一名资历最浅的新兵。尽管自己此前作为研究人员在各专业期刊已经发表了不少论文，但对一篇文章从投稿、审稿、编校，再到最终发表等一系列环节的运作过程并无切身体会，当时，编辑工作对我而言还是一个带有相当神秘感的领域。因此，在加入《法学研究》编辑团队之后，一直倍感压力巨大，感觉有太多自己不明白的东西需要从头学起。经过这两年半时间的摸索，我逐渐对这个原本陌生的工作领域有了相对全面的了解，也积累起了些许心得。

作为一名在科研工作中已经基本形成了比较稳定的学术偏好和研究风格的中年学者，当自己转而以责任编辑的角色去评审和加工别人的论文时，以往的科研积累既可以为编辑工作提供极大助力，同时也有可能变成沉重的负担。如何正确协调这两种角色之间的关系，便成了我担任责任编辑以来首先要解决的问题。在日常科研工作中，学者们常常会带着一种批判的眼光去阅读他人的论文，这自然是有道理的，因为批判和怀疑是推进科学研究走向深入的必备精神。但是当我作为编辑去编审稿件时便立即发现，如果还是以这样的一种眼光来工作的话，肯定是行不通的。记得我第一次参加编辑部座谈的时候，广兴老师便特别提醒过，作为一名编辑一定要善于发现作者文章中的闪光点，并且能够通过自己的编辑工作将这些闪光点最大限度地挖掘并呈现出来。这是我在从事编辑工作之后感触最深的一点。

在承担编辑部的工作之前，我曾经想当然地认为，《法学研究》这样一个顶级刊物肯定不会缺乏优质稿源，我所要做的无非是优中选优，整个工作过程应该是比较轻松的，甚至是享受的。但一上手之后才发现，情况与当初想象的完全不一样。刚一接触手头那些待审稿件时，第一印象常常不是感觉这里有问题就是那里有问题，难得发现一篇让自己在各方面都感到满意的文章。每每这种时候，我便反复告诫自己一定要调整好心态，尽量让自己站在作者的立场上去思考，着重去看论文中是否存在真正有价值的内容。太过挑剔对于编辑工作来说是灾难性的，它会埋没太多有价值的研究成果。

经过这一段时间的工作，我清楚地意识到，与最终发表出来的那些文章相比，交到编辑手中的稿件在多数情况下都还是尚待琢磨的璞玉，只有在编辑与作者以及外审专家的共同努力之下才有可能熠熠生辉。在这个过程中，编辑与作者之间的充分沟通非常重要。其实，从希望论文顺利发表这一点来说，作者和编辑的目标应该是一致的，遇到富有创新性的稿件时，编辑和作者同样都非常希望将其以最好的状态呈现给读者。但是，不同人的看法难免存在差异，编辑与作者之间出现认识不一致的情形也时有发生，应以何种方式与作者展开有效沟通，是我从事编辑工作以来一直思考的问题。在与作者的一次次沟通交流中，我渐渐深切地意识到，相对于作者而言，编辑始终应当将自己置于一种辅助性的地位，切不可喧宾夺主，将自己的观点强加于作者，更不能把编辑与作者交流的过程错当成纯粹的学术讨论，而是要帮助作者将其独到的学说与观点以符合学术规范的论文形式发表出来，从而在一个更大的范围内推进学术讨论走向深入。《法学研究》的诸多投稿者，既有成名已久的学术权威，也有很多初出茅庐的青年才俊，此外还不乏一些各法学院在读的博士研究生，无论身份如何，甚至无论文章是否被最终采用，绝大多数投稿者对于编辑提出的修改意见都是相当尊重的。很多作者即使在文章被最终拒稿之后，依然通过各种渠道向我表示，尽管文章未被采用，但确实从编辑和外审专家的意见中得到了相当大的收获。对于来稿者们对编辑工作表达出的充分支持与理解，我心中一直常怀着感激。

由于考虑到我是一名兼职编辑，除此之外还要在大学承担较繁重的教学与科研任务，因此，编辑部的同事们在分配工作内容时也有意识地给予我很大的照顾，这使我得以免去稿件的初审、外审以及大量非常烦琐的文字加工与校对工作。可以说我的工作在编辑部里是最轻松的，或者说我所承担的是全部编辑工作中与自己的学术兴趣最为契合，也最不会令人感到厌倦的那一部分，而我的同事们则不得不负担大量极为琐碎的事务。要知道，一篇文章在正式发表之前，其中任何一句话、一个字，甚至一个标点符号的确定都可能需要展开大量的核查与沟通工作。但是在我看来，这些事务不仅丝毫没有磨灭同事们的工作热情，反而使他们能够把处理此类事情变成一种职业习惯并乐在其中。我至今仍对一件小事记忆犹新，在一次审稿会之前，编辑部的各位同事在闲聊的时候，陈甦老师告诉大家，他发现一首著名歌曲的歌词中存在严重语病。大家忙问是哪一首，陈甦老师答道："'我看见一座座山，一座座山川'，这句话就有毛病，说'一座山'没问题，但是'川'的量词怎么能也用'座'呢？"我听罢简直目瞪口呆，赶紧跟了一句："原来在编辑部，连听歌也要这样听呀。"众人大笑。我想，一本优秀的学术刊物，要想办好的话，当然离不开一批专业而又敬业的编辑，对于我身边这些优秀同事在工作中所表现出的极高专业素养，我一直深感钦佩，并以之作为努力的榜样。

后 记

在《法学研究》正式创刊40年之际编写《〈法学研究〉专题选辑》系列丛书之后，中国社会科学院法学研究所的领导和《法学研究》编辑部的同事一致认为，最好再编写一本综合反映《法学研究》立刊理念、编辑政策、工作风格和发展简史的书，方能使该系列丛书在体系上完整可观。于是，就有了这本《编事辑语》。受《法学研究》编辑部全体同事的推举，由我担任本书主编。

接受任务之后，方知此事貌似简单而实为不易。《法学研究》创刊以来，编辑部几代人都只是专心编务，从未想入史立传，因而并未系统留下日志事迹之类的资料。欲编《编事辑语》，只能往事如烟中探寻，文帷语幔中查找，收集资料，耙梳整理，慎重取舍，却亦难周全。好在同事相助给力，使书稿渐次成型，但亦拖延日久，在编书期间又颇受催促之苦。

特别感谢编辑部的李曼，在其繁忙的编辑工作之余，为本书编写助力甚多。一是对本书的结构、重点及取舍等，多有参谋建议，颇有卓见；二是根据本书各部分立意，收集分理资料，襄助撰写；三是协调联络撰写寄语的各位作者，参与组稿。本书得以成稿，李曼实为编者之一，但她坚辞署名，只能在此致谢，并明列其贡献。

还要感谢法学研究所图书馆的孙思阳，她发挥其数据收集整理方面的专业特长，为本书制作了大量内容精准、表达清晰的图表。但是，她制作的《法学研究》在不同阶段刊发论文的学科比例示意图，却未能在本书中用上。其原因是，我据此图展开析述时，发现此项内容撰写殊为不易，短期内难以成稿。只能将此暂时放下，甚为可惜。日后若有机会，将再行续写。

当然，还要特别感谢撰写作者寄语的法学界朋友。他们不仅曾将优选之作赐稿于《法学研究》，使《法学研究》据以增光添彩，而且在其作者寄语中对《法学研究》多有肯定及嘱托，使本书增强了鞭策我们工作之力。

最后，感谢《法学研究》编辑部全体同事，感谢他们长期以来对我工作的大力支持。正是由于他们的支持，我的期刊主编工作才能如此顺利和愉快。我想，这种恪守立刊理念下的紧密团结与相互支持，才是《法学研究》能标立法学期刊之林的实在基础。

愿《法学研究》与中国法学、中国法治同在。

陈　甦
2023 年 11 月 2 日

图书在版编目(CIP)数据

编事辑语 / 陈甦编著. -- 北京：社会科学文献出版社，2023.11

(《法学研究》专题选辑)

ISBN 978 - 7 - 5228 - 2718 - 6

Ⅰ.①编… Ⅱ.①陈… Ⅲ.①法律 - 编辑工作 Ⅳ.①D901

中国国家版本馆 CIP 数据核字(2023)第 197384 号

《法学研究》专题选辑

编事辑语

编　著 / 陈　甦

出 版 人 / 冀祥德
责任编辑 / 芮素平
责任印制 / 王京美

出　　版 / 社会科学文献出版社·联合出版中心 (010) 59367281
　　　　　　地址：北京市北三环中路甲29号院华龙大厦　邮编：100029
　　　　　　网址：www.ssap.com.cn
发　　行 / 社会科学文献出版社 (010) 59367028
印　　装 / 三河市龙林印务有限公司

规　　格 / 开　本：787mm × 1092mm　1/16
　　　　　　印　张：15.5　字　数：252千字
版　　次 / 2023年11月第1版　2023年11月第1次印刷
书　　号 / ISBN 978 - 7 - 5228 - 2718 - 6
定　　价 / 118.00元

读者服务电话：4008918866

版权所有 翻印必究